程寶林　著

中國的異端

程寶林思想隨筆選

眾水不能熄滅【序】

楚寒

　　去年底的一則新聞讓我既感動又欣慰：2010年12月21日，聯合國大會宣布每年的3月24日，為瞭解嚴重侵犯人權行為真相權利和維護受害者尊嚴國際日。設立這一國際日的目的之一，是加強保存嚴重和系統侵犯人權行為的受害者的記憶的重要性，以及瞭解真相和伸張正義權利的重要性。在今年3月24日首個國際日之際，聯合國秘書長潘基文致辭，「嚴重侵犯人權行為的受害者及其家屬都有權瞭解這些侵犯行為相關情況的真相、犯下這種行為的理由和犯罪者的身份。揭發真相也有助於整個社會促進追究侵權行為的責任。在我們展開這一新的國際紀念活動之際，讓我們承認真相在維護人權方面有著不可或缺的作用——在我們追求人權這一全球使命之際，也讓我們保證捍衛瞭解真相的權利。」這是國際社會發出的、認可「真相」在維護人權方面重要作用的一個信號，也是撫慰人類史上數以億萬遭到「嚴重和系統侵犯人權行為」的受害者、致力於在當今世界維護人權使命的一項善政。設立這樣的一個國際日，對於中國來說極其有必要也格外重要，在我看來，其重要性並不亞於「五一國際勞動節」、「六二六國際禁毒日」等傳統的國際節日。乃因為，作為人口大國和國際社會重要成員的中國，在過去半個多世紀以來發生的「嚴重和系統侵犯人權行為」連綿不絕、舉世罕見，諸如從上個世紀中葉以來的土改運動、鎮壓反革命運動、反右運動、人民公社化運動、大躍進、四清運動及社會主義教育運動、文化大革命、上山下鄉運

動、一打三反運動、批林批孔運動、批鄧及反擊右傾翻案風運動、1976年天安門事件、反資產階級自由化運動、1983年及此後歷次嚴打運動、1989年天安門事件、打壓民間宗教與維權運動等政治運動、以及一些弊政諸如戶籍制度、收容遣送制度、勞動教養制度等。但至為遺憾的是，這一幕幕歷史的真相並沒有被切實地保存下來，相反，卻遭到不同程度的或掩蓋或淡化、或扭曲或設為言禁。

更為可悲的是，這種壟斷歷史的做法不僅使中國成為一個「剝奪人們記憶」的世界，甚至於，就連生活在海外的華人也因外部原因譬如海外媒體被操控、或自身種種原因而無法「生活在真實之中」。在海外華文文學領域，一些海外華文文學作品也自覺或不自覺地接受國內的政治語境，認可矇蔽真相的做法，避免去踩踏一個又一個的言論「禁區」，可謂身在自由世界，心卻仍在束縛之中。在此情境之下，當我讀到旅美詩人、作家程寶林的最新著作──思想隨筆集《中國的異端》的時候，有如聽到泰戈爾詩中所描述的「蟋蟀的唧唧，夜雨的淅瀝」般清脆明朗，這種聲音在海外華文文學領域是難得聽到的。

和某些擁有大陸背景的海外華文作家對國內的現實民情社情日漸疏離、基本上游離於同胞的苦難之外不同的是，程寶林的文學作品大多著墨於他生長於斯、曾長年學習工作生活於斯的故土中國，寫盡了那片土地上的故事、和那裡的民眾尤其是農民群體的酸甜苦辣、生存境遇等諸多人生況味。這本《中國的異端》更是緊貼近幾年來那片土地上的民情社情，諸如汶川大地震、刑事冤獄、私刑、司法不公、紅色旅遊、愛國主義與民族主義、告密事件、嚴刑峻法、礦難、社會戾氣、廣州孫志剛事件、成都女童李思怡事件、廣州許霆案、范美忠事件、李輝文墨官司等，而我認為，整本文集最大的亮點是，書中有相當的篇幅是對那片

土地上幾十年來「嚴重和系統侵犯人權行為」的反思之作，是呼籲恢復真相、倡導言論自由的憂心之作，他在一些言論「禁區」地帶並沒有迴避，而是直接地表達出鮮明的立場和真誠的反思，諸如鎮反、土改、反右、文革、抗戰史實、大饑荒、援外史實、嚴打運動之合理性等，可以說也是一部海外華文文學作品中的不同尋常之作。我想，這與他赴美十多年來扎根西方社會，切身體會了西方自由民主的社會氛圍是分不開的，同時也因為，在他身上始終葆有農民子弟的淳樸、詩人的熱誠、媒體人的敏銳、及上個世紀八十年代那一代大學生的啟蒙意識和理想主義情懷。

　　在那片土地上數十載「嚴重和系統侵犯人權行為」的歷史和現實記錄面前，程寶林意識到真相和記憶的重要性。人類的記憶是思想文化發展的基礎，是國家民族前進的基石。只有瞭解歷史，才能去建設合理的現在和未來。如果沒有真相，沒有對歷史的真實記載和傳承，尤其是對過去黑暗歷史、罪惡歷史的保存、進而警醒，就無法吸取歷史上的教訓，就不能在反思中成長進步。由是觀之，忘記過去或者歪曲歷史的國族沒有未來。今日之中國，儼然以一個「大國」之姿「崛起」於世了，但在這個「大國」之中，真相是缺席的，歷史是扭曲的，人權災難被曲筆改寫了，二十一世紀的中國還仍然活在英國作家奧威爾所描述的《一九八四》之中各種「真理部」負責改寫、消除並偽造歷史，同時人為地製造真理；「友愛部」則負責維持民眾對老大哥的信任，對懷有犯罪思想者施以懲罰；民眾被動地接受老大哥的學說，並熱愛老大哥。這樣一個奉行「誰控制過去就控制未來，誰控制現在就控制過去」法則的國家絕不是一個負責任的「大國」，甚至不配稱之為文明國家。

　　對比另一個同為發展中國家的非洲大國南非，於十幾年前成立了「真相與和解委員會」，負責揭開國家一段黑暗歷史的真相，埋葬舊時代的幽靈。如今的南非人普遍認為，「真相與和解委員會」改變了南非的歷史，讓南非人看清了自己和自己的國家，為南非今天的發展與和解奠定了基礎。而當今中國離「真相與和解」遙矣遠矣，甚至是反「真相與和解」的，不但在這個非洲大國面前相形見絀，也背叛了作為文明古國的中華民族在過去的漫長歷史中堅持史學的「直筆」傳統，比如文天祥獄中詩裡謳歌的「在齊太史簡，在晉董狐筆」幾位史官，即為寧願被關被殺也要「秉筆直書」的古典中國史官之典範，又比如班固所肯定的《史記》「不虛美、不隱惡」的實錄精神。程寶林對此種謊言橫行、真相難覓的現狀深感痛心，在〈謊言與真相〉一文中，他指出，「中國，不是哪一代人的中國。中國，是子子孫孫的中國。『我身後哪怕洪水滔天』，這樣短視與自私的民族，是不配屹立於世界民族之林的。讓今人，更讓後人；讓國人，更讓外人，知道我們過去發生的一切，今天發生的一切，正是為了避免，這『一切』之中壞的、破壞性的、負面的、陰暗的那一部分，不會在今後的『一切』中重現，或者，儘量減少重現的機率和規模，讓損害歸於最小。……，選擇性遺忘與記憶屏蔽，真的是中華民族的軟肋嗎？」

　　與呼籲真相的工作異途同歸的，是對愚民教育、謊言宣傳的批判。想必這是程寶林極為痛心的，這從本書中的一篇名為〈洗白〉的文章中可以看得出來。剛看到文集目錄的時候，我還有點兒納悶，不理解這一字面簡單的標題的涵義。等到仔細閱讀這篇文章時，他的解釋才讓我恍然大悟，「洗白」是一個四川方言，該詞字面的意思是「洗而發白」，引申的涵義是：被劫掠一空。川人愛打麻將。一個人輸得精光，就是被

「洗白」了。他將「洗白」用作文章標題，表達對「踐踏腦汁」這一奴役國民思想行徑的憤怒、抗議和思考。在〈用美國考題，考考你〉一文中，他直接宣告：「從黨衛隊，到紅衛兵，一脈相承的是對人類最寶貴資源──大腦的漂洗。腦殘，是近年來中國的新詞；洗白，是我內心深深的悲哀。」我想，錢被劫掠一空了，還不是最可怕的；人最寶貴的資源大腦被「洗白」了，才是最可怕的。從古至今，一切專制都是令人憎惡的，但最可惡的專制，莫過於意圖實現對人的思想的控制。而這，正是現代極權主義最熱衷於並孜孜不倦去做的「宏圖偉業」。其右翼，即法西斯主義非常重視意識形態的灌輸和宣傳，將「宣傳」的目標設定為用灌輸代替宣傳，並且壟斷信息、征服群眾、控制輿論。納粹德國時期的宣傳部長戈培爾公然宣稱，「人民大眾絕大多數始終是愚蠢、粗魯、盲目的，他們很容易被蠱惑者和政客所矇騙。」、「謊言重複千遍就會成為真理。」

其左翼，即共產主義在對國民的「洗白」上也毫無遜色，哲學及觀念史學者以賽亞·伯林在《民主、共產主義和個人》一書中指出：「共產主義教育工作者的任務，亦即，對人進行調試，使得人們只會提出很容易獲得答案的問題，讓人們在成長過程中因最小的摩擦而順其自然地適應所處的社會。好奇心本身、個人獨立探索精神、創造和思考美好事物的願望、尋求真理本身的願望、追求某些目的的願望，都是有害的，因為它們會擴大人們之間的差異，而不利於一個整體性社會的和諧發展。」在〈洗白〉一文中，面對「經過了一趟紅色之旅，……希望她的孩子，記住革命先烈，記住紅色歷史」的堂妹對自己博客文章的回應，程寶林在替她感到悲哀的同時勾勒出一幅史實，「還是讓我們從具體的場景開始，掀開中國當代歷史血腥的一幕吧。」接下來他將筆觸延伸到

從鎮反風暴、土改、人民公社、反右、紅衛兵直到八十年代以降的嚴打運動及1989年天安門事件,最後沉痛地發出一聲嘆息:「在中國,歷史教育,基本上可以說,是愚民教育的同義語。問題在於,我們拿什麼來拯救自己?如果只有一本官修的歷史教科書,允許我們閱讀?」

但可悲的是,數十年來浸染於系統性謊言宣傳和愚民教育的大染缸內,使得包括程寶林書中提到的堂妹、友人的兒子、比他年輕兩歲的作家朋友在內的國人尤其是年輕一代對過去的歷史相當地陌生,無法自由獨立地去思考、表達和行動,喪失了辨識真偽的能力,所思所想所為難以擺脫官方長年累月灌輸的窠臼,這難免讓人心生悲涼。但在這普遍沉陷的人文環境之中,所幸還有一代又一代拒絕與謊言為伍且不甘沉默的思考者、言說者和書寫者,他們傳承著中國民間修史的傳統,將記載真相看成是「無權者的權力」,竭力用文字或其他形式去澄清一段段被遮蔽的歷史。作為列入此陣列的寫作者,程寶林說他相信「信史在民間」,我也信。如果沒有民間對歷史的修復與「刮骨」,那麼這些歷史上殘酷慘痛的篇章就很容易被正史或顛倒黑白,或粉飾太平,甚或一筆抹去,從而為當代人及子孫後代所不知。這是民間修史與官方話語的抗戰,也是良知與怯懦的抗戰,責任與犬儒的抗戰。

謊言天生是虛弱的,是經不起人們的質疑和現實的檢驗的,一個謊言需要無數個謊言來彌補、維持。正因如此,謊言的生存需要暴力的保駕護航,才不至於成為一吹即散的泡沫。所以我們不難理解,在政治領域謊言和暴力天然有結盟的傾向,而成為專權政治倫理之馬車的兩個輪子。索爾仁尼琴說暴力為了維持臉面而找到謊言作為同盟,馬基亞維利說專制統治必須靠暴力和謊言這兩個支柱來支撐,毛澤東說這叫槍桿子和筆桿子,滕彪說這種建立在暴力和謊言基礎上的政權叫做「兩桿子政

權」，一平說這是「高尚的謊言和赤裸的暴力」。在政治運動接踵而至的年代，由謊言和暴力結成的同盟軍肆虐於中華大地，讓這片土地成為國民的噩夢，讓無數條生命成為刀俎下的魚肉，讓那段歷史成為血淚斑斑的代名詞。

程寶林對謊言宣傳和愚民教育持激烈的批判態度，自然而然地要將批判的筆鋒對準暴力，及經由政治上層延伸至社會上的暴戾之氣。他將這種「血液中深深浸淫的暴戾、嗜血毒素」，稱之為「極左的、極權的社會制度的第一要徵」。在他成長的過程中，他自言始終伴隨著「永難消除的恐懼陰影」，雖說自己「生在新中國，長在紅旗下」，但他對此似乎並沒有多少幸福感，他回憶道：「對我這個毛死亡時已十四歲的鄉村少年來說，我的童年和少年時光，就是在閱讀這類暴戾、殘忍的布告文字中長大的」。書中有一篇標題為〈曷彼蒼天：評李乾《迷失與求索》〉的文章，是他在閱讀了一本回憶錄之後寫出的讀後感。這是一本在文革中殺害了兩個無辜青年的昔日紅衛兵的回憶錄，也是一本曾經服刑因犯的悔罪書。這本連續兩晚讓程寶林讀至深夜的回憶錄令他觸目興嘆，並且覺得這本書有著重要的價值，在於「它為我們提供了鮮活、真實、但卻是被瘋狂與愚昧的暴力時代扭曲得面目全非的心靈樣本。」進而詰問：「是誰，在他心裡，種下了如此瘋狂、殘忍的仇恨種子？」同時，程寶林聯想到自己在極左時代的親身經歷，感嘆道：「我們從小接受『革命』的狼奶哺育，在暴力至上、槍桿萬能的價值觀薰陶下成長。此刻，『革命』回歸其最原本的語義：取人性命。」他還回憶起小時候在鄉村的禾場上看「革命」電影，電影裡幾個小孩子拿著紅纓槍誘殺「白狗子」的畫面，讓幼小的他產生了朦朧的懷疑和厭惡：「電影為什麼要宣揚、鼓勵孩子們殺人？難道不殺人，就無法將一個國家建設好

嗎？」在那個鮮血飄零的極左年代，「暴力」的毒素如同黑壓壓的烏雲般盤旋在那片土地之上，血腥的鏡頭、恐怖的社會氛圍促使程寶林去質疑「暴力」的合理性、「革命教育」等問題，這樣的質疑直到今天依然還沒有過時。

　　在〈北京少年〉一文中，程寶林對友人的孩子、一位十九歲的大學一年級新生對過去一系列政治運動的無知深感憂慮，他想告訴包括這位青年在內的所有年輕人，他在閱讀「文革時五花八門暴行及受害者悲慘遭遇的書」時，引起了「靈魂深處難以抑制的顫慄」。在文中，他引用了一名於1966年時任北京郊區大興縣委農村工作部幹事的自述，這位幹事講述了當年大興縣馬村為響應領袖「炮打司令部」的號召，發動對村裡「四類分子及其家屬」大屠殺的情況：「行動快的公社和大隊，都把『四類分子』及其家屬、子女集中監管起來，隨時拉出來批鬥，進而殺害。從8月27日至9月1日，大興縣的十三個公社、四十八個大隊先後殺害四類分子及其家屬三百二十五人，其中最大的八十歲，最小的才出生三十八天，有二十二戶人家被殺絕。在此事件中，尤以大辛莊公社最為嚴重，僅8月31日一天就殺了數十口，有一個水井都被填滿了死屍……刑場設在大街兩頭路北的一家院子裡，有正房五間東廂房三間。我們（縣幹部──引者注）排隊進院時，看見活人被捆綁著，死人橫躺豎臥，鮮血染地，慘不忍睹。」

　　讀這樣的文字怎不令人心驚膽戰、悲痛欲絕？限於篇幅，我只引用了這段文字的近三分之一，而這近三分之一的文字已經讓我極度驚悚，需要暫時將視綫移開，讓自己從深重的哀傷和壓抑中脫離出來，稍作歇息才能繼續讀下去。我想起了文革中遭到批鬥的外公，還想起了以前供職的律師事務所裡一位在文革中被關押的老律師，和我的幾位文革中遭

迫害的當事人。在我出生那年，文革已接近尾聲，一個襁褓中的嬰孩尚不知道自己來到的這片土地浸透了人血和淚水，布滿了冤魂和白骨。小時候在家裡父母很少講起文革期間的事，我對文革的瞭解幾乎全是從少年時代開始通過書本閱讀瞭解到的，因為對文革並沒有親身的體驗，這難免影響我對於現當代中國政情來龍去脈的準確評析，以及帶有「中國特色」權威體制的深入思考，因此閱讀是我對這段史實的主要「補課」方式。類似上面的文字以前我在一些學術著作和文學作品裡頭均讀到過，可以說對這種文字描述的血腥場面並不陌生，但捧讀程寶林的這本文集，仍然讓我不時心有餘悸。讀到這段錐心泣血的文字，不免聯想到近年來肇始於重慶、且有蔓延之勢的唱紅歌運動，那一幕幕紅旗招展、紅衣一片、紅色「革命」歌曲響徹雲霄的一幕鬧劇兼醜劇讓人有時光倒流之感，更有文革重演之慮，值得人們加以警惕。

　　程寶林說他修改這篇文章的時候，正值中國各大影院上映日軍屠殺中國人的影片《南京！南京！》，他說：「大興縣委幹部張連和所實錄的屠殺暴行，比日寇的暴行，更加令人髮指，因為，這些屠殺是在這批縣委幹部的旁觀中實施的。」他繼而語帶悲憤地質問：「如果說，日寇的凶殘、毫無人性，是因為他們是異族，這些滅絕人性的『革命者』，殺的卻是在一塊地裡幹活，喝同一口堰塘水的鄉親啊！」這一聲質問實在發人深省。是什麼原因，讓四十多年前這些「革命群眾」──其實都是些平日裡普普通通、老實本分的村民，以赤裸裸的暴力對付同一個村子裡的村民，實施出比日軍南京大屠殺更殘忍、更冷酷的屠殺暴行？對極權主義有深入研究的漢娜・阿倫特認為，極權制度中有一種「平庸的惡」，她分析道：「一個平庸的人面對一種黑暗權力，人們通常相信根本無能為力，只能毫無抵抗地依附其中。潛藏在黑暗權力背後的都是一

個個非常實在的組織，人們面對它肯定會做點什麼。因為人類所具備的『共同的主動性』，即，較之某種以命令、順從和不負責為基礎的專政體制，人類的這種共同的主動性將更有效能，換言之，權力終歸是抽象虛無的，真正使黑暗權力變為現實的是實實在在的組織。正是因為艾希曼之流的平庸與膚淺，他們輕易放棄自行思考、判斷乃至積極對抗的權利，使得黑暗權力得到堅固，使得對猶太人的屠殺變為現實。」從奧斯威辛集中營到南京大屠殺，再到大興大屠殺，諸如希特勒的惡、東條英機的惡、毛澤東的惡這般「極端的惡」高高在上進行慫恿、操控和指揮，固然是罪魁禍首，或是犯罪學意義上的首犯，無疑罪不容誅；而千千萬萬個下屬或平民施行出來的「平庸的惡」，卻也同樣難辭其咎。當這些「像機器一般順從、麻木和不負責任的平庸無奇的罪惡」無條件地去擁護和服從，具體地去實施、操作對另一個群體的瘋狂殺戮時，大規模慘不忍睹的災難和浩劫就不可避免地發生了。

　　在程寶林看來，中國那段極左年代的歷史與納粹德國時代的殘暴不分軒輊。他在〈讓那冤死者，安息！〉一文中如此評說：「在毛澤東統治中國的二十七年裡，中華民族無數的優秀人物，特別是具有先進思想的青年，僅僅因為一兩句激憤的話語，一兩幅心血來潮的「反標」（「反動標語」的簡稱），甚至，一封未對社會造成任何危害，從未寄達收件人手裡的匿名信，就遭到了毫不留情的虐殺。寫一封信都會掉腦袋，如果這不算法西斯，那希特勒的德國，就絕算不上是人間地獄。」確實，中國極左年代所實施的階級滅絕，與納粹德國施行的種族屠殺相比較，其殘酷、卑劣和下流實有過之而無不及。這兩大人類史上空前的極權主義災難，給剛剛過去的二十世紀人類歷史留下了慘絕人寰、駭人聽聞的記錄。但令人驚異的是，這兩大歷史性災難何以發生在東、西方

兩大曾經以優良文明傳揚於世的國度——作為近代哲學的故鄉、古典音樂發祥地的德國，和擁有人類最古老文明之一、建立了亞洲第一個民主共和國的中國？並且，它們一手造成了如此長年累月、腥風血雨的恐怖暴政，兩國的民眾居然沒有起而抗爭、試圖將之推翻，相反，卻時常表現出集體的和個人的感恩戴德、甚至於頂禮膜拜、狂熱地加以擁護？

顯然，僅僅歸結為支撐它們的兩大支柱也即謊言宣傳和暴力統治的話，尚不足以解釋這一人類政治史上的罪惡之巔峰。對此，曾被以「顛覆共和國」入罪坐監的前政治犯、捷克劇作家哈維爾的觀點是，「通過否定歷史，權力不僅為其意識形態上的合法性辯護，並且為其作為極權主義政權身份辯護。這個身份也有一個堅強的意識形態的庇護所：如果最初不是從一種意識形態中吸取力量——這種意識形態如此自滿以致輕視除它以外的任何其他觀點，如此自大地宣布自己的歷史使命，以及這種使命所帶有的所有特權——這種只存在一種真理和權力的核心代理人將很難存在，更遑論發展和壯大。」而另一位堅定批判權威主義的哲學及社會學學者卡爾・波普爾則認為，「馬克思主義關於人類社會必然走向共產主義的論斷對於近代社會歷史具有非同小可的影響，它導致這樣的結論：拒絕共產主義的人是嚴重的罪犯，因為他們居然反對必將來到的事物。這是一種只能帶來災難、不幸和恐怖主義的論斷，是一種非常可怕的意識形態，這樣一種理論必然要造成大批人犧牲。因為我們自以為知道的實際上遠遠超出了我們所能知道的。」

也就是說，極權主義披上了一層「崇高、遠大、純潔」的意識形態面紗，構建了一套烏托邦工程的神話、或類似宗教般的「信仰」。不管是納粹德國的「創建第三帝國和征服歐洲」，還是極左中國的「解放全人類」抑或「實現共產主義社會」，都描繪了一幅令人心蕩神馳的未

來圖景，這種無比美好的遠景誘發了民眾內心的狂熱，和對現實世界的忍耐，人們像是靈魂附體似的紛紛加入到一個為「偉大理想」而奮鬥的集體隊伍中去。在「崇高」的目標之下，可以為所欲為。在「遠大」的理想面前，人命一錢不值。地上的天堂沒有建成，卻已經變成了人間地獄。這樣一種波普爾所稱的「非常可怕的意識形態」，同樣是程寶林痛徹心扉、並加以深切反省的，他將之稱為「以『仇恨教育』和『社會暴力』為基本特徵的，具有原教旨色彩的共產主義理念」、「一種偏執的信仰」。在〈對生命視若無睹〉一文中，他感嘆道：「我們從小就被教育：要愛這個，要愛那個，不是黨，就是主義，卻從來沒有人教育我們：首先，要愛你的家人；進而，你的鄰人；進而，你的同胞；進而，作為整體的人類，和作為個體的：人。」在〈是勇敢，還是愚昧〉一文中，他痛斥道：「我們的社會，一以貫之的是這種漠視個體生命，甚至鼓勵未成年人拼命、不要命的野蠻愚昧教育，似乎為了國家、為了集體、為了社會、為了祖國，為了一切高尚的、偉大的理由，任何個體生命的喪失，不管他們多麼弱小、幼小，都是正常的，應該人人仿而效之。」

　　程寶林這本書中的少數觀點我不太讚同，我願與他商榷，當然，沒有人能聲稱完全掌握真理，但我們至少可以往真理的方向靠近。程寶林的言說真相、呼籲維護人權、批判極左政治的文字工作，的確是令人欽敬的。在當今中國謊言瀰漫、人權闕如、極左思潮湧現的情勢之下，作為文學寫作者的程寶林的言說，確實正是索爾仁尼琴提倡的「文學所蘊含的真實的力量可以摧毀謊言構築的世界」的體現。除了他對真相和人權的維護、對極左政治的批判以外，我也讚成他的若干觀點，在微觀方面，譬如他呼籲重視程序正義、主張輕刑主義、主張廢除死刑、質疑運

動式嚴打、質疑公審、批判本能的愛國主義、呼籲寬容意識、肯定臺灣民主，等等；在宏觀方面，譬如他呼籲尊重個體生命、呼喚由「官本」社會轉變成「民本」社會、呼籲建立公民社會、民主社會、法治社會與人權社會等等。

　　程寶林在文章中自言「身居海外，我作為中國人的驕傲感，主要來自古代中國」，我想，此處他指的應是古代文化意義上的中國。古典時代文化的中國確有令人嚮往之處，而當今時代文化的中國百弊叢生，經濟的中國畸態日茲，道德的中國墮落淪喪，政治的中國危機四伏，人權的中國令人心寒，依賴「精神海洛因」自我亢奮的，是以社會失控性沉淪和犧牲子孫後代利益為代價換來的物質總量增長、舉國體制成果和虛浮的「大國崛起」形象。而社會亂象頻生、群體民變激增、環境嚴重污染和無數國民個人在公權力肆意侵害下的痛苦呻吟、冤苦無告，凸顯當今中國的「金玉其外」絲毫遮掩不住觸目驚心的「敗絮其中」。在舉世奉上「崛起」、「奇蹟」、「盛世」的滔滔稱羨譽聲中，並不是所有人都像胡適當年哀嘆的「不肯睜開眼睛來看世間的真實現狀」那樣，而是憂心忡忡地指出了今日中國之「真相」──譬如北京學者秦暉形容的「低人權優勢」國家，譬如法國學者索爾孟形容的「謊言帝國」，譬如香港學者林沛理形容的「道德殘缺國」，等等。這些學術概括絕非誇張之詞，二十一世紀初葉的今日中國仍然踟躕於現代文明的軌跡之外，社會潰腐傾頹，時勢已然危殆。今日中國需要的不是大國「崛起」、維護「穩定」，而是體制轉型、精神重建。今日中國需要的不是御用文人的邀寵獻計、恬然鼓噪，而是獨立知識人的哀鳴如鴿、咆哮如熊，比如冉雲飛的「日拱一卒」，又比如程寶林的拳拳呼籲：「我們是喝人奶長大的，我們要有人味。」、「但有兩樣東西，迄今還遙遙無期：言說的

自由,與免於恐懼的自由。」、「社會將它的全部成員──人,當人看待。進而,將人,當公民看待。」、「我們在一個嚴厲的、嚴酷的、非人道的社會裡,生活得還不夠久嗎?同胞們!」、「每一個中國人,作為生命的個體,作為社會的一員,擁有了尊嚴和自由,擁有了凜然不可侵犯的公民權,包括言說和批評的權利。」

此外,《中國的異端》一書作為一本思想隨筆文集,除了本書隨筆作品的文風之外,在我看來還另有一大特色。書中大多數文章的行文方式,是程寶林以自己在中美兩國的親身經歷入手,運用寫實主義的筆法娓娓而談,或者是從公眾熟悉的一些公共事件談起,帶有較濃的散文風格和文學色彩,令讀者讀起來感到親切,且讓讀者更加能夠瞭解作者的內心世界,理解作者的價值取向。

程寶林在本書後記〈言說,及免於恐懼的自由〉中有一句話,袒露了自己進行思想隨筆寫作的內心驅動力:「對於尊嚴懷有渴望,對於自由懷有信仰,使我不由自主地,將自己的筆,探入了思想隨筆的領域。」這是一種反抗黑暗的寫作,這是一種渴望光明的寫作,也是一種承繼中國史學「直筆」傳統的寫作。與此同時,他坦言「寄身海外,仍不能免於恐懼!在恐懼中期待,在期待中恐懼。」我能夠理解他「出於靈魂深處的恐懼」,同時感到無比的辛酸。生於這樣一個冷酷無道的體制,有誰不感到恐懼呢?但就像冉雲飛所說,「恐懼並不恥辱,用盡一切辦法想讓你恐懼的人與機構,才是真正的不良。」從這位去國多年、雖已長年身居海外卻仍不免恐懼的文化人身上,我看到了黑暗宛若高天撒下的網羅般漫無邊際,也看到了呼喚真相、維護人權事業的艱難和任重道遠。加謬在散文〈熱愛生活〉中說過,「沒有對生活的絕望,就沒有對生活的熱愛。」這句話用在程寶林身上似乎很貼切。正是因為深深

體驗了黑暗和絕望，才更加激發了他去戳穿遍布的謊言，去恢復被遮蔽的歷史，去呼喚「言論自由和免於恐懼的自由」，去為真相和人權建言發聲，這是他絕望過後仍然熱愛生活的證據。在《中國的異端》一書中，我看到了心懷恐懼仍然不憚言說的學人本色，也看到了人類的自由精神和尊嚴意識正如《聖經》中所說，「眾水不能熄滅，大水也不能淹沒」，因為人類有追求真相的本能，有追求人權的天性。

寫於2011年6月2日至6月7日

目　次　CONTENTS

第二輯　我閱我評

第三輯　我思我悟

第一輯

我臧我否

心猿意馬且歸降

1

　　能被我寫進文章的人，總歸不算很多，黔兄即是其中之一。這位朋友是貴州人，八十年代初，在京華的如霞煙雲和不絕於肺的汽車廢氣裡濡染浸淫了幾年，遵循「君自長安來，復歸長安去」（李白詩）的強行分配政策，學業結束後被「貶謫」貴陽，一住就是十六、七年，再也沒有挪過窩。我姑隱其名，以「黔兄」稱他。十多年前，他在一篇文章裡，曾寫到過我，謂我有攬鏡自照的癖好，斷絕了我的桃花好運，害得我好多年都沒有收到過像樣的情書。「君子報仇，十年不晚」，這篇文章，算是對他的一份遲來的「報復」罷。

　　黔兄是我的至愛親朋。在大學裡，我們同住一個宿舍，他是我的上鋪，我屈居其下達四年之久。由於同好寫作，入學不久，我就和他一起，糾集湖南來的鄧兄、浙江來的蔣兄，趁在學生食堂前賣報紙時，赫然打出了「216（宿舍）作家協會」的旗號，我自封「主席」。後來我又經「民選」，當上了這個宿舍的「室長」。我一生的所謂「仕途」，始於此而又終於此。在我擔任室長的兩年任期內，經過艱苦的談判、協商，和對面房間裡的同學整體「換防」，將宿舍進行了交換-我們在向北背陰的宿舍住了兩年後，終於換到了南面，在北京嚴酷的冬天裡，我們也公平地擁有了一扇向陽的窗戶，曬到了冬日暖暖的太陽。這大概是我唯一可以誇耀的德政。而同學之間以民間方式互換宿舍，互相關愛，通

情達理，也奠下了畢業十多年後，那場青春的盛宴一直未散的基礎。這是閑話一則。

我們入讀的是老百姓所稱的「喉舌系」（取自大陸當代定義：「新聞記者是黨和人民的喉舌」一語），深知自己的角色是器官，作用是發聲。當時，系裡還沒有開設廣播電視類課程，我們所學，便只有平面媒體，主要是報紙。所以，現在我一看到報紙，不管它屬於哪黨哪派還是無黨無派，我都會產生一種類似職業病的反應：對它的標題、版面、導語、言論，有近乎苛刻的品評，就像終身當校對的人，看書專挑錯別字一樣。

黔兄入校時，比我們小得多，只有十六歲。現在我還記得第一次見面的情景。開學注冊的那一天，老師到宿舍來，叫了兩三個同學，到樓下幫新來的同學搬行李。我自告奮勇，幫他把一個龐大的箱子拖上樓來，安頓在我的床下，從此我們算是朝夕相處了。黔少年瘦得像鬼，但一臉聰慧之氣，又機靈得很，很受大家的喜愛，只是「惡習」不少，一是嗜煙，二是好酒，三是貪色。在改革開放之初、中國社會還是像川劇的拿手好戲那樣，經常演「變臉」的，一會兒「清污」、一會兒「掃黃」、一會兒「嚴打」，用徐志摩的話說，「不知道風往哪裡吹。」不過，在相對靜謐的校園裡，黔兄的三大「惡」，在我看來，全是挺可愛的雅好，算不得有任何過錯。不是有人說過嗎：少年情懷盡是詩。抽點煙、喝點酒、談點戀愛，是青春歲月的專利和特權，這一點點的輕狂和放縱，一點點的沉湎和頹廢，是人生的必修課。中國五千年的文化傳統，畢竟是要將人放進同一個模子裡去澆鑄、鍛造、壓制、成型的，天生的本份和拘謹、一生下來就聽話、就溫順、就乖巧、就逢迎，是老一輩殷切加懇切的期望，是中國傳統教育的根。

　　於是我們的宿舍，就添了不少的熱鬧。中國醫學講「精、氣、神」，對黔兄來說，酒是「精」、菸是「氣」、吻是「神」。他用來寫作業的桌子上，堂而皇之擺著一個碩大的、與他一年級新生身分極不相稱的玻璃菸灰缸（後來又換成了一隻大貝殼）。那時我們還沒有什麼太強的環保意識，一點也沒有想到他抽菸，可能會危及我們的健康，特別是他躺在床上抽菸的習慣，對我們的生命安全更是構成了威脅。有時我也在寂寞無聊之際，伸手找他要一支菸，冠冕堂皇的理由是「陪他抽一支」。他總是用孔乙己捍護茴香豆的語言說：「多乎哉，不多也！」很不情願地抽出一根菸來遞給我。另一位愛好寫詩的鄧兄向他討菸，他卻慷慨得多，因為鄧也是一名菸客，在你有我無「斷頓」的時候，少不了互相調劑或彼此周濟。

　　來而不往非禮也。黔兄沾我的光倒也不少，記得那一年，我的一位中學同學，大學畢業後分配到了吉林的鐵路部門工作，第一次回家探親時路過北京，光臨我們宿舍看望我。這位慷慨豪俠之士，大碗吃肉大秤分金的主兒，懷裡揣著工資，在我們宿舍作客時豪氣干雲的情景，令我們這些幾乎身無分文的大學生羨慕不已。臨到吃飯的時候，我正要帶這位同學到食堂打飯，只見他大手一揮，就把全宿舍八位同學揮進了學校附近著名的雙榆樹飯店。這位朋友後來到非洲經商，如今已是博茨瓦納一個成功的華人企業家了。

　　黔兄愛酒，我亦貪杯。記得那一年的夏天，從號稱飲啤酒冠居全國的哈爾濱，來了一位寫詩的朋友。當時，這位朋友已是一家小刊物的副主編，在京的幾個詩友湊錢，在雙榆樹飯店請他吃了一頓很清廉的晚飯，飯後帶回了幾罐啤酒，準備在宿舍正式談詩時以助談興。剛剛改革開放的八十年代初，是一個多麼富有激情的浪漫時代！一個青年人，只

要寫過幾首詩，就可以憑自己並不響亮的名字，雲遊四方，托鉢詩僧一樣走遍天下，到處受到詩友的款待和陪遊（與今日的「三陪」相去萬里）。那晚我們回宿舍時，黔兄正在自己用布簾遮住的角落裡奮筆疾書，不知是在寫情書還是在寫檢討（這是我們中國當代青年人顯示或耗費才華的兩種基本方式），聽到罐裝啤酒擺到桌子上的輕微的碰擊聲，他就像鯊魚聞到了血的腥味，或是像登徒子聞到了女子唇上的胭脂味一樣，掀開布簾，一腳踏了出來，對我的幾個他並不相識的朋友拱拱手，算是打了招呼，抓起桌上的一罐啤酒說：「哈哈，這啤酒看起來不錯！咱爺們也嘗嘗！」簾子一掀，他又隱身而去了，只是布簾後面，傳來極輕微的一聲拉開啤酒罐的悶響，像一支無聲手槍壓抑地開了一槍。隔了不多久，我們正在談詩的興頭上，聽到簾子那邊，傳來空啤酒罐「啪」地一聲被扔進字紙簍裡的響動，我們四、五個詩友，便一起暫停談詩，加快了將所剩無幾的幾罐啤酒灌入肚內的速度，以免再有人出來擄掠。當時，罐裝的啤酒還是新鮮玩意兒，我也是第一次享受。

　　其實，較之啤酒，我們更偏愛的是學校對面小泥灣酒館的二鍋頭。其中賭錢買酒的種種趣味，我在十多年前的散文〈酒我所欲〉中曾經寫過，在此不便炒自己的陳飯。我要說的是每逢學校過節加餐時，本室長規定：每個室友選擇不同的菜，將學校的這一份小小的恩賜和關懷從食堂端回宿舍，擺起來就是一桌不錯的宴席。這時候，再從樓上的女生宿舍請兩個漂亮點的女同學下凡，大家圍桌而坐，對她們進行最大限度的集體阿諛——最高目標是把她們弄到手，最低目標是堵住她們的悠悠之口，至少不要在外班、外系的女生面前將我們這些祖國未來的「喉舌」貶得一錢不值。這樣的時刻真是美妙無比，就像毛澤東老先生說的那樣，我們是早晨八、九點鐘的太陽，希望就寄托在我們的身上。至於我

們自己的希望寄托在哪裡，我們所背負的、被強加的，究竟是什麼希望，我們才懶得管它！老人家的另一句話更為樸素：青年人的人生還是一張白紙，可以畫最美的畫、寫最美的詩。確實，我們還是童貞之體、她們還是處女之身，不像我們的兄長那一輩，在我們這個年齡，他們的人生和心靈已經被踐踏、被塗鴉得不成樣子了。

　　我指的是當過紅衛兵、當過知青的那一代。有人說，他們是被愚弄的一代，還有人說，他們是被利用的一代。我要說的是，他們是被FUCK（英語髒話：操）的一代，無論男女！記得讀文學史時，讀到一個「反動至極」的句子，據說是胡適先生的名言：「思想被主義奸污得苦」，當時就覺得靈魂像受了電刑一樣，引起了長久的灼痛感。而此刻，面對從小泥灣酒館裡「沽」（我喜歡這個古意盎然的動詞，林沖也喜歡、武松也喜歡）來的廉價二鍋頭，面對難得的滿桌菜肴和僅有的一兩點秀色，我們高歌、狂飲、手之舞之、足之蹈之，吐豪言、作狂語，似醉非醉，似醒非醒，恨不得將自己的青春，在一夜之間揮霍乾淨。

　　記得我那時寫過一首題名為〈酒神〉的詩，戲封不勝酒力的鄧兄為「酒販」、小有酒量的蔣兄為「酒徒」，酒量不俗的黔兄為「酒鬼」，我則自尊為「酒神」。「今夜且作劉伶死／明朝還為杜康活」（無聞居主人歪詩），是彼時彼地精神風貌的寫照。在習慣了嚴肅的、嚴厲的，甚至嚴酷的生存環境後，社會稍稍的一點寬容，就喚醒了人性中那麼多的頹廢、空虛、放縱的細胞，而在我的心裡，也漩流起了一點點反叛的熱血。我們這一代人，要真正成為自我、實現自我，當社會的、國家的、自己的主人翁，而不是它們的乖寶寶、好孩子、自己的囚徒、自己的典獄長。

一別就是十多年，其間也經歷了生與死的考驗，赤子的熱血，時代的冷槍。漸漸地，我們都開始只從往事中找尋真正的美好和快樂了。黔兄回到貴陽，我來到美國，相隔兩萬里，各在天一涯，我牽掛的是他的身體和婚姻，他擔心的是我吸毒和成為同性戀者（美國據說這兩樣東西最可惡最可怕）。我們班三十二名同學，畢業後先後結婚、生子，我的兒子已接受了性教育（美國小學就進行性教育，也真他媽太早了一點！）、對神秘的人生已一覽無餘，而這位黔兄卻遲遲沒有結婚。兩年前，老班長來信報喜，說黔兄終於成家了，我無以為寄，寫了三首打油詩寄去。想我堂堂詩人，江郎才盡到寫打油詩的田地，不禁悲上心來。詩的序言寫道：「聞黔兄終於步入婚姻圍城，可喜可賀。多一個已婚人士，社會就多一份安定，街上亦少一個閑人。」詩的第一首是這樣的：

　　曾經瀟灑走四方，

　　亦菸亦酒亦張狂。

　　小說只推蒲寧好，

　　還有吾兄何士光。

　　本室也有作家群，

　　老竇老鄧和老蔣。

　　創作環境最寬鬆，

　　只有一個革命黨。

在這首詩中，蒲寧是黔兄最推崇的俄國作家，作品帶點浪漫色彩，據說是「抒情小說」，黔兄模仿他寫了好幾篇小說，還在《新疆文學》這類偏遠刊物上發表過呢；何士光是當時不錯的貴州作家，黔兄言必稱

何，好像是他們家的老大；至於「老寶」，當然是筆者的尊號；「革命黨」就是那位好心腸的班長，每晚熄燈後全宿舍臥談天下大事時，我們這些具有精神污染嫌疑（當時正在開展這樣一場使大腦純潔化的運動）的准作家、預備作家、好色而未淫的才子們，針砭時弊、刺世疾邪，班長這位唯一的黨員就只好蒙頭裝睡，一言不發，受氣得很。「革命黨」的典故，取自魯迅的名篇〈阿Q正傳〉：趙太爺參加了「柿油黨」（自由黨），回來胸前就掛上了一個桃符樣的牌子，據說可以驅邪。

2

畢業後，我和黔兄仍然保持著聯繫。有一年的秋天，他到成都來了，樣子還和大學時差不多，但總覺得少了一點什麼，有點不像是我熟悉的黔兄了。他一語道破玄機：「我們都活得有些拘謹了。」這使我想起了大學畢業的最後一次班級會議上，系主任以長輩的口氣教導我們的話：「你們到了單位，進入社會，要學會夾起尾巴作人！這句話我只有對畢業生才講。你們不僅是我的學生，也是我的子弟，我作為一個過來人，只有這句上不了臺面、不那麼崇高的話送給你們，望你們好自為之，多做對國家、對社會、對人民有益的事情。」國家、社會、人民這些概念並不完全相同，它們之間的關係，也不能簡單地劃上等號。但是，在這些強大的概念籠罩下，我們渺小的自我，就越發顯得不值一提了。

1985年秋天我們畢業時，他並非自願地回到了貴州當記者。他從省城回到故鄉小城採訪，當地官員一則很為家鄉出了這樣的筆桿子而高興，二則也希望借他的生花妙筆，給自己的政績貼點金、描點彩。誰知他吃完官家的宴席，抹抹嘴巴，到基層走了走，就發現了當地政府的許多不是。回到省城，寫了「內參」（內部參考，僅供某一級別的領導閱

讀、批示的非公開性報告），奏了故鄉一本。其結果可想而知，他日後回家鄉，當地官員的熱臉換成了冷板凳不說，來自父母的壓力，也一天大似一天。仍住在那座小城的父母規勸兒子說：「你要懂社會喲！社會可不是大學，複雜得很，說不定哪天自己就栽個大跟頭！」黔兄父母的教導，與我剛進單位時一位老編輯的教誨異曲同工：「單位就像一條河，流動的時候看起來無聲無息，但河底的鵝卵石，不管剛沖進河裡時多麼稜角分明，到最後都會被磨成光滑滑、圓溜溜的小石子兒。」

不相信，不服氣，抗拒流水的沖刷和改造，於是酗酒，於是爛醉如泥。聽說他有好幾次喝酒，喝得胃出血，被送到醫院急救。大約是1991年的初冬，我出差路過貴陽，找到他的單位，才得知他不巧到外地採訪去了，一時趕不回來。他剛畢業分回貴陽的妹妹接待了我，請我勸勸他：結婚成家、戒菸戒酒。於是，我伏在他書房的桌子上，給他寫了一封三千言、直追老子《道德經》的信。作為一個婚姻中人，我提醒他，在社會上闖蕩、漂泊已久，也該停靠在家庭的碼頭上喘口氣了。我寫道：婚姻固然不能確保幸福，但沒有婚姻一定不算幸福，除非你是聖人。但自孔子以降，又哪裡還有聖人呢？所以，我們終究不能免俗，最後還是會成為一個庸人和俗人的。

這簡直就是一封勸降書。問題是：誰來受降？向誰而降？

許多年以後，黔兄當年極為推崇的貴州作家何士光到四川參加筆會來了，我與他聊天時，問到黔兄的情況。何士光說，這個小夥子很有才氣，就是心性不定，不能持之以恆地寫東西，多次喝酒喝到胃出血，虛擲了自己的才華和生命。我想起了讀大學時的一件趣事：有好幾次，他喝得大醉，在我的上鋪嘔吐不止，我情急之中，順手操起自己的臉盆，頂在頭上，一邊承接他的穢物，一邊高吟李白的名句：「飛流直下三千

尺，疑是銀河落九天」，全宿舍的同學，見此情此景，不禁哈哈大笑。
還有一次，我用稿費買了一件呢子大衣，他借去與女朋友約會，回來還
給我時，大衣的背上還沾著泥土和草屑。這細微的發現帶給了我詩的靈
感，我在一首詩裡寫下過這樣的句子：「姑娘，你背上的草屑令人神
往」。那時候的詩情，簡直就像洶湧的海潮，我仿佛整天都生活在自己
的內心裡，世界上最重的東西，只有詩歌和愛情。

在這裡我要抄下給黔兄結婚賀詩的第二首了：

> 一聲令下回黔鄉，
> 天高地遠吃皇糧。
> 筆下文章國依舊，
> 胸中塊壘胃已傷。
> 人生拘謹君曾嘆，
> 吊兒郎當我獨賞！
> 對酒何妨歌狂言：
> 我是太白君杜康。

太白是詩仙，杜康是酒仙。我們渾然不覺，「詩酒趁年華」的歲
月，已然接近尾聲，中年的腳步已經近了。黔兄當年曾放言：人生只要
快樂有趣，四十歲足矣！轉眼之間，我們就要平平安安、一事無成地跨
入不惑之年了，但我們的內心深處，對社會、對人生，更深的困惑與不
甘，或許才剛剛開始。

3

不久前自美還鄉，黔兄得知消息後，坐飛機趕來成都，約我在一家茶樓見面。我請他到家裡去，他說實在走不開，因為他在這座城市，還有跟他的工作、職位有關的業務活動和應酬。我想起京劇《伍子胥》中的一句唱詞：「這才是官差不自由」。在茶樓裡坐定，兩人互相打量，才發現十年不相見，他老了十歲，我老了十五歲。我依然不修邊幅，一點也不像是剛從美國回來的「華僑」（這個詞在中國因社會的實用主義原則而時榮時辱），而他，衣著光鮮得體，頭髮梳得整整齊齊，一副有頭有臉的打扮。泡上茶，要了啤酒，點上煙，兩人竟一時無語，大有杜甫「今夕復何夕，共此燈燭光」的氛圍。我問起她妻子的情況，隨便問他是否收到了我的打油詩，因為我一直沒有收到過他的回信。他說：「我現在都還背得出你這三首詩呢。」說完，他背出了在我看來世俗味道最重、堪稱俗不可耐的賀詩第三首：

圍城也有好風光，
心猿意馬且歸降。
從前三碗猶打賭，
如今五杯懶上床。
當官須戒杯中物，
吾兄大小算處長。
且盼洞房升尿布，
自家娃兒屎也香。

　　吟詩完畢，我說：「黔兄，今後有何打算啊？」

　　他回答說：「還能有什麼打算？走到這條人擠人的仕途上，只有更上一層樓，爭取兩三年裡，弄個副廳級，四、五年裡，接替單位的第一把手，全面主持工作。」據他說，他目前已是單位裡實際上的第二號人物，這個有金色招牌的單位的錢進錢出，全靠他一支筆，權力不可謂不大。對於當官的感覺，我毫無體會，不知其中三味。他告訴我說：「權力就像酒一樣，是容易上癮的。酒越喝越想喝，當官也一樣。如果終身當個百姓，一輩子受人指揮，日子也許還好過些。一旦有幾個人在你手下工作，受你指揮和調遣，你就會希望，受你指揮和調遣的人越多越好。顯然，越往上走，你管的人就越多，管你的人就越少，你獲得的個人自由和個人尊榮也就越多。」

　　淺顯的道理，一說就明白，我卻從來沒有想到過，一時有茅塞頓開之感。可惜時不我予，我這輩子怕是要終老異邦，不復有回到祖國，以一官半職服務人民的機會了。終生不仕又如何？懷管（仲）、樂（毅）之才又如何？是個草包、笨蛋，「占著茅坑不拉屎」又當如何？看到同學們、朋友們一個個在經濟上富裕起來、政治上得意起來、體態蠻橫起來，與我們當年縱酒狂歌時嬉笑怒罵的小官僚越來越「求同存異」、彼此仿佛，我心裡感到既欣然、又落寞，覺得獨獨自己被祖國拋棄和驅逐了一般。其實，我舉家到海外，打工養活自己和妻兒，自外於這一個龐大的、穩如泰山的體制，與這些同學、朋友依附和寄托於這種體制，又有什麼本質的區別呢？還不都是一樣：把生命耗盡，把日子過完。

　　寫此文時，讀到年僅二十多歲的中國大陸青年思想者余杰的一本主要批判《資治通鑑》的思想隨筆集《火與冰》，幾不能釋卷。他在論及大學生進入社會的一般規律時寫道：「畢業後進入形形色色單位的大學

生，大多要經歷四個階段：大有作為—剛走上工作崗位時的理想；難有作為—屢受挫折後的清醒認識；無所作為—理想破滅時的悲觀論調；胡作非為—向仕途爬升的唯一途徑。」余杰的文章爭議很大，也不無偏頗或偏激之處，但正是這一份偏頗或偏激，才具有思想銳器的鋒利，才真正可貴、可畏、可敬。

我在這本書的扉頁，寫下了這樣一段文字，表達對這位遲至1973年才出生的青年讀書人的尊敬和折服：

> 初聞余杰文名，以為已屆中年，及購此書，大驚－乃弱冠少年也。聽雨臥讀，一夕而竟，而天猶未曉。擲書長嘆，終至不寐。余杰生時，國尚有君，臥榻之側，常伴《通鑑》，藉以治國，民稱萬壽。未及三載，君已不存，止一棺耳。幸乎余杰未見君，得保其強項；惜乎君不見余杰，得終其天年。今逢盛世，雜音未淨；余杰之文，如出亂黨，千夫所指，芒刺在背。昏昏者、諾諾者，側目而視，口誅筆伐。勇哉余杰、快哉余杰！世若不容異聲，非盛世也；國若不容異己，豈強國耶？無聞居主人識。

我絕不是說，走仕宦之途都是壞事；我更不敢說，被單位消化、被社會同化、被文化異化是純粹的悲劇。在一個有著漫長的「老吏馭民」傳統的社會和國度，年輕人有升遷的機會，絕對是時代進步的表徵。我所感嘆的是，在昔日的同學中，除一兩個還在堅持原來的理想，走從商、治學或寫作的道路外，其他的人，都不約而同擠入這條官宦之途了，而且都多少有些斬獲。前文中提到的同宿舍的蔣兄，早就放棄了當作家的夢想。就在昨天，他發電子信件向我報喜，說自己最近已調到京

城一家報社，當上了副總編輯。算來，他是我們全班同學中，第二個獲得副總編輯頭銜的人。回信時，我除了祝賀外，還給他提了三點忠告：「一：乾淨賺錢，正派為官；二、少打麻將，多陪女兒；三，多和同學聚會，少在官場應酬。」以我對蔣兒、黔兒這幾位同學的為人、品性的瞭解，我想，他們大概是會「在其位，謀其政」，好好幹一番事業的。

突然想到余杰這樣的激憤之士、這樣的「熱血書生」（書生只宜白面，此詞乃我生撰），許以一個科長，他會如何？許以一個處長，他又會如何？官場、名利場，對於一個二十多歲的、目前可能仍然清貧的青年學者來說，誘惑力究竟有多大？設若一個「大肚不容」的社會，究竟要開出怎樣的價碼，才能將他招安？他是否會像我們中間的大多數人一樣，對慣性的社會、對習慣的勢力、對看慣的人民、對驕慣的惡吏，折斷自己如刀如劍的筆，而高高舉起一片白色的降幡？

「受降城外月如霜」。行文至此，推窗而望，異國的夜，月白、風清，隱約可見的是我打出的一小面白旗，對美元、對生存的壓力、對骨髓裡的那份文化與思想的孤獨。

作於2002年10月，舊金山

天下無男乎？

1

翻開中國大陸的報刊，見到各種各樣的招聘廣告，寫著雇傭的年齡限制：三十五歲。我每天必讀的人民日報海外版，刊登著各種大學招聘「長江學者特聘教授」的年齡限制：四十五歲，特殊情況可放寬到五十歲。

從某種意義上說，已進入老齡社會的中國，已將五十歲以上的男人統統打入了「另冊」，在社會生活中變得無關緊要了。而另一方面，聽說場面上有頭臉的人物，三十多歲，已開始被稱為「某公」；四十多歲，被稱為「某爺」；五十多歲，被稱為「某老」，稱者有心，被稱者無慚，我真得好生惶恐。

忽然之間，楊振寧老先生以八二之身，要迎娶二八芳齡少婦的消息，瞬間傳遍了小小寰球。楊老先生在物理學上的成就，固然令我佩服，但憑仗自己的聲望、地位、財富，完全不顧對方的終身幸福，還美其名曰：「上帝送來的最好的禮物」，就純然是老朽、腐朽乃至自私了。

以中國之大、人才之眾，只有八旬老翁可作郎君，舍此之外，「天下無男」乎（套用目前中國的電影《天下無賊》片名）？

婚姻是什麼？婚姻是法律保障的男歡女愛，以及由此產生的一切社會的、家庭的責任和義務。如果一方並不完全具有這種使對方生理需求滿足的肉體條件，這樣的婚姻就是畸形的、變異的、非正常的。對它的任何美化都是淺薄和殘酷的。

　　十多年前，讀過陳若曦的短篇名作〈貴州女人〉，寫一個七十多歲的美國老華僑，多年寡居，後來去貴州，娶了一個三十多歲的鄉村小學教師。辦好結婚登記手續後，他和這位「老姑娘」同居了七天，在旅館裡分床而睡，相安無事，只是第三天的晚上，老翁抖抖索索地爬下自己的床，走到女人的床邊，將手伸進女人的被子裡，在女人的下體那個部位，摸了一兩下，接著又回到自己的床上，轉身睡去，睡得比前兩個晚上踏實多了。

　　作者寫到：那動作，就像一個商人，剛驗完了自己的貨。

　　小說的結局，寫到老翁表面上是默認、實際上是暗中促成了這位有妻子身份、無妻子體驗的貴州女人與一個年輕男人的私情，唯一的條件就是，保持婚姻的名分和家庭的體面，並好好照顧自己的晚年。楊老先生雖然在名望、財富和地位上，與小說中的那個老翁有天淵之別，但在年齡上，卻並不占優勢，甚至比那位老翁還年長十歲左右。年齡不饒人，風燭之年與虎狼之年，生生隔著五十多年啊！

　　我一向不主張對人進行道德評價。但作為公眾人物，道德自律卻不能沒有。我相信愛情是以性為最根本驅動力的，沒有性就沒有男女之愛。雖然，兩情相悅中，性並不是萬能的、絕對至上的，但它是本質的。因性而愛，因愛而忠，因忠而耳鬢廝磨、貧富不易、尊卑相守，至死不渝，這庶幾可算愛情的要義了吧？

　　對於現代中國社會的男人來說，生存的壓力、對命運中不可知力量的恐懼（如中國知識分子心中的驚蟬心態），實在是重如千鈞。楊先生貴為國寶，家財豐厚，且已退休養老，自然可以悠遊於林泉、游刃於廟堂。但他和我一樣，一定也懷有某種對男人來說極端難與人言的恐懼。

　　讓我再說一遍：性是純潔和美好的。它是造物主賜給眾生、補償生命之艱、生命之短的珍貴禮物，八十二歲的楊振寧老先生珍惜它，二十八歲的女孩子翁帆，更應該珍惜它。

　　我還要說，雖然我討厭程朱理學中「存天理、滅人慾」的道學。但我卻相信，性只有在順乎「天理」、合乎「人慾」的前提下，才是純潔和美好的。

　　對於這場畸戀，旁人自然無權干涉，社會也以寬容接納為好。但某些人為其大唱贊歌，就不免令人齒冷了。

2

　　2004年12月26日，世界日報《金山論壇》刊登了題為〈好一個老年多情的楊振寧〉的文章，將此事無限「上綱上線」到關乎人類未來的高度，在讚美羅素的一生四娶、蘇東坡對小妾朝雲的依戀後，作者寫道：「或許是老天爺的安排，這些歷史人物令人歌頌的作品，大多是拜黃昏之戀，人類才得以有幸分享這些不平凡的成就。」「基於此，我們對楊先生的婚事，將為人類帶來美好貢獻是滿心期待。」

　　這位作者是臺灣某大學的助理教授。我相信他對於臺灣社會暗存並默認的納妾傳統，一定比我這個大陸人更為熟悉。幾年前，臺灣一位五十多歲的婦人，與一個十七、八歲的小夥子發生畸戀，當時的報紙和電視上接受採訪的臺灣民眾，對此都是一片討伐之聲。愛情之所以奇妙，固然因為它並非一定要遵循常規和世俗，但是，一件本屬個人私事的駭世婚配，發生在一位世界級名人身上，並被媒體炒成了全球新聞，它就變成了一個公共話題，具有了影響世道人心、價值判斷的公眾意義。這種事情發生在今日中國大陸，而在禁慾與嚴酷的毛年代卻不可想

像，誠然是時代進步、社會漸漸開放與寬容的明證，但現代化對人的全面解放，歸根結底是對人性的解放，這其中就包括了女性追求自身愛慾享受的全部權利。

　　該文作者進一步寫道：「愛情世界本身就無常規可言，但楊先生是名人，是道德文章的典範，所以旁人會側目。男歡女愛，他人無權置喙，且若為科學文化計，就暫且讓我們擱下世俗異樣的眼光和倫常道理，同祝楊振寧的黃昏之戀吧！或許百年後，這段愛情與學術故事，將為後代子孫傳頌不已。」

　　且不說楊振寧先生是否真是「道德文章的典範」，只要看看這位作者，在字裡行間對這椿婚姻關乎人類「科學文化」意義的闡述，我就禁不住悲從中來：如果楊先生婚後，耽於魚水之歡，於學術、與科技，並無任何新的建樹，我們是不是應該怪罪於他的少妻呢？

　　「己所不欲，勿施於人。」為這椿雖不違背任何法律，卻有悖普世人情的婚姻大唱讚歌的人，從未想到過，這種事情，如果發生在自己的子女身上，自己該如何應對？如果我們不願意自己正當青春歲月的女孩子，嫁給一位八旬老翁，不管其名也盛、其財也豐，那麼，別人家青春歲月的女孩子願意這樣做，我們固然無權置喙，但更不應該無限吹捧到幾近肉麻的程度啊！

「戴俊，快跑！」

今天，我在每天必看的南方衛視《警戒線》節目中，看到了轟動西安的「千萬富翁見義勇為被刺身亡事件」。

案情大致是這樣的：2007年6月26日晚，剛從寶雞到西安打工的十七歲女孩孫某，下班後步行回家，走在一公共汽車站附近，發現有一名男子跟著她，隨後衝上來搶她的包。她死不撒手，拿著包就跑，這時，前面又衝出兩名男子，將她打倒在地，實施搶劫。

就在這時，路過此地的江蘇籍民營企業家、西安某裝修公司老闆戴俊見狀，大聲喝斥歹徒住手。兩個歹徒見有人敢管閑事，放下女孩，掏出匕首向他圍過來。戴俊與歹徒英勇搏鬥，身中三刀，倒地失血而死。

在得知見義勇為者是注冊資本上千萬的老闆後，西安媒體鋪天蓋地地進行了追蹤報導。在案件尚未偵破的情況下，案發地蓮湖區委、區政府，連夜開會、行文，認定戴俊的見義勇為行為，決定給予表彰、獎勵，並對死者家屬送上了該級政府權限範圍內最大金額的兩萬元慰問金。

從報導中分析，孫某是在剛給朋友打過電話後遭劫的。可是，戴俊被刺後，她只顧坐在屍體旁哭泣，既沒有打電話報警，也沒有大聲呼救。路人見到這奇怪的一幕，這才致電110報警。

警方起初懷疑是生意場上的仇殺，直到案發第二天，才將調查重點放到這個只會坐在路邊哭泣的女孩身上，她也終於說出了被搶遇助的經過。

我在網路上檢索，看到有的報導說，孫某知道自己的包裡有一張十萬元的銀行卡，還有手機，所以，緊緊抱著背包，拼死也不讓歹徒搶走，歹徒還將她的腿和手臂刺傷。以我從事新聞工作十多年的經驗，我

一眼就可以看出，這是不大可能的。為了突出戴俊見義勇為的價值，報導者編造了這些內容。我難以相信，一個年僅十七歲，進西安打工不足一年的女孩，包裡何來十萬元的銀行卡？就算真有銀行卡，沒有密碼，歹徒搶走也毫無用處。而據報導，歹徒並沒有劫持受害人，逼其到銀行櫃員機上取錢的意圖。

對於戴俊，我從內心深處，極端崇敬。在他的身上，體現了我們中華民族「路見不平一聲吼，該出手時就出手」的俠義豪情。

但是，我還是覺得，他死得並不值得。如果他是闖入一間著火的屋子，救出了一個十七歲的花季少女，而自己被火燒死，他是一個勇敢的英雄。而他，為了一個女子的背包不被搶走，而徒手與手持匕首的兩、三名歹徒搏鬥，並付出生命的代價，這一犧牲並不等值。從這個角度來說，他是一個不智的英雄。我希望我的言論，沒有褻瀆、冒犯他的在天之靈，願他安息！

之所以這樣說，是因為，在火燒房子的情形下，別無選擇，以命換命，這是神聖的犧牲；在本案的情形下，他是以命換物，而原本他可以有其他的選擇，既解救少女，也保護自己。

我設想了幾種情形：

一、見到三個歹徒搶劫女孩，不是厲聲呼喝「住手！」而是用友好的、甚至親切的口氣說：「嗨，哥們，何必和一個女孩子過不去。不就是借點菸錢嗎？我這裡有，來拿我的！」一邊說，一邊掏出錢包，將鈔票拿些出來，給這三個歹徒。女孩趁機逃走，自己也安全脫身。但三個歹徒的年齡、相貌、身高、體態，不是一一刻印在腦子裡了嗎？

二、就算在喝斥「住手」後，歹徒放開女孩，朝自己圍過來，並掏出匕首。自己立刻牢記「好漢不吃眼前虧」的古訓，撒腿就跑，邊跑邊呼喊求助，將歹徒嚇得逃之夭夭，然後，立刻打電話報警。

這是怯懦嗎？這是膽小怕死嗎？這樣有損男子漢大丈夫的氣度嗎？

一點也沒有。恰恰相反，這是智慧和機智，是急中生智。

中國社會需要見義勇為！需要，非常需要！但絕對不需要以付出生命代價而保護物質財富的所謂見義勇為。

面對歹徒的匕首，戴俊選擇了拔腿就跑，而不是迎著刀尖而上，他在人格和精神境界上並沒有因此低矮半分。因為他是一個好人，一個幫助過許多人的好人。他珍惜自己的生命，他理應留著它，享受人生，並惠及更多的人。在一個女孩失去一個背包，和另一個女孩失去自己的父親之間，二者擇一，我只能選擇前者。

那麼，我們的社會，病在哪裡？不是經常有歹徒在公共場合作案、現場圍滿看客，卻無一人制止這樣的報導嗎？在這種情形下，戴俊應該怎麼辦？

原則如下：在不危及自己和他人生命安全的前提下，挺身而出；在危及自己和他人生命安全的情形下，保護自己和他人，機智應對，協助警方制止犯罪和偵破犯罪。

在《警戒線》節目的結尾，主持人的結語，果然是「希望社會出現更多戴俊這樣見義勇為的人」。

我的看法不同。見義勇為固然重要，見義智為更為重要。避免和持有兇器的歹徒直接發生肢體衝突，應該是社會呼籲見義勇為時必須時刻

強調的一點。可是，它被刻意地忽略了，因為中國的所謂國情，因為國人的生命價值觀，因為愚民教育的蒙昧。

我在美國，曾遭到歹徒持槍搶劫：2007年7月1日晚上9點30分左右，我和兒子去附近的超市買零食，身上只帶了一塊錢，沒有帶錢包。買了一袋玉米片，父子倆一前一後走回家去。忽然，我聽到背後有急促的腳步聲，我回過頭去，兩個黑人男孩將我們逼到了街邊。暮色四合，街上空無一人。搶匪是年約十八歲和十六歲的兩個黑人男孩，其中年齡大些的手裡晃著一支手槍。他們命令我們蹲在地上，然後，年齡小的那個黑人男孩，飛快地掏我的口袋，掏出了汽車鑰匙。第一次遭遇搶劫，而且，面對一支不知真假的手槍，我雖然害怕，但很鎮定，將我的兒子擋在身後，用平靜的、友好的、幾乎是朋友之間說話的語氣，對他們說：「很抱歉，我們只是散步，沒有帶任何錢在身上。」我一邊說，一邊從黑人手裡，拿回了我的汽車鑰匙。兩個黑人孩子見我沒有任何反抗的動作，也沒有任何怨恨的語氣，便丟下我們，跑到街的拐角處消失了。

我和兒子氣喘吁吁地跑回家，立刻撥打119電話報警。三分鐘後，一輛警車停在了我的門前，另外三輛警車，在我們社區，分頭搜尋這兩名搶匪。事後我才得知，這是我們這個治安很好的社區，多年來第一次發生搶劫案。警察到這條街上的每戶人家調查，問是否聽到了什麼聲音、看到了什麼人。而且，這一事件，還刊登在了我們所在的縣的報紙上。

作完筆錄，警察表揚了我，說我做得對，並告誡我和兒子：一、如果遇到持槍搶劫，乖乖聽搶匪的。年輕的警察為了安慰受驚的我們，還用開玩笑的口氣說："He is your boss at that very moment, because he has a gun"（他在那個時刻就是你的老闆，因為他有槍）；二、永遠假定他的槍是真槍，千萬不要試圖制伏搶匪。他並建議我們，在褲子口袋裡，永

遠裝二十美元，預備被搶。用二十美元保護一條生命，這項投資的回報率無與倫比。

在戴俊的個案中，據被捕後的兇手交代，他們本來只想搶一點上網的錢，沒想到，碰到個死死抱住背包的不要命的女孩，又碰到一個見了匕首還不跑的男人，結果，這種將暴力升級到失控的直接衝突（direct confrontation），導致一個千萬富翁喪命，三個年僅十六歲到十八歲的小青年，一生毀滅。

在中國所有的輿論，面對匕首，都在喊：「戴俊，快上！」時，我要冒天下之大不韙，高聲喊出：「戴俊，快跑！」

無論你跑得多快，你都是俠肝義膽的當代英雄，因為，你阻止了犯罪，協助警方抓獲了罪犯，而且，沒有給歹徒傷天害命、加重罪孽、導致一生被毀的機會。

2007年12月20日

北京少年

幾年來，我一直忘不了那個英俊的北京少年。

時令正是盛夏，舊金山灣區的氣候，卻依然有盎然的春意和濃郁的秋色——四季如春的地方，常常這樣四季難分。我開車，載著三個文友：劉君、王君、張君，到加州首府沙加緬度附近的一座小城，拜訪居住在那裡的著名詩人北島先生。張君是本地一家中文報紙的副刊編輯，而我們，包括北島先生，都是他的作者，在他主持的版面上各開闢有一個專欄，頗掙了一點碎銀子，可以買酒，也可以買菜。張君是湖南人，他的兒子從北京來探望他，帶來了一瓶如今已成酒中極品的「酒鬼酒」。我們驅車兩個小時，就是為了到北島家裡，把這瓶故國的美酒喝個乾淨。

張君十九歲的兒子坐在車裡。這個面容清秀、神情羞澀的北京少年很快就成了談話的中心。令我們驚異的是，在入境美國如此困難的情形下，他居然能獲得到美國探望父親的簽證，真是一個小小的奇蹟。他的父親張君，有一份奇特的履歷：1989年初秋，帶著幾分驚弓之鳥的惶然，去德國當訪問學者，後來又到澳洲攻讀博士，最近才來到美國定居。輾轉三洲，寄身四國，張君可算是飄零之人。可貴的是，他一直抱著有一天能回國服務的心願。自己雖然早已離婚，但兒子卻已長大成人，在前妻的呵護下，成了北京一所大學的一年級新生，而且還當了班長。

話題是從窗外的萋萋枯草開始的。舊金山附近地區的天氣，冬天雨季時綠草茵茵，可一到春天，草就黃了。路邊是綿延無盡的牧場，金黃色的枯草隨風滾動，使得人煙稀少的高速公路兩側，顯得更加寥落。北

京少年說：「想不到美國是這個樣子，到處都見不到幾個人，只有一些車，冷清得很。」

這一點，和我們的感覺完全一樣。在我們幾人中，劉君居住在美國已經二十多年，王君也已經有十多年，我們共同的感覺，就是異鄉寂寞，國內的滾滾人潮，時常入我們的思鄉之夢呢。

話題一轉，這孩子告訴我們，今天晚上，美國的兩支球隊，要在德州達拉斯進行這個賽季的最後一場比賽，連誰誰誰都要出場呢。要是在北京的校園裡，電視機前早就該擠滿球迷了。我很驚訝，因為我在美國居住也有好幾年了，還在一家華文報社當過新聞編譯，對於美國的體育比賽，卻幾乎處於無知狀態，還比不上一個兩三天前剛到美國的北京少年。

見到我們稱讚他對於美國文化的熟悉，孩子一下子興奮起來，馬上問我們：「你們看過誰誰誰的演出嗎？她前一段時間到北京去演出過，火了一把。最近她就要到舊金山來演出了，我爸一定會帶我去看。能在美國看這個大牌歌星的演出，回去和同學就有得吹了。我一定要把門票保存好。」

他的話，贏得了我們的再次稱讚。

見他對美國大眾文化如此迷戀，如此推崇，「老美國」劉君談興一下子被提了起來。他問：「911當天，你在幹什麼呢？」

北京少年驕傲地回答說：「慶祝唄！我們把臉盆拿到窗子外面，用筷子起勁地敲。同學們在宿舍裡串門、唱歌，可高興了。總算有人替我們中國人出了一口惡氣。」

我不知道劉君、王君怎麼想。他們早就入了美國籍，是法律意義上的美國人。我是已具備入籍資格但尚未入籍的永久居民，猶豫著，是想有一天，能回到中國去，到一所大學任教。聽到北京少年的話，我真有

寒心之感。

他父親不悅地說：「你瞎說些什麼啊！」

北京少年理直氣壯地說：「我偏要說！炸我們的大使館，撞我們的飛機，我們暫時不收拾他們，總得有人收拾他們！」

他說的「他們」，顯然，就是他此刻在其大地上奔馳著的美國。

劉君說：「那世貿大樓裡的幾千條人命，你一點也不同情？」

北京少年說：「我同情他們？那他們同情不同情在南斯拉夫被北約炸死的那些老百姓？」當時，那場戰爭剛結束不久。

「北約為什麼要轟炸南斯拉夫？」劉君問他。

「為了控制巴爾幹半島，以便將它納入美國的勢力範圍唄。」顯然，他不知道塞爾維亞人對於阿爾巴尼亞人的種族滅絕罪行。

說到塞爾維亞，劉君問他：「你知道柬埔寨有個人，叫波爾布特嗎？」

北京少年搖了搖頭。

波爾布特我記得很清楚。1975年，他抵達北京機場，受到熱烈歡迎的照片，就貼在我鄉村的臥室裡，因為那張照片糊了牆壁。那位出身叢林、胸懷世界的革命者，氣宇軒昂地走下機艙，走入世界革命中心──北京，接受鮮花和盛宴的情景，就這樣留在我的記憶裡。當然，我是直到來了美國後，才知道他當時已經以消滅肉體的方法，將柬埔寨原本就不多的人口，減少了近兩百萬。為了節省子彈，他是將擬定處決的人，用卡車拉到荒郊野外，用大棒敲碎腦袋的。留下的官方紀錄顯示，每天處死的人，最少也有五、六百人，如今，在金邊的展覽館裡，堆積如山的顱骨，很少不是裂痕累累的。

劉君問他：「你知道劉少奇是怎麼死的嗎？」

「劉少奇？我沒聽說過。」

劉君很有點失望。他問北京少年：「你在中學沒有讀過歷史嗎？」

「讀過啊！不學歷史怎麼考上大學？我們的歷史書上，不講這些。」

「三反五反、四清、反右、大躍進、人民公社、文化大革命，這些你知道嗎？」

「大多不知道。知道的，也不很清楚。讀那些書，都是為了考試，讀過就忘記了。」

「那你知道毛主席嗎？」

「那還能不知道？過天安門，望城樓上一望，就瞧見了。」

劉君問他：「你對毛主席瞭解多少？」

北京少年充滿崇敬地說：

「如果沒有毛主席的英明領導，中國人民還將在黑暗中摸索更長的時間。」

一字不漏，這恰恰是歷史教科書上的話。

劉君將話題轉到朝鮮戰爭，問他：「國內所說的抗美援朝戰爭是怎麼打起來的？」

北京少年脫口而出：「美帝國主義操縱聯合國，悍然對朝鮮發動了侵略戰爭，將戰火燒到了鴨綠江邊，中國人民志願軍雄糾糾、氣昂昂地跨過鴨綠江，把美國鬼子趕到板門店的談判桌上去了。」看來，他對這段歷史很熟悉，原來，國內剛剛舉行了大規模的抗美援朝大型紀念活動，還播放了新製作的專題片。

我問他：「你是不是覺得美國是中國的敵人呢？」我想起幾年前，我還在國內時聽到的一個報告。作報告的某特殊部門官員論斷：美國亡

我之心不死，一定要搞「和平演變」。

「那當然。美國就是想將中國變成它的原料來源、加工地、產品傾銷市場，最後，變成它的殖民地。」

他說的其實頗有道理。中國對美國巨大的貿易順差，原因就在於中國是美國最重要的原料來源、加工地、產品銷售市場。最近，中國開始接受外國人申請綠卡，漸漸接受包括美國人在內的移民，這不是「殖民」是什麼？而中國人移民美國，向美國「殖民」，已經一百多年了。美國才是中國最大的殖民地啊！我這樣反駁他。

快要抵達北島家時，北京少年下結論說：「如果再來一次你們耿耿於懷的那種反右運動，劉先生肯定會被劃成極右分子。」

我也參與了辯論，對自己的政治命運很有興趣，便問：「我呢？」

「你肯定是右派。」

王先生參與這場「大鳴大放」不多，很少發言，因此「處理」較輕，得了「只劃不戴」，以觀後效的寬待。

幾年之後，我在2003年第8期《美文》雜誌上，讀到了崔濟哲的一篇散文〈住院〉。我願意在這裡，一字不易地摘錄下面的幾段：

> 三十多年後我讀過一篇文章現摘錄如下，它收編在《那個時代中的我們──紀念中國共產黨十一屆三中全會召開20周年》這本書中，遠方出版社出版，主編是者永平，王蒙作序。該書上冊第398頁，張連和同志寫的一篇文章叫〈五進馬村勸停殺〉，他講文化大革命初期北京大興縣的公社、大隊把「四類分子」及其家屬集中監管起來，隨時拉出去批鬥，進而殺害。從8月27日至9月1日，大興縣的十三個公社、四十八個大隊先後殺害四類分子及其家屬三百二十五人，其中最大的

八十歲，最小的才出生三十八天，有二十二戶人家被殺絕。在此事件中尤以大辛莊公社最為嚴重，僅8月31日一天就殺了數十口，有一個水井都被填滿了死屍……

字字滴血。

1966年8月底，『紅色恐怖萬歲』的大字標語竟堂而皇之地書寫在天安門廣場東看臺的下面。有多少人曾經為之興奮、鼓舞、發瘋、鬥爭。他們是那樣虔誠地追隨、盲目地崇拜，「那就是革命，革命就是暴力，是一個階級推翻另一個階級的暴烈的行動」；那些天真幼稚的少男少女們真誠地認為只有用階級敵人的鮮血和「黑五類」的腦漿書寫紅色恐怖，才是跟隨偉大領袖毛主席進行一場偉大的、神聖的、史無前例的革命。這真是我們時代和民族的悲劇。

我曾經為巴金先生提倡建立一個「文化大革命博物館」受冷遇而感到氣憤。據報紙載，我們國家有各種各類的展覽館、博物館三千多個，難道真沒有必要建立一座為讓我們的子孫永記那段滴血斷腸的歲月、那段瘋狂扭曲革命的館所嗎？」

……

去年，回國探親，在一位出生於六十年代中期，如今相當出色的作家朋友家中閑聊，我談到在海外讀過的一本書，寫到「文革」中的大屠殺，其中，湖南道縣在三個月的時間內，被「貧下中農法庭」判處死刑的「四類分子」，就多達近四千人，甚至連剛出生的「四類分子」家庭的嬰兒，也被搶過來，從大腿根部撕開，活活撕死。

堪稱我最好朋友之一的這位作家略感不快，嚴肅地說：「這恐怕是海外敵對勢力編造出來醜化、誣衊中國的謊言吧？」

這位比我年輕兩歲的作家，系大學歷史系科班出身。

我有一種深深的、難與人言的恐懼。

有一個可能與這位北京少年年齡相仿的網友，前不久將岳飛的《滿江紅》改成了下面的樣子，以言其踏平日本、掃蕩美國的「民族英雄」氣慨：

> 甲午恥，猶未雪，
>
> 南京恨，今尤烈。
>
> 駕戰車踏破，富士山闕，
>
> 壯志饑餐東洋肉，
>
> 笑談渴飲倭奴血。
>
> 待從頭收拾美帝國，
>
> 惟馬列。

在商潮滾滾的中國，受過高等教育的青春少年中，竟然潛藏著如此強烈的、以「愛國主義」、「民族主義」面目出現的暴戾心態和暴力崇拜，如果不加以疏導、引導，一味地用媒體和教科書加以思想控制和灌輸，總有一天，天安門前，又會出現憤怒的、無知而愚昧的面孔，與森林般高舉的、狂暴的手臂。

與當年的「紅袖標」們不同的是，人人手裡握著的，很可能是源自美國，卻在中國登峰造極的最新款手機。

2004年10月14日，舊金山無聞居

附記：此文中的張君（化名），已於2004年病故。其子，即本文主人公，於次年移民美國。

孔慶東的嘴與臉
——對孔慶東一文的駁斥

　　北大不幸，孔門徒哀，中國讀書人中，出了一個孔慶東。

　　拿襠中之物來說事者，代不乏人。而堂堂的北京大學中文系教授，肩負傳播中華文明薪火神聖職責的孔慶東，竟然為了一塊骨頭，連讀書人的最後一絲遮羞布都不要，裸身而出，向他眼裡、口中「野雞變身」，推出「雞巴憲章」（指《08憲章》——作者注）的「漢奸賣國賊」開戰了。

　　孔氏一族，澤被中華者，「仁政」之念也。兩千年來，秦政行世，「仁政」如夢，但，畢竟還有夢想。最近讀《論語・禮運大同篇》，驚嘆於孔子，兩千年前，就設計出了如此美好的一個理想國：「大道之行也，天下為公；選賢任能，講信修睦……」現代社會福利、社會公平的種種，都在其中可以找到雛形。在高聲誦讀中，我覺得，對孔子的理想，真該有「高山仰止，景行行止」的崇敬。

　　而言必稱孔子多少代孫的孔慶東，不以學問行世，卻專靠驚世之言吸引眼球，並邀上寵。畢竟，食祿於當今體制，替今上說話，風險度為零。他背靠萬世不易的紅色江山、馬列社稷，自己的區區百年，何可懼哉！有知情者透露，那一年的春夏之交，孔學生也是曾熱血沸騰，奔走呼號了一陣的。狂風落葉之後，孔學生匿避了好一陣，毅然易幟，一變而成網絡上、電視上，中國當今文化人粗鄙化與媚俗化的代表。其政治正確性，堪比毛新宇；其感覺良好度，超過芙蓉姐。

　　北京大學，中國文化的巍峨殿宇，校長中有蔡元培、胡適等為中華民族真正開智慧、拓眼光、求盛世的知識分子；現在的中文教授中，也有我敬仰的謝冕、錢理群等良知知識分子。而他們終日面對孔慶東這樣「嘴尖皮厚腹中空」的「教授」同事，不知是否有恥於為伍之感。北京大學之有孔慶東教授，而且，其名滿天下的程度，連昔日蔡氏、胡氏都難望其項背，真可令人一嘆。

　　身為讀書人、教書人，你不同意那些《08憲章》起草者與簽署人，你盡可以發文，從政治學、文化學、社會學、歷史學諸種角度，加以駁斥。一個鬚眉男子，動輒以襠中便溺、交歡之物，辱罵對方，並扣以「漢奸賣國賊」的屎盆子，以顯示自己捍衛「盤中餐」、「爪前骨」的勇敢和忠誠，這除了令人不齒，還有什麼？

　　「今天，只要共產黨認真去除腐敗，重新執政為民，黨代會上集體給人民鞠一躬道一歉，善良的中國人民是會原諒他犯過的那些錯誤的。」在孔慶東看來，無論多大的罪責與錯誤，都不過是「豬八戒吃豆芽──小菜一碟。」只要在黨代會上，鞠躬道歉一聲，一切都可以忽略不計。可是，孔教授忘記了，「黨代會」代表的是「黨」，他真得認為，「黨代表人民的根本利益，除了人民的利益，黨沒有自己的利益」這樣騙人的鬼話嗎？「偉大光榮正確」如彼者，有道歉之必要和可能嗎？

　　在網絡上，孔慶東嘩眾取寵、媚上邀功的文章，曾被吹捧為「魯迅筆法」。他當然應該記得，魯迅先生當年，曾錯誤地罵過梁實秋先生，是「喪家的資本家的乏走狗。」如果將這個標題，稍加改動，成為「權貴階級」，就可以用之於孔慶東了。只是，在今日中國，他不可能喪家。有多少人，想作孔慶東而不可得呀。

畢竟，他是北京大學中文系教授，孔子的多少代孫。

2009年1月18日，夏威夷無聞居

討孔氏慶東檄

　　盛世末世？斯世莫衷一是；東海南海，其惡揚波難滌。世為毛太祖之世，惡為老臘肉之惡。人言滄海橫流，方顯英雄本色；我見人欲橫流，更彰人格醜陋。話說八九之夏，舉國喧嚷。人群中一矮小青年，右眼大如牛卵，左眼小如鼠目。廣場之上，長安街頭，此人亦曾振臂呼號，貌寢而愛國，何甘人後！有知之者言曰：其人匿避旬月，出而蛻皮變臉，儼然毛孫新宇矣！

　　孔生東北冰城，自稱孔子後裔。現為北大教授，未名湖畔精英。毛左老巢「烏有之鄉」，尊其為掌門壇主；無格網站「第一視頻」，奉之若座上之賓。東博書院為其博客，所自矜者不外三事：吾食、吾文、吾粉；水晶棺材乃其至尊，所鼓噪者豈有它哉：專制、獨裁、愚民。孔氏素喜暴力，對貪官污吏、刑事罪犯，動輒言滿門抄斬，統統「槍斃」；孔氏極愛專制，人若批毛崇美，熱愛自由，皆是賣國「漢奸」。

　　毛左禍國，罄竹難書。天安門城樓，鼓動紅色恐怖，千七百教師無辜殞命；夾邊溝農場，見證同胞相食，數千名右派屍骨無存。紀念堂內，千萬餓鬼冤魂未散；韶山沖裡，撥撥愚民接踵而來。孔氏慶東，面對攝像鏡頭，四顧而問：爾等家中有人餓死乎？如無人餓死，則饑民餓死千萬，純屬胡說八道也！

　　東鄰朝鮮，蕞爾小國。驟啟戰端，以圖南吞。東亞震蕩，禍延中華。聯合國授權十六國維和；中南海命令百萬軍援朝。長津湖畔，凍死者多為原國軍士兵；上甘嶺上，戰死者不過是金朝炮灰。三代世襲，逆

時代潮而動，罪在我方；兩國交睦，順鴨綠江而下，島歸對岸。孔氏慶東，邀寵萬景台神主；邪眼文痞，釣譽一根筋憤青。

　　嗟夫，北大因「五四」而成其大，燕園以「德賽」而傲他園。身居中華第一學府，不思以民主自由人權之人文精神，啟迪學生，以成公民；反以極權專制暴力之封建思想，荼毒青年，以害蒼生。斯世何世？靈魂卑污如此者，竟是北大名師；容貌醜陋若彼者，居然萬眾追捧。

　　孔氏慶東，北京大學災星，知識分子敗類。凡我信仰民主自由人權普世價值之讀書人、寫作者，傳檄所至，皆可轉貼，必使孔氏知恥，勿令學界蒙羞也。

2011年5月23日於無聞居

中國出了個毛東東

美國世界日報2005年3月初的中國新聞版上，刊登了兩則與已故毛澤東先生有關的新聞。其一是，2月28日，在廣州農民運動講習所舊址，舉行了《毛澤東詩詞》典藏冊的首發儀式。據新華社報導，「該典藏冊通過金銀郵票的形式在方寸之間展現了一代偉人毛澤東的領袖風采，弘揚了革命傳統和愛國主義精神，並為中國郵票史留下寶貴的傳世珍品。該典藏冊全球限量發行三萬冊，全國統一發行價三千三百九十元人民幣。」

另一則新聞也與郵票有關，全文照錄如下：

> （本報北京訊）毛澤東曾孫取名毛東東，和曾祖父姓名只差一字，已滿周歲，近日發行其周歲紀念郵票，成為中國大陸郵票史上發行個性化郵票年齡最小的人。《信息時報》報導，以毛東東為主題的周歲紀念郵票，連同毛澤東的詩詞紀念郵票，2月28日在廣州發行。
>
> 毛東東出生於2003年12月26日，與毛澤東同月同日生，且完全是自然生產。報導稱，毛東東遺傳毛澤東的『器度』，在四面鎂光燈的照射下，沒有一點羞澀表情。據稱，毛澤東家人都希望毛東東長大後能繼承毛澤東的思想和志業。

配發這兩則加框短訊的，是一張毛澤東孫子毛新宇抱著毛東東的照片，係世界日報從信息時報網站翻攝。

對於第一則新聞，我實在不好說什麼。躬逢盛世，奢華競逐，既然中秋月餅可以用黃金包裝，售價逾萬，「一代偉人」的「領袖風采」，

用黃金白銀鑄造郵票，傳之萬世，又有什麼可以譏評的？我唯一感到遺憾的是，如此高價的藏品，剛剛辦完喪事、領到或多或少撫恤金的遼寧孫家灣煤礦的遇難礦工遺屬想必是捨不得買的。這三萬冊金銀郵票典藏冊，怕是大多要流入權門與豪門，成為他們附庸風雅的裝點品。

想當年，「紅寶書」幾乎人手一冊，如今不過三十餘年，已經成為中國僻街陋巷舊書攤上難得一見的收藏品。時間是無情的。它固然會使健忘的國人，淡忘乃至遺忘張志新、遇羅克、林昭這些因言遭誅的中華民族優秀兒女，它同時也會使得「一代偉人」的「領袖風采」，被風吹，被雨打，被塵埋，水晶棺材留不住，金銀郵票又豈能留住！

對於第二則新聞，我實在懷疑其真實性。如果屬實，我只有仰天一嘆，不知自己身在何世了。作為一個當過父親的人，我對於自己初為人父時的激動和對上蒼的感激之情，記憶猶新。毛新宇的兒子滿了周歲，毛家有喜，舉行家庭慶祝，告祭毛澤東、江青、毛岸英、乃至楊開慧等家族長輩的在天之靈，或是廣邀親朋，在飯店舉杯相慶，均無任何不妥、不可。但是，發行郵票紀念他的周歲，就實在是滑天下之大稽了。中華民族，十數億人民，數千年歷史，可資紀念的人物，何止百千，而這個口尚不能言、足尚不能走的幼兒，憑什麼登上中國的郵票，成為中國郵票歷史上年齡最小的紀念郵票人物？

血統而已。

由毛澤東到毛東東，一枚精子的遺傳，已歷四代。只有在「皇朝」之下，才有「龍種」。否則，毛東東只不過是出生在2003年12月26日的一個普通中國嬰兒而已。在他出生的那所醫院，一定還有與他同時出生的其他嬰兒。他們的哭啼，與毛東東的哭啼並無不同，但構成他們生命的那枚精子，卻決定了他們是生在帝王之家，還是平民之室。更奇的

是，曾孫與曾祖相隔四代，竟同月同日而生，如果不是身為博士的毛新宇和妻子精心計算受孕日子，造愛之時，其妻正好有卵排出，以我淺薄的生理學知識與概率常識，我相信純然巧合、自然神助的機率一定是微乎其微的。如果我的推測不錯，頂著乃祖光環的毛博士，其機心與謀算倒是頗得毛澤東先生的真傳。

想當年，年僅二十多歲的思想先行者遇羅克，寫出了石破天驚的〈出身論〉，對「老子英雄兒好漢，老子反動兒混蛋」的封建血統論作了尖銳的抨擊和批判。遇羅克的下場，如今已經在歌舞升平、繁華競逐中被忘記了，張志新臨死割喉、林昭自費飲彈、李九蓮、史雲峰等，因反對「四人幫」而入罪，卻在「四人幫」倒臺後數月被誅，這樣的暴戾與殘民行徑，在毛澤東先生治下，似乎從來沒有發生過一樣。

這些無辜遭誅的人，有些是有後人的，如張志新；還有一些，如遇羅克等，連男歡女愛都可能不曾體驗過，就被「無產階級專政」的子彈剝奪了生命，他們擁有兒子、孫子、子子孫孫的權利也被徹底剝奪了，而以自己的「階級鬥爭要年年講、月月講、天天講」理論剝奪他們生命的那個神性的人，不僅有了曾孫，而且，剛滿周歲就登上了中國的紀念郵票。

在踐踏腦汁的年代結束後，我們創造的，千萬不要是一個膜拜精子的年代。

2005年3月8日，舊金山無聞居

補記：此文在網絡刊出後，有讀者說發行這種郵票，乃是一種商業行
　　　為，只要肯出錢，人人都可以發行自己的紀念郵票。我對此存疑。

質疑季羨林：「愛國沒商量」

在2008年4月25日人民日報海外版第7版右下角的「名人說、說名人」專欄裡，摘錄了北京大學教授季羨林先生的一段話，現一字不漏抄在下面：

> 中國知識分子有源遠流長的愛國主義傳統，是世界上哪一個國家也不能望其項背的。儘管眼下似乎有一點背離這個傳統的傾向，例證就是苦心孤詣千方百計想出國，有的甚至歸化為『老外』，永留不歸。這只能是暫時現象，久則必變。就連留在外國的人，甚至歸化了的人，他們依然是『身在曹營心在漢』，依然要尋根，依然愛自己的祖籍國。何況出去又回來的人漸漸多了起來呢？只要我們國家的事情辦好了，情況會大大改變的。對廣大的中國老、中、青知識分子來說，我想借用一句曾一度流行的、我似非懂又似懂得的話：愛國沒商量。我平生優點不多，但自謂愛國不敢人後。即使把我燒成了灰，每一粒灰也還是愛國的。（季羨林先生的新書《憶往述懷》最近出版，他在書中說。）

想對這段話發點議論，是因為這段話，內容荒誕不經，發表在主要針對留學生、海外華人、華僑的人民日報海外版上，尤其不倫不類。它既見出了季羨林這位年逾九旬的老牌教授、老留學生的思想淺薄，也見出了人民日報海外版編者的思想與業務能力的局限。

　　正是因為要出國、已出國的中國人越來越多，中國的官方宣傳部門，才耗費巨資，在海外印刷、出版人民日報海外版。也正因為有了他們，人民日報海外版，才能有一些讀者，包括我在內。在季羨林看來，背離愛國主義傳統的例證，就是要出國的人越來越多，且有許多人歸化為「老外」。出國的人就不愛國了嗎？如果是這樣，那麼，奧運火炬傳遞所到之地，異國都城映天蔽日的五星紅旗說明了什麼？難道是東道主國家雇人去搖旗吶喊的嗎？再者，中國的留學政策是：「支持留學、鼓勵回國，來去自由」。國家政策支持的好事，季羨林卻視為愛國主義傳統遭到背離的例證。這不是老糊塗，就是倚老賣老。

　　季羨林何以覺得，歸化入了外國籍的華人，都是「身在曹營心在漢」？他們入籍時，曾經將手放在心口，或是舉過頭頂，宣誓要放棄對原所在國的效忠，而忠於接納他歸化的新國家。季羨林想當然地這樣說，是置千千萬萬海外華人於不誠實、不忠實、不義的處境。他們的家庭、財產、生活、人生，都在現籍國，那個國家，用憲法維持他的權利，用軍隊和警察保衛他的安全。他愛自己的所在國是天經地義的事情。只有從事有損所在國國家利益的、特殊職業的人，才能說是「身在曹營心在漢」。這些海外華人，愛中國，愛的是她的血脈親情、文化傳承。但他們並沒有忘記，他們祖輩幾代人積累的財富、包括僑房與僑產，是被自己的祖國無償沒收了，迄今沒有完全解決這一歷史舊帳；他們也不會忘記，抗戰時捐款、組織「機工隊」回國殺敵的南洋華僑、華人，後來遭到所在國的迫害和虐殺，因為自己的祖國向他們的所在國「輸出革命」。他們也沒有忘記，僅僅因為有親人在海外，就構成一樁「原罪」，留在國內的家人，很少有人逃過「裡通外國」的罪名；他們更沒有忘記，五十年代回國的留學生，沒有受過祖國牢獄之災的，十不

遺一、不信可以屈指數數。享受尊榮的錢學森等科學家，如果不是從事急需、稀缺的核專業、掌握火箭技術而受到特別保護，也難逃「美國特務」的污名和罪嫌。

如果憤青們得知，季羨林先生是在法西斯德國，拿著納粹政府的教育津貼，接受法西斯軍人（他的一位教授中斷教學，被征去和盟軍作戰）的教導而得以留德十年的，他們一定會覺得，季教授沒有資格談愛國。當然，這是「文革」式的思維邏輯，為我所厭惡。但是，我們確實看到了，網路上泛濫著的「愛國」喧囂中，不是充斥著將那個惹禍的青島女留學生王千源「奸屍」、「碎屍」這類狂犬言論嗎？我絕對反對她的觀點和行為，但我絕對厭惡對她的人身攻擊和威脅。

季羨林先生是幸運的。雖然受到過一些衝擊和不公平待遇，但畢竟沒有被流放到甘肅夾邊溝那樣的地方去改造。如果他去了夾邊溝，他的肉體恐怕早已不存，愛國之皮焉能附之？在他這段話裡，他用中國知識分子領袖的口吻，寄語「廣大的中國老、中、青知識分子」：愛國沒商量。

季羨林先生，你實在錯得太離譜了。九旬之年，享此高壽，連國家領導人都給你送花籃，獨獲尊榮，你自然是愛這個國家愛得沒有商量餘地。但知識分子的作用是什麼？僅僅是愛國嗎？或者，愛國是唯一的選項嗎？如果說知識分子一定要愛國得話，那就是：用自己的專業知識，協助、並且監督執政者，制訂、實施利國利民的政策，而不是幫助執政者禍國殃民，比如，在糧食產量放衛星畝產十萬斤的時候，農學家站出來說：「放屁！」；在「萬戶蕭疏鬼唱歌」的大饑荒年頭，社會學家站出來，向國際社會、國際組織公布第一手的、翔實的中國人口非自然死亡田野調查報告；在大煉鋼鐵的時候，金屬學家站出來說：「胡來！」；在「從重從快」的「嚴打」刑事犯罪分子運動開始時，法學家

站出來說：「法律的靈魂是一以貫之。法律不是鬆緊帶！」；當中學的歷史教科書上說，中國共產黨是抗日戰爭的中流砥柱，八路軍新四軍打敗了日本鬼子時，歷史學家站出來說：「有違史實！抗擊日本侵略者的正面戰場，是由中國的國民革命軍擔任主力的。他們為此戰死了二百名以上的將軍」。

　　「愛國無商量」是奴性哲學，是對北京大學「自由之精神、獨立之思想」校訓的背棄。這就是「兒不嫌母醜、狗不棄家貧」的翻版，是「母親打錯了兒子，兒子不記恨母親」的換而言之。愛國須思量，因為，人類歷史上，有多少罪行假「愛國」之名而行！

　　在中國的知識分子中，我特別尊敬袁隆平院士。他從來不說自己愛國。但他的功德，遠遠地超過了「愛國」這一層次。他愛的是世界和人類，中國，自然，而且，首先，包括在內。也可以這樣說，他是世界上最牛的農民，他對水稻的熱愛、對能長出水稻的土地的熱愛，對依賴水稻為生的人類的熱愛，豈「愛國」兩字能夠承載！

　　「即使把我燒成了灰，每一粒灰也還是愛國的。」九十多歲的老人，學富五車，卻說出如此矯情、煽情、虛情的話，大概可算「老而不尊」了吧！

2008年4月29日無聞居

詩人之死與詩人之罵

　　一年多前，一位詩人──他甚至是在現行的制度下理應享有諸多特權和尊榮的空軍軍官，在素稱得改革開放風氣之先的廣州，在熙熙攘攘的光天化日之下，被一群兇徒用棍棒活活打死。起因很簡單：和他在一起喝酒的幾個詩友中的一人，不慎碰翻了店家的幾個杯盞。這個詩人叫宇龍，在他死前幾天，我從湖北詩人余笑中贈給他的詩中，第一次知道他的名字，而巧的是，我當時正在編輯這首詩。遠離詩壇十多年，隔絕故國兩萬里，我的孤陋可以理解。

　　是誰殺害了宇龍？

　　對生命視如草芥的那群暴徒棒殺了一個我還來不及認識的詩人，給這個世界添了一個失去丈夫的年輕妻子、一個被永遠剝奪了父愛的年幼孩子，只不過為了幾個值不了仨瓜倆棗的杯盞。

　　這是行為暴戾的鐵證。

　　我們都是暴戾之乳餵養的孩子。我們從小在仇恨教育下長大，從骨子裡，我們是絕不寬容的，哪怕是一句略顯冒犯的話，哪怕是一個或許不敬的眼神。

　　今年夏天，我回到湖北老家探親，赫然見到公路旁的牆上，在「計劃生育」等標語之外，刷著這樣一條標語：「車匪路霸持械搶劫當場擊斃，群眾打死有獎！」

　　見慣不驚。沒有任何人、任何媒體，對這種公然鼓勵「群眾專政」、「以暴制暴」的標語表示異議。「暴民政治」的遺毒，就這樣刺眼地刷在公路邊的牆上，而多年前刷下的「階級鬥爭一抓就靈」的斑駁

標語，也還隱約可見。在法治與人權成為中國現代化最大制約因素的今天，這樣的標語讓我無話可說，只有絕望和悲哀。

這是司法暴戾的鐵證。

人權，自然包括批判的話語權。巴金老先生晚年所苦苦倡導的講真話的權利，理應涵蓋詩歌領域。

我們都記得遇羅克。我知道，現在談論他或許是一種禁忌，儘管他曾經被授予「烈士」稱號。他只所以死，是因為他在本該緘默的時代，說了他不該說的話。一個無形的巨人，像掐死一隻臭蟲一樣，掐死了他。這個巨人，不寬容一份油印小報上的一篇在今天看來絲毫談不上有多深刻的文章，它的作者，必須為此付出生命的代價。

這是政治暴戾的鐵證。

一個成名的詩人，容不得別人對自己的詩歌，發表任何非贊譽性的評論。半年多前，我第一次見到這位當紅詩人的留帖，罵批評他詩歌的人是「狗屎」，讓我驚訝不已。那個網友，不過是就詩論詩而已，並未涉及任何人身攻擊。最近，在某個網站上，又看到這個詩人，要「操」批評者的母親，還有妹妹，甚至還設定了「操」的年齡下限：十四歲。不管這個人，對知識分子有多麼「厭惡」（他這樣聲稱），這個大學畢業，在高校擔任學術刊物編輯，擁有副教授職稱的男人，不折不扣是一個知識分子。在我看來，知識分子的優勢在運用自己的智力資源，為人類文明的發展作出貢獻。「操」（FUCK）無論如何不該是這位詩人的優勢。

這是語言暴戾的鐵證。

以上的種種暴戾之間，並無本質的不同。其中一以貫之、一脈相承的，只有一點：絕不寬容。此君說：「凡是不論（我的詩）好壞一律

批評者，我一概辱罵之。」不寬容，說穿了，不過是心虛和缺乏自信而已，是一種骨子裡的自卑和怯懦。如果我說，在中國，甚至潛藏著滋生文化法西斯主義的土壤和溫床，可能是危言聳聽，但這位詩人用自己的生殖器捍衛自己詩歌的下流言論，也算是中國當代劣質文化泛濫、文化人粗鄙化的一大奇景。更讓我憤慨的是，幾乎沒有見到中國詩歌界的人士，真名實姓挺身站出來，對他大喝一聲：「你太過份了！」這種綏靖，當然也不是中國文化界的榮耀。不容「異端」與寬容「惡棍」，是非民主政體內最容易養成的一種文化慣性，實際上是一枚硬幣的兩面，不可剝離。

我自認是一個沖淡平和之人。身居美國，從事詩歌寫作、翻譯和研究，我視每個寫詩的人，為我的同類與同志。而詩無達詁，豈有一詩既出，萬人稱讚的事情？作詩人、作文人的道德底線，在於絕不靠貶低別人來抬高自己，或為抬高自己而貶低別人。只要不涉及對作者的人身攻擊，對任何文字的任何批評，無論多麼尖銳、無情甚至刻薄，都該無任歡迎，絕不該以辱罵回應。

在我實在看不下去，對此君不堪入目的謾罵給予委婉批評後，此君回覆說：「我一向對你不屑一顧！」我反駁他之後，終有不忍之心：畢竟，在他初出詩壇時，我曾主動給他寫過一封信，對他初期的詩歌給予過正面的評價，而他長達兩頁的熱情回信，用的絕不是「不屑一顧」的措辭和語氣。

誰知，就在我善意地將我的批評留帖刪除後，此君卻用「流氓鬥狠」的語氣留了這樣一個帖子：「你刪什麼？你怕什麼？」

你說我怕什麼？

　　我怕你的母親、妻子、孩子，得知你在濫用你的某一個器官，不是在熄燈後的臥室，而是在公共平臺，如某詩歌網這樣的大眾媒體。

2003年12月2日

2005年3月11日略改

忍看朋輩成新鬼

1

2010年12月31日，中國寒冬最冷的一天，浙江詩人力虹逝世。我說，那一天天寒地凍，並無任何寓意。我只是實話實說天氣而已。

與力虹同齡的浙江詩人伊甸，在〈懷念力虹〉一文中，寫下了他和力虹最後見面的情景：

> 2010年6月5日，力虹要離開杭州回寧波就醫，敏敏、碩人和力虹的兩位朋友來杭州接他，我也趕到浙一醫院匆匆見了力虹一面。在力虹被推出醫院搬上救護車的兩三分鐘裡，我趕到擔架跟前俯下身子對他說：『力虹，我是伊甸！』本來他閉著眼睛，聽見我的話他猛地睜大雙眼朝我看了看——由於人瘦得脫形了，臉色蒼白得像紙一樣，眼睛便顯得特別地大特別地黑特別地明亮，差點兒把我嚇了一跳——隨即他又閉上了眼睛，當時，他的病情已重得說不出一句話來，甚至沒有力氣多睜一會兒眼睛。這時敏敏、碩人、他姐姐都來呼喚他，突然他的身子劇烈地抖動起來——他哭了，可以看出，他哭得極其傷心和絕望。他哭的時候眼睛也是緊閉著的。我們怕這樣的情感波動會加重他的病情，連忙勸他：『不要激動，不要激動，保重身體！』看著他形銷骨立、慘不忍睹的身體，我的眼淚差點兒奪眶而出。

其實，我知道，在伊甸的心裡，眼淚已經無可遏止地奔湧如泉了。

2

　　力虹和伊甸，都是我的詩友。伊甸與我，只有一面之緣；力虹與我，卻同處一室，約二十多天。那都是八十年代中期的美好時光。

　　1987年9月，《詩刊》召開第7屆「青春詩會」。這是全國青年詩人最高級別的詩歌聚會和研討活動，被詩歌界戲稱為「詩壇黃浦」。伊甸是「黃浦六期」，我和力虹都是「黃浦七期」。這屆詩會在秦皇島舉行。詩人們下榻的地方，先後有兩處：北戴河附近的一家招待所，以及山海關附近一家船廠招待所。在北戴河，來自四川成都的我，第一次看見大海，第一次下海戲浪，誰料後來我遠走美國，所居之地，舉目見海。海與海相通，而北戴河海濱的英俊青年力虹，已經歸於塵土了。

　　第一眼看見力虹，就驚訝於他的英俊。說他是一個美男子，一點也不過份。白晰的皮膚、英氣勃勃的臉龐、高挑挺拔的身材，操一口帶有濃厚浙江味道的普通話。這樣的美男子，在人群中是不多見的，何況，他還具有出色的詩才。相形之下，我的尊容就不那麼美妙了，在詩會上，詩友們贈我一個「富農」的外號，說我的樣子，像《列寧在一九一八》中那個向列寧哭窮的可憐的富農。紅色俄羅斯的勤勞富農，後來的命運如何，就不必多提了。

　　和本「富農」同處一室的，除了力虹，還有另一位浙江詩人宮輝。這位火車司機出身的詩人，憨厚老實，詩會期間，我曾揣著他的火車司機證，和王家新等跑到瀋陽玩了兩天。在檢票口，檢票人員疑惑地盯著我說：「你是司機？」

　　我說：「怎麼著？你拖一列火車來，我開給你看？」那時窮，我混了幾塊錢的車票。不過，比起落馬不久的鐵道部長劉志軍先生，我是小

巫見大巫了。

另一位室友，是來自長春的詩人郭力家，人稱老家，現在已經是圖書界的風雲人物了。

3

青春詩會，正逢青春，一群未婚的詩人，在奢侈地揮霍美好的日子。

一天三頓，招待所免費供應；上午，舉行某一個與會詩人的作品研討會；下午，自行創作、修改作品。晚上，詩友們三三兩兩，到海濱漫步，路上要穿過兩三里的玉米地。我寫了一首詩〈廢墟上的玉米〉，迄今仍是我勉強拿得出手的作品。

相信沒有一柄利劍

可以收割玉米

這是全詩結尾的兩句，表達了對於暴力的蔑視，和對於玉米堅韌與粗糙的生命力的堅信。而事實上，在遍布廢墟的中華大地上，一代一代的專制政權，用手中的權力之劍，不知收割了多少中華民族的思想、文學、藝術精英。魯迅說，墨寫的謊言，絕掩不住血寫的真相。但現實的情形卻往往相反。

有一天，在北戴河海濱，我一時興起，對除詩人趙天山之外的全體男詩友發出挑戰：誰敢和我比賽摔跤？趙天山長得像他的名字一樣，高聳入雲，我怕他將我撐起來扔進海裡。

在短短幾分鐘裡，我竟然將詩人王家新、老木（已故）、宮輝和力虹，全部摔倒在沙灘上。我迄今還保留著宮輝被摔後，揉著脖子、眾詩

人大笑的可愛照片。

　　當然，最「下作的」，也是最自然主義的「行為藝術」，當數我們幾個詩人，在玉米地裡，掏出自己的「傢伙」，比賽看誰尿得更遠。這是只有置身曠野、在大自然母親的懷抱裡，懷有赤子之心的詩人，才可能做出的輕狂與孟浪。它是不雅的，卻也是美麗動人的。它是對健康與自由的一種感恩。

　　後來，以及後來的後來，力虹失去了這兩種生命的元素，進而，失去了年輕的生命。

4

　　1987年，位於成都的四川文藝出版社，準備推出一套十本的「浣花詩叢」，其中，有我第一本正式出版的詩集《未啟之門》，力虹的第一本詩集，也收錄其中。

　　「青春詩會」後不久，力虹遇到了政治上的麻煩。他寫信給該出版社的責任編輯、據實以告，並表示，希望出版社能繼續出版這本詩集，因為，這本書的出版，對扭轉他的處境大有好處。

　　這位責任編輯後來一直很懊悔，既為力虹，也為自己。他不止一次說：「力虹太實在。你不給我寫信，我就裝著不知道你已經出事了，詩集終審那一關，也就順利過了。可是，你非要白紙黑字，寫信來告訴我，這樣，我就無法裝著不知情了。按照出版社的規定，我必須將這一情況向領導匯報。這不是讓我很被動，很於心不忍嘛！」

　　出版社知道力虹有了政治麻煩，他的第一本詩集，自然也就胎死腹中。

　　經歷了嚴酷的毛時代，中國知識分子已如驚弓之鳥，稍稍的一點風吹草動，就渾身顫栗，覺得1957年或1966年又捲土重來了。恐懼進入的

不僅僅是血液，而是骨髓和靈魂。

誰能想像到，這個當年風流倜儻的英俊青年，後來竟然走上了一條以卵擊石，以翼撲火的不歸之路呢？

5

力虹曾下鄉數年。在他的詩中，充滿了對人間溫情與溫暖的懷想和感念，讀他的詩，你一定可以看出，這是一個多麼純潔善良的靈魂。

然後，這個詩人的靈魂中，卻蘊藏著那麼強烈的異端思想。

在別的國，異端思想，往往是國之所珍。人類因為有異端，而得進步。

在這個國，異端思想，以前通常是要殺頭的，毛時代就是如此；而今拜時代進步之賜，監獄裡一碗半餓半飽的牢飯，還是要思想者用超負荷的勞動去換的。

力虹「進去」了，又「出來」了；「出來」了，又「進去」了。

1987年青春詩會相別後，我們還互通了一陣的音信，他並且在自己任責任編輯的寧波《文學港》雜誌，發表過包括我在內的一些同屆「黃浦」詩友的作品。後來，我遠走美國，另謀生計，不端那個專制體制的飯碗了，與力虹也就斷了聯繫。

2006年初，通過網絡，我又找到了力虹，和他建立起了短暫的電子通信聯繫，並打過一次越洋電話給他。在電話裡，他的聲音充滿了老友恢復聯繫的喜悅。聽他說，他的狀況不錯，一部三十多集的電視連續劇，馬上就要播出。他還說，有思想志趣相投的朋友，創辦了一個思想時政類網站，有一個很響亮的名字《愛琴海》，他獲聘擔任總編輯。

蔚藍的愛琴海，孕育了古希臘文明。民主自由人權的火炬，正是從那裡被人類點燃，在西方世界傳播了數百年，成為今日的普世價值。而

在二十一世紀已過去十年的中國，在大江南北的監獄裡，還關押著多少有思想，有靈魂，要說話，要出聲的讀書人、寫作者、藝術家、詩人！

這些人都共有一個罪名。由「現行反革命罪」搖身一變的這項罪名，就像高懸在中華民族良心與良知之上的一柄達摩克利斯之劍。

十三億之眾的中華民族，為什麼六十年來，沒有對人類的思想，做出哪怕一丁點的貢獻？

因為胡風，因為「反右」，因為「文革」，因為我不敢形諸文字的那一場血光之災……就在今年2月22日，一位具有國際性知名度的成都青年作家，又被戴上了手銬。兩天之後，同在那座以溫柔富貴之鄉著稱的、「來了就不想走的」城市裡的他的同類──詩人們，在成都唯一的古街寬巷子，舉行了詩歌朗誦會。

也許，這是詩人以自己的方式表達抗議。也許，也只能是也許。

力虹的好日子沒有過上幾天，這個網站就被封了。

力虹寫了一封給海內外讀者的呼籲書，要求讀者聲援該網站。他請求我幫他發到美國的網站上。

我沒有做。因為，坦率地說，我是一個怯懦的人。如果是經由我的手發到海外的網站，那麼，那個神秘的、無所不能的機構，就會順藤摸瓜，找到這個在美利堅共和國已經失業多年的我。

事實上，在瀏覽過這個網站的一些文章後，我曾寫信給力虹，提醒他要注意尺度，有些文章的觀念或措辭，或許超過了被容忍的底線。我們都知道，憲法裡規定的公民權利，包括言論自由，主要都是為了翻譯成外文時，看起來更像是一部真正的國家大法而寫上去的。在中國，最不可依賴的法，恰恰是根本大法，一個派出所的小小民警，都是可以將它踩在皮鞋下面的。

2006年9月6日，力虹在家中被捕。

後來，我在海外的華文媒體上，看到了對他的判決：徒刑六年零六個月。

同為浙江人的魯迅，寫下過「忍看朋輩成新鬼，怒向刀叢覓小詩」的悲憤名句，表達對暴政的蔑視和憎恨。遙望故國，紅歌聲中，自焚者何止一二；長征路上，貪污犯累萬累千。一個小小的文人，因為幾篇閱讀者不過數百數千的網絡文章，而入大獄數年乃至十數年，環顧地球，由二百多個國家和地區所構成的這個人間世，怕是只有我泱泱中華等幾個國家，才獨有這一份的榮光和驕傲了吧？

君亦不語，我複何言！

6

力虹入獄一年後，被診斷患上了一種名為「運動神經元」的疾病，也就是俗稱的「漸凍人」。這是絕症。

據伊甸文章，力虹的妻子多次提出「保外就醫」的申請，均被駁回。等到力虹已經口不能言、身不能動時，監獄才仁慈地將他放出來。於是，就出現了文章開頭所引，伊甸見力虹最後一面的情景。

對於一個將死之人，為什麼不能將他早點放出來，至少，他可以和自己的愛妻、愛女，平靜地相處幾個月，摸摸女兒的臉，握握詩友的手，向他們一一道別。難道，只有當他的身體糟糕到必須進入加護病房的程度時，才不至於危及國家安全和政權穩定麼？

多年前，讀到了一個海外華僑的文章，催人淚下。他寫到，自己的母親住在香港，自己住在深圳附近。毛時代，連續十六年，他年年申請赴港探望母親，一次又一次被駁回。身為中學教師、深受學生喜愛的這

位老師哀求說：「你看，我離開了我的學生，我的精神支柱就垮了。我看看母親，一兩個星期就回來上課！」對方不為所動。到了第十七年，這位老師的探母申請，終於批准了。懷著對天恩浩蕩的感戴之心，老師急急忙忙辦好了複雜的赴港手續，可是，母親卻偏偏在這時去世了，探母變成了奔喪。這個熱愛新中國的知識分子，滿腔的悲憤，化作淒厲的仰天長嚎。

丁玲在自己的回憶錄裡，也講述了一個悲淒的故事：她流放黑龍江二十多年後，在一個黑夜，被一隊軍人押解，乘火車到了北京的秦城監獄。在長達五年的牢獄生活中，她一直不知道自己老伴陳明的下落。他還在黑龍江的那個鄉村裡，還是同樣被關押在了秦城監獄？他是死了，還是活著？她一次又一次向獄方打聽丈夫的下落，對方就是守口如瓶。

其實，陳明就關押在同一座監獄，男監女監，一牆之隔而已。但是，如果丁玲知道自己的親人，就在大牆的另一邊，這種空間距離的近，該會給這位三十年代就名滿天下的女作家帶來多大的內心安慰和精神支持！可是，毫無人性的權力者，就是不說。

還有，殺了林昭後，向林昭的母親索要子彈費，誰敢說這不是反人類的法西斯罪行？因為，它將人之為人的尊嚴，剝得一絲一縷也不剩了。

力虹出獄後，住在醫院的加護病房裡，每天的醫療費用，是很大的一筆開支，而監獄卻並不承擔；力虹的妻子沒有正式工作，經濟狀況不好。在網上看到為力虹募捐的消息，我和妻子商量後，和我們共同的詩友伊甸聯繫，寄了一點點錢去。我知道，這甚至不是為了力虹，而是自求心安。我無法挽救當年那個英俊青年的生命，我只能自私地自我欺騙：我沒有忘記青春歲月裡的美好，沒有忘記玉米地裡，那一片比賽撒尿的「雨聲」。

7

我們所處的時代，是奢華的，同時，也是赤貧的。

那些因為理想、信念、文字而入獄的人，在我看來，牢獄之災是他們自己的光榮，是關押者的恥辱。

我們這些苟且的、偷生的、有時候屁都不敢放一個的「屁民」（這是2008年以來流行的新詞，用以代替以前被濫用的「人民」），因了這些人，而獲得少許生的尊嚴。畢竟，在我們中間，我們的同齡人中，有魯迅先生所稱許的那種「不憚於前行」的人。

歷史，將記載他們的犧牲；

未來，將宣判他們——無罪！

2010年6月15日，端午節。當時在夏威夷任教的我，從網上獲知力虹保外就醫，已經命在旦夕的消息後，用英文寫了一首詩來懷念他。這首題為〈除了自由，你一無所有——致詩人力虹〉的詩，收錄在我由紐約柯捷出版社出版的英文詩集《李白的布鞋》109-110頁，由我自行譯出。

Except for Freedom, You Have Nothing Left

——To Poet Li Hong

That year in Beidaihe beach

Robust corn was melted with the waves

The green curtain of tall corps

Hides a couple love making

Because we were young, we fantasized

In that year, we were both State employees

Two years prior to it, we just lost our virginity

But two years after that, we had to face bullets

Later, you were"educated through labor" by the state

After a brief release, your term became even longer

Would wire netting make you miss the banquet of youth ?

We once had a pissing contest in the cornfield

To see who could piss the farthest

Now, you are a State prisoner

An antonym of handcuffs

A versatile handsome guy

Is now dying in a sickbed

A State employee belongs to only two categories

──Staff or prisoner

It's lucky that you belong to the latter

Except for freedom, you have nothing left

那年在北戴河海灘

茁長的玉米和海浪融為一體

高高的青紗帳

遮掩一對做愛的男女
因為年輕，我們意淫

那一年，我們都是國家的人
兩年前，我們失去童貞
兩年後，我們面對子彈

後來，你被國家「勞動教養」
短暫獲釋後，是更長的刑期
鐵絲網是否讓你懷想青春的盛宴？
玉米地裡，我們曾舉行撒尿比賽
看誰比別人尿得更遠

現在，你這國家的囚徒
手銬的反義詞
多才多藝的美男子
在病床上奄奄一息

國家的人只有兩種
──公務員和囚徒
幸運的是，你屬於後者
除了自由，你一無所有

2011年5月27日，日本沖繩，暴風雨中。

附錄：網上檢索到的力虹簡歷：

　　1958年出生於浙江鄞縣，原名張建紅。詩人、劇作家、自由撰稿人。1975年最後一批知青，文革後首屆本科畢業生。1979年開始學習寫作，1980年開始發表作品，並創辦大學生詩刊《地平線》和文學雜誌《人間》。1985年參加浙江作協，任《文學港》雜誌編輯，主持「華東詩壇」欄目。1987年參加中國作協「青春詩會」，並赴魯迅文學院進修。歷年結集出版的作品有《想像中的地鐵》、合集《城之夢》、《城市四重奏》等。本世紀初，中國出版的幾部重要的百年詩歌選本，如《二十世紀中國新詩選》、《二十世紀中國新詩鑑賞大系》和《二十世紀中國探索詩鑑賞辭典》都有代表作入選。被評論界稱之為「中國新時期代表性詩人之一」。2004年浙江文學院簽約作家。2005年完成長詩《悲愴四章》、長篇小說《天衣差一寸》。同年8月在杭州參與創辦著名思想人文網站《愛琴海》，任總編輯。2006年1月出版長篇小說《紅衣坊》，同名三十二集電視連續劇播出，6月出版《力虹世紀詩選》。2010年12月31日，飽受磨難的力虹病逝於寧波。

甘肅來的母親

1

　　來舊金山灣區為女兒治療先天性心臟病的大陸甘肅母親曹蕊，已於日前帶著順利接受了第一次手術的女兒周柯歆，搭機返回中國。在舊金山26台史東的《話越地平線》節目中，看到不足三歲的小柯歆在鏡頭前調皮的舉動、聽到她歡快的笑聲，我也不由得笑出聲來。一棵生命的幼芽，本來是要毀於無可抗拒的厄運的，但在一顆偉大的母愛之心的照耀下，在許多仁愛之心的呵護下，它頑強地活了下來，度過了生命中的第一「劫」。在著名的史坦福大學，為小柯歆施行的心臟搭接血管手術獲得成功，以前病懨懨的、連大哭都可能導致陡然喪命的這個小女孩，因身體和大腦獲得充足的供血，一下子變得活潑好動起來。

　　幾個月來，獨自帶著女兒，到美國來為女兒求一條生路的母親曹蕊，看到這種變化，內心的感受，恐怕用「幸福」兩個字都不足以表達。我相信，通過電視屏幕，母親臉上的喜悅、孩子臉上的笑容，感染了所有電視機前的人。我承認，我並不是這個節目的熱心觀眾，從來沒有，今後也不會打電話給「名牌」主持人史東先生，在他的節目中發表意見。但我要說，這是該欄目迄今為止，最為溫馨感人的一次訪談，至少對我來說是如此：一個人的、一個家庭的幸福，成為了大家的幸福。在這裡，幸福跨越了地域與政治的藩籬，構成了我們可以共享的精神財富。

　　我是從舊金山灣區的華文媒體上，得知小柯歆和她母親的故事的：大約七個月前，曹蕊得到紐約一家基金會的幫助，帶著被許多中國醫生

委婉勸她放棄治療的女兒，來到紐約求醫。這個來自甘肅偏遠小城的年輕母親，身上只帶有兩千美元，誰知一下飛機，就得知原來承諾幫助她的那個基金會，因為「911」的影響，已經停止運作，使她母子倆頓時陷入困境，連吃飯、住宿都成了問題。面臨絕境的曹蕊，在這裡表現出了令人欽佩以極的求生勇氣。她依靠從國內帶來的方便麵維生，請人製作了一個紙箱，用中英文寫了求助信，在紐約這個世界最大的都市裡，在有著千千萬萬行乞流浪漢的紐約街頭，無畏地將自己的母愛展示給了這個美元所統治的國度。她果然得到了宗教團體和善心人士的慷慨解囊。據她在電視訪談中透露，有人一次就開了一張一千美元的支票給她。

　　沿街乞討，對於常人來說，當然有失體面。但對於一心只想拯救女兒生命的曹蕊來說，她的街頭求助，卻是天經地義的舉動，而且，帶有神聖和莊嚴的意味。因為，生命是至高無上的，生命的價值，高於其他任何價值。舊金山灣區的多家華文、華語媒體，在報導中國大陸新聞時，存在著微妙的、卻是顯而易見的分歧，失之偏頗、囿於偏見的報導也時有所見，但在報導小周柯歆求醫求助這條新聞時，卻罕見地摒棄了地域之分、政治之別，共同以仁慈和善良為號召，參與了拯救生命的大行動，真正體現了中國古代賢哲所倡導的「幼吾幼以及人之幼」的人類情懷。在短短的時間裡，數千人參與捐助，灣區各界人士和商家、團體，捐出了四十多萬美元，終於為這個小女孩籌集到了足夠的手術費用。

2

　　曹蕊當初抱著女兒，滿臉愁容地步入美國；如今，她帶著歡笑，抱著手術後日漸恢復的女兒，回到自己的家鄉。她不會忘記，天邊外，有一個美麗的國家叫美國；天邊外，有一群善良的華人同胞。來自大陸、

來自臺灣、來自港澳、來自世界各地（捐助者中可能有些人並不是華人）的這些同胞，儘管他們之間的互相隔膜和誤解，可能並不少於他們彼此之間的溝通與理解，但是，為了拯救一個幼小的生命，他們都不約而同地摸出支票本來，開出了二十元、五十元、一百元、五百元、數千元甚至上萬元金額不等的支票。他們中間，既有成功的商家，也有只拿法定時薪的低收入階層民眾，甚至包括剛剛抵達美國、在餐館、衣廠打工的新移民。

當我在電視訪談節目中，聽到小柯歆的歡笑時，我其實內心是慚愧的：在這由大家所籌集的四十多萬美元中，沒有我的一分錢。這使得我有點像是偷竊了別人歡樂的人。前些日子，從報紙上看到求助的報導，我特意將那張報紙留了下來，原本準備根據自己的收入水平，開一張金額不大的支票寄去，盡我的一點心意。可是，隨手留下的報紙，卻又不小心弄丟了，加上自己近來剛剛上學讀書，功課緊張，也就沒有刻意去打聽，心想，反正救助他人，也不缺少我一個，何況我以前也多次捐助過他人。這樣一想，內心的不安減少了許多，漸漸地，梗在心裡的這件事，也就淡忘了。正是這種想法，使我感到格外慚愧。捫心自審，以上的「報紙弄丟了、地址不詳」等說辭，只是掩飾慚愧的藉口而已，說到底，顯出的不過是魯迅先生所深刻揭露的那種「皮袍下的『小』字」（見魯迅小說名篇〈一件小事〉）。對雖不富裕卻也食宿無憂的我來說，開出一張幾十、上百美元的支票，並不影響我的日常生活。可是，在我有能力也有心願的情況下，卻最終沒有對一個來自祖國、懷抱病童的弱女子表達同情與愛心，無論是作為一個中國人，還是作為一個父親，我都不缺少自責的理由。中國俗話說，「眾人拾柴火焰高」。對於小柯歆來說，涓滴之助就可以匯流成河。

　　其實，我原本比其他人，更有理由對面臨困境的陌生人伸出援手，因為，在我的一生中，也曾多次得到過陌生人的幫助。可以這樣說，如果二十年前，沒有素不相識的家鄉汽車站站長魯志鵬先生、中醫師李邦闊先生的慷慨相助，剛考上大學而因病休學的我，絕無重返大學就讀的機會，更不可能今天能坐在舊金山的書房裡，寫這篇短文了。對小柯歆的這份愧疚，好在我還有可以補救的機會。據報導，明年3、4月，曹蕊還會帶著女兒，再度來到舊金山灣區，讓女兒接受第二次手術。我想，如何屆時仍然需要灣區同胞捐助，我是絕對不會再度拖延、忽略的。在電視上，看到這個病孩開始康復，在與死神的抗爭中贏得第一場戰役，她的笑帶給了我發自內心的歡笑，因此，我欠她，更欠她的母親-一筆小小的債務。

3

　　灣區華人熱心參與救助來美求醫、求生的大陸同胞，這不是第一次。可以毫不誇張地說，每一個來美國求醫的大陸同胞，一經本地華文媒體披露，都程度不同地得到了捐助，我隨手可以舉出許多例子來證明這一點。灣區的華人社區，已經形成了孔子所說的「仁者愛人」的可喜局面。然而，匪夷所思的是，有相當數量的大陸青年知識分子，卻以「民族主義者」相標榜，在「911」恐怖攻擊發生之後，表現出可恥的幸災樂禍心態，經美國媒體報導，令我們這些生活在美國的中國大陸人，感到臉上無光，心裡十分難受。因為種種狹隘與偏激的「仇美」言論和舉動，導致生活在美國的中國人，和生活在中國大陸的部份中國人之間，產生了某種程度的隔閡。大陸的部份中國人，罵生活在美國的、對美國懷有好感的中國人為「挾洋自重」的「假洋鬼子」，在網路上，有

的甚至以「美帝走狗」相辱罵；在美國的部份大陸中國人，則回罵這些人是「盲目自大」的「井底之蛙」。

　　美國究竟是好是壞，不是這篇短文所能討論清楚的。它究竟是「腐朽的」、「垂死的」、「註定要滅亡的」資本主義國家，還是中國領導人不止一次說過的那樣：美國和中國，都是世界上偉大的國家？這裡都暫且不去討論。我只想就小柯歆在美得到救助、獲得新生一事，推導出兩個簡單的結論：一、美國高度發達的科學技術，包括醫療技術，如果運用得當，是全人類的福音和福氣，而不是威脅和災禍；二、美國名列世界前茅的社會財富，惠及到了從相對貧窮的國家來的人民，無論他們是來定居，還是來美求學，甚至來美求醫，像幸運的小柯歆那樣。「911」是美國人民心中永遠的痛，這其中，也包括了生活在星條旗下的我們──中國公民和老人贍養者、美國居民和聯邦納稅人。我曾對妻子開玩笑說：「我們現在擁有了兩個最高領導，一個是總書記，一個是總統。」看到他們擁抱握手，泛舟湖上，我們的心裡是踏實和滿足的。如果看到他們怒目相向，惡言相對，我們的心裡，頃刻就會變得忐忑不安，因為，我們畢竟是無根之樹──在祖國的根已經被拔離故土，在美國的根卻很難深深扎入這異國的泥土。如果兩國交惡，首先倒楣的，倒楣最深的、不會是別人，正是我們這些往好處說是「腳踏兩個大陸」、往壞處想是「處在中美夾縫」的人。人們不會忘記，五十年代初響應祖國召喚，從美國回國服務的留學生及華僑，在後來的歷次政治運動中，鮮有不受到打擊、迫害、甚至遭受牢獄之災的，「裡通外國」與「美國特務」是適合任何頭顱的帽子。儘管荒誕歷史的一頁已經翻過去了，但是，像一本打開的書一樣，害怕這一頁被重新翻回來，是許多海外游子心裡最難與人言的恐懼。

　　一對生活在相對閉塞、貧困、落後的甘肅偏僻小城的母女倆，在有
「黃金之州」、「水果之州」、「陽光之州」的加州舊金山灣區，居住
了短短的七個月。當中國有人稱贊恐怖頭子賓拉登「英明」，詛咒美國
「該死」時，我相信，至少曹蕊會感到憤慨，哪怕她並不知道中國的國
家主席講過這樣的話：「中美兩國，都是世界上偉大的國家。」一個古
老的、新興的中國，理應有這樣的胸懷：驕傲於自己的偉大，也欽佩別
人的偉大。

作於2003年

附記：很不幸，文中的小柯歆，在即將回國之際，病情突然惡化而去世。

為范美忠一辯

　　范美忠是這場塌天大災中的一個另類人物。他僅僅以一跑、一言，而為天下知，受世人罵。為他說話，明顯不知趣。但我還是要高聲呼籲：放范老師一馬！他沒有做得太錯，或說得太錯。在這場大災難面前，我們要讚揚的人，固然輪不到范老師，但我們要嚴厲譴責的人，又哪裡輪得到他呢？他驚惶中的舉動並沒有傷害到任何人，他驚世駭俗的言論不過是幾句話而已。

　　前天，我送孩子去柏克萊加州大學的體育館練習空翻。在牆上，貼著緊急狀態的標準應急措施，包括火災、疑似爆炸物、有毒物質泄露等，其中第二項就是地震應急。其措施為：

　　一、地震時，迅速在堅固物體如桌子等下面躲避。

　　二、搖晃停止後迅速跑到開闊地。

　　范老師其實是沒有受過規範的防震訓練的。他的那些學生倒是做對了。

　　美國北加州的舊金山灣區，是世界上的大地震帶。在這裡的任何一家賓館飯店，都貼著這樣的告示：在舊金山地區，你不要問有沒有地震，而是要問什麼時候地震。

　　而這是一個無人可以回答的問題。

　　所以，你必須隨時準備好。

　　在同樣的大地震帶上，汶川、北川、綿竹、彭州……哪裡有一張這樣的告示？哪所學校舉行過一場防震演習？

　　一個名不見經傳的普通人，僅僅因為幾句話，而暴得惡名，導致網罵洶洶，這樣的輿論，不是一個寬容、豁達、健康、常態的社會所應

有；同理，美國的幾個老百姓，不過是節目主持人、電影演員，幾句出格的話，連泱泱大國的外交部發言人都要作出正式回應，這更不是大國之派、盛世之威。

都江堰光亞學校的卿光亞校長，九十年代初與我曾有數面之緣。看到他在媒體上說，他不會開除范美忠，因為他不贊成「因言獲罪」。

卿校長，你贏得我的敬重，不僅因為你將校舍修得能抗八級強震，而且，因為你抗住了人云亦云的惡言的強震，保護了一個你認為稱職的教師。他有人性的怯懦，兼有獨立特行的行事和言論，但他並不是一個壞人，更沒有做過惡事。「六億神州盡舜堯」，那是騙人的鬼話。我們讚頌譚千秋老師，但不苛責范美忠老師。因為我們知道，中國不是理想國，世界上也並沒有理想國。

有容乃大。小至一人，大至一國，都是如此。

2008年6月7日

為范美忠二辯

幾分鐘前，在網上看到，范美忠被取消教師資格，而且，取消其資格的，是中華人民共和國堂堂的教育部。如果此事屬實，這就是教育界的「許霆」事件。一個打工仔，出於貪心，更是由於ATM機器的誘導，取了區區十七萬元人民幣，竟然初審被判處無期徒刑；一個教師，在發生有史以來最強的八級地震時，率先逃生（他的行為在客觀上完全具有帶領學生逃生的作用），並寫了一篇博客文章，說出自己的怯懦和自私的念頭。他竟然成了整個輿論最不容的「無恥」、「卑鄙」小人。那些修建豆腐渣學校，害死學生的人，卻很少被人如此激烈地咒罵和侮辱。學生家長自發的請願行為，還受到余「大師」含淚的勸阻。

這是什麼樣的價值系統？這是什麼樣的道德環境？幾十年來，我們被灌輸的，都是教人去死的道德。草原英雄小姐妹，為了隊裡的羊，可以被凍死；少年劉文學，為了隊裡的辣椒，可以被所謂的「地主」殺死；「英雄」少年賴寧，為了撲面山火，可以被燒死。

讓老百姓為道德而死的人，他們在幹什麼？最近北京出版的《炎黃春秋》雜誌公開披露，無產階級革命家姬鵬飛的兒子姬德勝將軍，出賣關乎國家安全的軍事情報，被判死緩，導致這位前外交部長服安眠藥自殺。

一個民主自由、政治文明的社會，法必有所不能；一個全民皆談道德，人人都是堯舜的國家，不是封建國家，就是專制國家。

無論范美忠老師有多大的錯，他的錯都發生在大自然百年難遇的超強地震面前。瞬間之錯，與他一生的教學生涯相比，可以忽略不計。而且，按照美國的避震措施，他願本不該跑出去，而是應該就地躲避。

如果那些學生，都跟著他跑出去，成為全校最先撤到安全地方的班級，「范跑跑」是不是該獲得「范安全」的美名呢？

前年回到家鄉，才得知，初中高中，已經沒有周末的概念了，一個月才放一天假，謂之「月假」。其他時候，學生出校門，需要通行證！當中國的孩子，這樣被「圈養」起來，不分晝夜灌輸知識時，美國的孩子們，在陽光下的草地踢球、奔跑。一場地震，塌死數以千計的學生，好像教育部門，其最高行政部門教育部，毫無責任，責任都在都江堰光亞學校老師范美忠身上。

美國一個小小的節目主持人，說了幾句辱罵中國的話，中國的外交部長，三次要求他道歉；中國的一個普通老師，說了幾句超乎常情的話，中國的教育部，取消他的教師資格。

我希望這只是謠傳。如果屬實，我支持范美忠老師提起訴訟，也希望我認識並敬重的卿光亞校長，以他的財力和社會聲望，支持自己的老師維持人格尊嚴和教學的權利。教育部絕對無權直接取消一個普通教師的任教資格，因為，程序不公正，便無公正可言。

2008年6月15日，父親節

補記：後來，據報導，取消范美忠執教資格的，是都江堰市教育局，理
　　　由是范沒有教師任教資格證書。

為范美忠三辯

網友唐：你要是一個人，請不要學范美忠！不僅是取消，還應該永久封殺其從教資格！這不是審美觀的問題，這是人生價值、職業道德、危急關頭生命取捨的問題！十四歲的孩子救出十七人，九歲的女孩子為救同學斷臂，一隻小狗守著主人的裝屍袋不吃不喝，不知范某人想過沒有，他能和誰相比？！師者父母心，連學生都不愛的人，他會愛工作、愛事業、愛父母、愛妻子、愛親友嗎？沒有哪個民族會把在危急關頭拋下弱小、自己先跑的人當作英雄！一時的懦弱、自私可以理解、原諒，但如對這種懦弱、自私行為不以為恥反以為榮，甚至當作英雄行為吹捧，則是恬不知恥，當不起人的稱呼！

程寶林：收回對唐先生曾有的一些敬意。你不過爾爾。不是因為你在范事件上與我觀點相左，而是因為你也是「醬缸文化」的產物（儘管你內心對此也有憤怒和厭惡）。我與你觀點相左，完全正常，你先是說我「胡說八道」，我未加介意；現在，又懷疑我不是人，你原來不過也是憤青而已，只不過有點另類。

網友唐：謝謝你「曾有的一些敬意」，幸好你及時地「收回」，物以類聚，不然我會感到羞恥。在范問題上，我和你不是什麼觀點相左，是做人起碼的道德觀念相左。試問，在災難面前忘卻責任，和鬼子來了只顧個人逃跑有什麼區別？做為一名教師，既能不顧學生安危，

　　國家危難之時就可能去做漢奸，還有什麼值得張目的？「你要是一個人，請不要學范美忠。」這話本是泛指，你既要對號入坐是你的事。

　　程寶林：我對你自我表白的道德高尚並不懷疑，雖然我有懷疑的理由。我反感的只是你對人缺乏尊重的德行而已。什麼「泛指特指」，讀過小學的人都知道你在侮辱我。而且，你和絕大多數指責、辱罵「范跑跑」的人一樣，邏輯思維的能力有限。

　　你能回答我下面的問題嗎：

　　一、范是否有用地震害死自己學生的意圖？

　　二、范和他的班級，當時是否該跑？

　　如果你認為他和學生該跑，那麼，他先跑，究竟是延誤、阻礙了學生的跑呢？還是具有讓學生意識到地震巨大，「連老師都跑了，自己快跑」的客觀作用？至於學生們一個也沒有跑，只能說明學生們都是呆頭鵝，毫無應急自救的意識。這是教育之失，非范之過。

　　如果你認為，按照規範的避震措施，正在地震時不能跑，只能就地躲避，那麼，范顯然錯了，學生做對了。在這種情況下，我們應該批評的是，范未受訓練，在不該跑的時候跑，還險些誤將學生帶出，而不是批判他自己先跑，丟下學生不管。

　　你沒有這樣的理性思維能力，又缺乏寬容的思想境界，你剩下的有什麼？自封的，很可能是自欺的道德「優勝紀略」而已，阿Q一個！

　　網友某：有辯論的價值嗎？你不是在美國嗎？問問土著老美他們在災難面前是怎麼行為的？我保證你不敢把你的所謂觀點對他們講，那樣你會挨一頓痛打！

程寶林：你這樣看美國，以為美國和中國一樣，警察夫婦可以衝進教室，將女老師揍得大便失禁？我還真沒有和你可以辯論的了。這也不怪你。前一段時間，CCTV的網站視頻，不是有這樣一條：愛國留學生痛揍「藏獨分子」嗎？藏獨可恨，可恥，在中國境內，要堅決打擊。但在海外，痛揍任何人卻都是要被逮捕的。你生活在這樣的環境裡，「夏蟲不可語冰」，和你說，等於白說。

當你面對持刀歹徒搶劫一名弱女子時，你是否會挺身而出？與地震的瞬間反應相比，你至少有一兩分鐘可以考慮，如果你決定見義勇為，你還有時間在周圍尋找石頭木棒等武器。你面臨的後果大致有三種：一、被刺死；二、被刺傷，三、未受傷或輕微受傷但制伏歹徒。所以，你喪失生命的概率只有1/3而已。你能指天發誓你100%挺身而上嗎？未必吧？如果連這1/3的生死抉擇，還是可以有時間思考的抉擇，你都不能100%保證你一定見義勇為，你憑什麼要求范美忠一定要當最後逃出的英雄？他最先逃，阻擋了哪個學生的逃生之路？害得自己的任教資格被取消？他的老婆孩子不要吃飯住房嗎？

網友某：你還別說，本人就是有點管閒事的毛病。你還真是替長官當過槍手的角，設些文不對題的套，你既選擇當不負責任的懦夫就當吧，所謂人不要臉百事可為，朽木糞土夫復何言。

程寶林：回樓上，別跟我說管閒事。誰能證明？我卻實實在在救過一個五歲小孩的性命，他現在已經是快三十歲的人了。如果范被開除，為什麼還有包括我在內的許多人為他辯護？而那個山東的寫什麼墳墓的

副主席，寫那樣的東西侮辱數以八萬計的死者，迄今沒有看到一人為他辯護，他應該受到中宣部的什麼處罰？

同樣是言論而已。他不受處罰，而范被取消教師資格。你覺得公平嗎？這世道？這人心？

程寶林：回網友雪某：我要說的是，從孫志剛開始，到許霆，到范美忠，這些小人物正在創造中國的歷史。他們雖然並沒有這樣的主觀意圖，但悲劇降臨到他們身上，他們付出生命、自由和職業的代價，會促使中國拋棄殉道的道德偽善（那些道德得無比道德的人，有多少人敢說自己沒有去異性推油、桑拿、性交易、按摩、賭博、弄虛作假，不一而足的不道德？），成為一個公民社會。在公民社會裡，人言不足畏，惟法為大；國家不是老百姓的天，憲法是天。法所不能究者，任何力量都無法懲罰。

我從未聽說過范美忠，也無意認識這個人。我為他辯護，一點不討巧，只能招罵。因為我相信，他的言行，就算有錯，也沒有錯到一夜之間，獲得國際罵名的程度。而他，真就一夜之間，成為當代中國「最無恥」的人了，那些貪污人民血汗錢的，那些修「豆腐渣校舍」的，反倒少人辱罵。這個社會，一定有某種道德偏執病。

　　網友某：不是這個社會有偏執病，而恰恰是你有偏執病。不是嗎？正當國家組織抗震救災英雄事跡報告團在全國巡迴演講，鼓舞全國人民士氣，同仇敵愾來打好抗震救災第二階段全力建設家園的時候，你卻把他當英雄一樣的在湖北最大的網站為他的貪生怕死辯護，你還又一次隱射體制問題，不知道你是真的不知道當前國情還是其他

什麼？反正只要你說的在理，就讚揚你；你說的不在理，就旗幟鮮明地反對你！

網友某：支持程寶林。道德上譴責一下范跑也是很正常的事，但為教育部辯護的人和魯迅筆下麻木的中國看客是一樣的。

在沒有思想鬥爭的緊急關頭，老師跑了也很正常，這是人乃至任何動物的本能，下意識的東西，就像再有錢再大方的人，手上拿著吃的東西，你不跟他說就突然伸手過去拿，大多人會把手縮一下，之後肯定還是馬上會給你，縮手那一瞬間，你能說他是小氣的嗎？

法律似乎對范跑這樣的老百姓很有效，就如銀行發了假錢，你自認倒楣，發多了錢，你不退判你十幾年，網上發幾張裸體照片，毫不猶豫判你十幾年，而那些奸淫幼女，包養情婦，貪贓枉法的垃圾卻正跟我們一樣對著顯示器叫罵著嚴懲「范跑跑」。

也要表個態。

一、范自己承認不夠崇高，同時也尊重那些為救人獻身的人，比如譚千秋等。但是自己不崇高，道德不高尚，能夠勇於承認的人，在中國不是太多了而是太少了。

記得幾年前，有個湖南的老師說出了當下中國最真實的一句話，讀書就是為了賺錢娶美女（大意），結果被教育部門整得沒有立足之地。中國的應試教育愈演愈烈，其實就是對這句話的解釋，現在把說出這句「皇帝沒有穿衣服」真話的孩子處理了，皇帝就穿著衣服了？

二、教育部如果真的做出這個決定，個人覺得反應過激，涉嫌濫用權力。評判一個教師是否稱職，要看平時的表現。范在這個特定場合的行動可以說不夠高尚，但是並沒有因他的行為造成真正的傷害。何況要說，教育部自己的法規是模糊的，需要完善的。

　　網友某：支持樓主！「范跑跑」是說了不恰當的話，但也不至於是丟工作的代價。這麼多辱罵范美忠的人，怎麼不見你們去問責那麼多倒塌校舍的工程質量問題。范，至少是一個不偽善的人。

　　網友某：雖然我也鄙視范跑跑其人，但我贊同樓主對整個事件的大部分看法。

　　作為一個生命體，他在災難來臨的一瞬間所作出的行為無可厚非，錯在他在最不適當的時間裡發表了最不適當的言論，而且是以神聖的人民教師的身份，屬於是公然挑戰社會公德的另類行為。

　　本人在支持學校解聘他的同時，也為教育部門解除他教師資格的行政行為而憂慮！

　　他只是有違中國傳統的道德觀念，並沒有違法，更沒有去犯罪，他應該是由公眾的「道德法庭」進行審判。

　　當然他還有沒有資格做教師，也應該由社會和正在接受教育的學生們來決定。

　　樓主的道德觀與中國傳統的道德觀有著很大的差距，可以說比較前衛，但是一種思想的形成絕非短短幾年或幾十年，當然還是要佩服你敢做「先驅」的勇氣和魄力，在磚塊橫飛的日子裡，多保重！

　　達先生：程先生，教師履職考評不合格都可能被解聘，范先生此次未能盡職，其表現如此，解聘很過分嗎？這是道德殺人嗎？殺了誰？對范的批評和懲罰需要有個適當的尺度，解聘未必不合這個尺度。倒是程先生上綱上線了。

　　可以肯定，絕大多數的中國人都鄙視他的師德，鄙視他「厚顏無恥」的表達。試問誰敢將子女由他教育？

　　但相關機構取消他的教師資格，似乎太過殘酷，值得商榷！

　　程寶林：達先生，我非常敬重你前幾年慷慨資助或募資幫助鄂西貧困地區學生的義舉，因為我大概也是最早關注中國農村教育問題的寫作者之一。你說他沒有盡職，是指他沒有指揮學生跑，然後，自己最後一個跑出，對吧？那麼，地震帶的這所學校，或任何學校，是否舉行過由老師帶領的避震演習？師生受過任何逃生訓練嗎？地動山搖的時候，范先跑，或是後跑，哪一種可以在單位時間裡，讓同樣多的學生撤退出更多人？我們不妨作個實驗。再說，假如他們不是在二樓三樓，而是三十樓，跑有什麼用途？標準的措施是就地躲避。老師跑的，又不只他一人！假如一個班有五十名學生，老師在第三十名的位置跑出，他該受的處罰是否就該按照他的位置，比照范的位置，來施行呢？因為，他畢竟跑在了部分學生的前面。

　　說到底，世人不容他，是因為他說出了自己內心的怯懦和自私。絕大多數人都是這樣的，像你老達這樣具有仁厚之心的人，終究難免，何況他人？寬容范美忠，讓他任教，難道他還會遇見一個八級地震嗎？吃了這個大虧，下次他就跑得沒有這麼快了。而那些學生，如果機警些，和自己的老師一起跑，他怎麼會一夜成為國際名人？

　　把學校修牢固點，多點教育投入，讓學生多學點應急訓練，少來點愚民教育。這是正理。讓一個沒有傷害任何人的范美忠，為這場地震中的所有缺德、失職、貪污者買單，真是蒼天無眼啊！

　　　達先生：程先生好，對范先生我是比較包容的，他還是我朋友的同學和同鄉。程先生所談都是事實，這次地震需要關注、需要問責的事情很多，這其中我想也包括范先生表現的言行。范先生逃跑有沒有問題？他的辯解有沒有問題？有。他本人都是承認的。有問題網民可

以責問，他所在單位可以追究他的失職，把握好度就行。范先生傷害了很多人的感情，有損教師的形象，這恐怕也是事實。

范先生在騰訊的座談我看完了。基本論點對我很平常，相去不甚遠。我對泛道德論也是不認同的。我在寫時評之外參與過一點公益活動，我也極少談愛心，提倡降低道德姿態和道德門檻。道德標榜過頭可以殺人，甚至害死好人，在我身邊有切膚之痛。承認自己是個普通人，會怯懦，更在乎自己的生命，是完全可以接受的，但這不一定值得讚賞。我不認為這一次過失就意味著范先生應該被稱作「小人」，這裡借「小人」打個比方，「小人」承認自己是「小人」，此可謂之真「小人」，但他的直率並改變不了他是「小人」的事實，並不是因為能說實話就搖身一變成了君子。羞於承認自己的怯懦的，未必一定是偽君子，他也許存有羞愧之心，對是非有認識。范先生的直率，未必不足道，但也未必需要讚揚。

網友某：同意！也贊成理性辯論。其實，首先應追究的是豆腐渣工程。若將來再發生自然天災（當然誰也不希望，但人力阻擋不了天力），可怕的不是「跑跑」，而是已建或待建的豆腐渣。要從制度上鏟除。其次，道德也確需重建。但教育別人的人貪得無厭，小蜜二奶，公款吃喝玩樂，那麼道德只會繼續滑坡。

網友某：本人曾親歷生死一霎，當時還有我的表弟在場。距離5米突遭連續爆破，我環視四周迅速躲避（僅考慮三秒時間），然後撕心裂肺呼喊驚若獸難的表弟，在我的呼喊下十秒後終於躲到了我身旁。地震如同爆破，其發生之突然，誰能在幾秒鐘之內考慮到他人？能考慮到自己快速避險，再在力所能及的狀況下幫助他人，這才是人之常情。無用的人遭遇突變是猶豫不決，自己先楞住了，連自己逃跑都不

會，更別指望率眾出逃。那些抨擊范先生的，你們指望范先生怎麼做？地震不像現時，沒有這麼多讓你想像發揮「捨己為人」的時間。如果我是老師，多一點安全時間，我帶領大家跑第一個。

網友某：看了眾多的回帖，有一個問題好象為大家所忽視了，那就是「范跑跑」所作所為導致自己被開除教師隊伍以後的情景會是怎樣的？

一、失去工作後的「范跑跑」不可能再找得到其他工作，因為人們覺得和這樣一個自私而沒有責任的人在一起會令人產生不安全感！

二、「范跑跑」一事導致其家人不能正常面向社會，特別是其女兒，今後的成長之路可能會充滿坎坷，特別是心靈的傷害，一旦和別人發生矛盾時，就會被人指著鼻子說：「范跑跑」的女兒！

三、找不到工作的「范跑跑」因此沒了生活來源，他會不會因此在心理上發生扭曲？

網友某：程先生，如果你是這位范老師的學生，當他丟下你，自己跑了，你會怎樣想？或者他丟下你的孩子自己跑了，你會怎麼想？

你會不會痛罵這個老師在課堂上的不負責和無情？

我就是一個老師，作為老師，在自己的課堂上有責任有義務保護自己的學生不受傷害！

何謂教書？何謂育人？

當然，范跑跑有辯解的理由，他可以說自己也害怕，可以說自己尊重自己的生命，但是他不可以讓自己心裡沒有丁點不安，還如此坦然，如此理直氣壯！

地震時，我也很害怕，我當時在辦公室就直接跑下了樓，但我感到非常羞愧，因為我沒有像另一個老師一樣跑到教室去通知學生，雖然教室裡也有老師在上課。

在生命選擇自私時，我們難道不該感到一絲良心的譴責麼？

對范跑跑，取消他教書的資格其實懲罰輕了些，他這麼不知悔悟地堅持自己的言行，應該受到所有人的譴責，讓他感受到自私卑劣的心態帶給他的是別人對他的冷漠！

網友某：范跑跑當時的跑是一種本能，無可厚非。但是之後大放厥詞，實不應該。

我們常說的禮義之邦，崇尚的是以德為本。而范跑跑的言行，已突破了中國自古以來的道德底線。程先生身居美國，因耳濡目染，其價值觀、道德觀可能發生了一些變化，對范跑跑的事情有這樣的觀點也在情理之中。

但是，有一部電影《泰坦尼克號》上發生的事，程先生應該會有所記憶，這就是災難發生時，船長讓婦女、兒童先逃生，在航海史上這也許是一條不成文的規則。我想，這就是一種道德的體現吧。人類的道德是不分國界的。

話再說回來，范跑跑在課堂的崗位上棄學生而不顧，獨自逃生，本身的行為就與教師道德準則相悖。況且，他又在網上大談「感想」，由此而遭受道德法庭的審判，毫不奇怪。

近日從網上得知，取消范跑跑的教師資格並非教育部所為。即便是學校取消其教師資格，於情、於理、於法，都是應該。

　　程寶林：我百思不得其解：全中國的網民，都在譴責范跑跑，丟下學生不管，自己先跑了。為什麼沒有人問問：那些十七、八歲的高中生，咋一個都不跟著他跑？難道他跑之前，那些學生沒有經歷地動山搖嗎？地動山搖得連老師都跑掉了，自己還呆在那裡，不是一個學生，是全班學生！那些學生的自救意識在哪裡？逃生意識在哪裡？把學生教「瓜」了，八級地震都不曉得跑，不反思教育體制的問題，卻要將范打入「最無恥」之列，這是什麼價值觀？

　　一個老師任教一所學校，學校理應給他提供一個安全的教室。這種安全，包括地震安全；一所學校，經教育部門批准開辦，教育部門理應監督，學校的教學設施安全；如果不是這樣，中國的教師，先要到消防隊鍛煉一年，並簽下「在任何危險情況下，如火災、地震、洪水、泥石流等災害時，絕不允許逃在任何一個學生前面」的生死書。試問：還有多少人願意當老師，敢於當老師？

　　八級地震，百年難遇。瞬間的人性怯懦和自私，和范老師具有的學識、平時對學生的關愛，以及他終身執教的成果相比，微乎其微。國人為什麼一定要讓他沒有工作，沒有飯吃，將他推向反抗這個體制、制度的絕境呢？他究竟害了光亞學校的哪個學生？他的幾句出格的話，充其量傷害了他的母親而已，為什麼國人一定要讓他活不下去？你們難道不知道，你今天的極端道義，明天就可能加諸於你自己？

　　程寶林：回某網友：謝謝你一再想瞭解此事在美國如何討論。首先，美國的房子，特別是學校，都設計得能抗強震，不可能出現地震一來，大家驚慌失措的情景；二、學校進行防震訓練。三、從設施上保證學生的安全。即使是學校組織學生去校外看一場電影，都至少提前一個星期，家長簽署同意書，並明確責任和風險。我兒子喜歡練習空翻，一

天晚上,在伯克萊大學體育館,幾個學生來找管理員,打算免費練習半小時。他們與管理員認識。我親眼看見,管理員要他們在一張表格上(受傷體育館免責)簽字,然後才允許他們玩一小會。這個例子是說,美國不僅是嚴格的法治社會,更是「契約社會」,不是道德社會。但這絕不是說,美國人不講道德。恰恰相反,美國人的道德,以基督教為基礎,主要是自我約束,不是用來監督和審判他人的。

前一段時間,在上海「小眾菜園」論壇,我發的讚揚溫總理的稿子,被罵為奴才。我寫帖說,我在美國,生活自足,有房有車,犯不著當「奴才」。遭到一個很有思想的網友罵為「無恥」,以為我是在炫耀。此人正是范跑跑的最好朋友之一。按照人以群分的原則,我該痛罵范才對。但我已經三次為范辯護,就是要告訴網友:一言不足喪邦,一跑不足誤國。寬容范某的片刻之失,包括行為和言論之失,比千夫所指,萬眾同罵,要更有益於中國,有益於每個生命的個體。十三億人口,讓一個范美忠沒飯吃,沒書教,孩子的心靈一生受影響,輕而易舉;但對他的家庭,對他自己,卻可能是永久的傷害,畢竟,讀到北大畢業,不是容易的事情;畢竟,他是中國的公民,中國自己的知識分子。

某君不敢回答我,面對持刀歹徒是否100%挺身而出這個問題,於是,惱羞成怒,辱罵多次,已讓我看不起他了。被我人格蔑視的人,不配作我辯論的對手。所以,我不再回覆他的挑釁了。他也可以認為,他勝利了。

> 達先生:泛道德論副作用太大了。我談這類問題也幾年了。反道德論令很多人變得虛偽,一些好人也變成偽君子了。也許包括你我。好人被架上了道德高地,不光是高處不勝寒,有時簡直會要命。在台下的

喝彩或者指責的，有意無意，起了很不好的作用。讀史書也好，看報紙也好，這樣的事情太多了。好人被道德逼到絕境，標榜道德的人越來越多，政府也拿著忽悠，真正的好人越來越少。我身邊的例子，江詩信已經自殺了。陳志忠，夠慘。吳天祥，再宣傳下去還要不要人家活。肖想莉的事情就不說了。還有一些人，都是我身邊的例子，有些和我很有利害關係的。不是說抬道德轎子的人就是惡意，不是，經常是好意，他們是好人。甚至有些人看到道德模范的名氣和表面的光鮮還有些羨慕。那個轎子上邊把握不好，有殺身之禍啊。我本人不足道，說我不是愛心人士，我網上本是寫時評的。我也說，當初資助貧困生，是為了和陳志忠等人的朋友義氣而已，這是事實，也是不願承受道德壓力，成為捐助專業戶，獻愛心專業戶。我也很少提愛心，說的話也是說給別人聽的，從事公益活動我強調自己的收穫，旅遊啊，交友啊，親近自然啊。這也是事實。看徐本禹吃一次大排檔都有人罵，還說什麼呢。我固然漸漸有些世故，也是我的朋友圈子有點特別，血淋淋的事實讓我學乖了些。那些羨慕著名道德模范的朋友，很多是好人，不過千萬小心些，抬上轎子難得下來，再被朝廷戴三塊表，小心被整得上吐下瀉。那時候可不要怪老達言之不預。

　　程寶林：謝謝眾多網友的嚴肅思考。必須看到，中國正在進步，正在變得多元，觀念的多元、價值觀與行為方式的多元。作為有一定語言和思想能力的人，或者說，知識分子，特別是受過兩種文化教育的人，應該用自己的言論，推動社會的多元發展，並培養出寬容的社會氛圍。「水太清則無魚，人太緊則無智」。一個生命個體，隨時都處在社會輿論的強力監督下，頂著沉重的道德壓力，社會會喪失創造力和活力。寬

容，就能消除戾氣。你親眼看見了：前幾天我看到網友老唐的帖子，還表示，希望對他有所瞭解。這表明我贊同他的觀點，也尊重他，但幾天之後，他就不止一次，罵我「無恥下流」。如果我貪污了中國的錢，可以罵我「無恥」；如果我污辱了女性，可以說我「下流」。僅僅因為我對待范美忠的看法，與他不同，他就如此辱罵。我知道他寫小說，和我一樣，都是作家。他為什麼這樣？心中有暴戾之氣，無寬容之念而已。一個渴望改變中國現狀的人，尚且如此，何況他人？

道德自律，從我做起，從小事做起：不亂丟垃圾，不隨地吐痰，不亂穿馬路，在公共場所不高聲喧嘩，坐公共汽車時排隊、自動讓座給老弱病殘孕，不打罵哪怕自己的孩子，點點滴滴，作力所能及的善事。不要一上來，就要求每個人都舍自己的生命，救他人的生命。那是大義，所謂捨身取義也。

只有這樣，中華民族的整體素質才會提高。在現代文明的召喚下，重建中華民族的道德，是一個宏大的命題。讓我們先學寬容，再學反省，再學博採，最後，輸出價值觀的那一天就會到來。那時，我們遍布世界的孔子學院，傳授的不僅僅是漢語，更是中國人的春秋大義，中國人的「修身、治國」之大道。

補記，這場論辯2008年6月發生在荊楚網東湖社區的東湖時評版塊。

「作假」與「揭疤」：一議李輝

這兩天來，人民日報編輯李輝一篇公開發表在《北京晚報》上，揭露文懷沙虛報年齡、弄虛作假的文章，在網絡上引起大嘩。李輝所考證的文氏「惡行」，包括虛報年齡近一輪、冒稱「右派分子」、「反革命分子」，為自己臉上貼金，實際上是因為「猥褻、奸污婦女」入獄十多年。

在這篇文章之前，我對李輝存有敬意，因為他鍥而不捨地採訪了許多中國優秀的知識分子，將他們在「極左」政治壓迫下的苦難和創痛昭示世人，以警世，以醒世。而今天，他卻以這樣一篇可稱「缺德」的揭人陰私的文字，令包括我在內的許多人，愕然無語，只有悲哀。如果一個具有相當民本、人權思想的知識分子，可以無聊到索人隱私，揭人瘡疤的程度，這個社會的知識精英，還有什麼可以救贖的呢？

我相信，李輝所言，一定實有所據，所以，他才敢於公開發表，並在文末，高聲要求文氏作出回應，其吸引媒體和讀者關注之心，昭然若揭。

文氏或許虛報了年齡，冒得「百歲健翁」之美譽。這不過是出於虛榮而已。虛榮之心，人皆難免，八旬老翁，自然也包括在內。就算文氏「浪得虛名」，他之所得，最多不過是鮮花與掌聲，登報紙，上電視而已。於社會於公眾，並無大害。說他的楚辭研究水平，只相當於中學語文教師，這恐怕是睜眼說瞎話。中國的中學語文教師，恐怕達數十萬之多吧？中國的語文教學，真得達到語文老師人人是專家的程度了嗎？

李輝在文章中，借已故劇作家吳祖光之口，說吳祖光在反右期間，最不能原諒的就是文懷沙。這話李自稱是吳祖光親口對自己所言，而吳祖光已經去世，無可對質。李輝用無法核實的逝者的話，攻擊一個生

者，對陰陽兩界的這兩個各有成就的文化人，都是不公平的。倒是如此行文，令我對李輝的人品與文品，產生了極大的懷疑。這樣一個可能隨時去追蹤你的行跡、調查你的履歷，並公之於眾的人，你願意與他為友嗎？他的這篇文章，除了滿足一些人的窺私欲，以及為自己增加一些知名度外，對中國文化，有任何建設意義嗎？他振振有辭地暗示，他是吊民伐罪，為那些真正的右派受難者，將冒充「右派「的「流氓」揭露出去，現其原形。

　　相信李輝，對於毛時代的嚴酷社會生活環境，有所瞭解。在那個時候，社會對於婚姻外的兩性接觸、親密，視同洪水猛獸。那個時代的政治性冤屈遍於國中，非政治性的冤屈，難道就少了嗎？與異性摟摟抱抱，在當時，就是「猥褻」；與幾位女性有過「雲雨之事」，一旦見光，罪名很可能就是「奸污」。李輝使出這樣的殺手鐧，在傷害了一個八旬老者的同時，也有損自己的清譽，自此，我對李輝，失敬不少。

　　中國文化中，多的是趕盡殺絕的糟粕，少的是寬以容人的大度。中國社會今日所面臨的諸多問題，在在都需要李輝這樣有一定思想和文字能力的人，撰文呼籲、揭露、批判。僅以李輝衣食所在的人民日報為例，幾十年來，作假的報導可謂汗牛充棟，李輝不去一一追索，捧著那碗飯，吃得津津有味，卻要自任私家偵探，兼任道德法庭法官，對一個八旬文化老人的榮譽宣判死刑。李輝之舉，繆矣，過矣！中國俗話說：「打人不打臉，揭人不揭短。」李輝專打文氏老臉，專揭文氏「瘡疤」，卻無視那些「瘡疤」的時代環境，難道他真得信奉「竊鈎者誅」這條鐵律嗎？

　　我無意於為文懷沙老先生開脫。「人非聖賢，孰能無過？」李輝對於文氏近年來大紅大紫，實在看不順眼，可以修書一封，婉言相勸嘛，

何必用報紙這樣的天下公器，揭一人之陰私？文氏畢竟是對中國文化，多少作出過貢獻的老人，就像李輝，對中國知識分子的命運與性格這一課題研究，也作出過貢獻一樣。到別人的往日單位，調查其工作記錄，甚至公布其囚徒號碼，這些，都突破了作人的底線，更不用說，作一個高尚的文化人了，而且，已經涉嫌違法。

中國經歷了至少三十年的政治亂世，許多人，在那些年頭，都或多或少，說過違心之言，做過違心之事。我們應該創造出和諧寬容的社會氛圍，培養讀書種子，以正世風，以匡民心。如果要互揭陰私，清算老帳，中國的讀書人，就會重新墮落到「大字報」的年代。

范美忠老師因為幾句出格的話，丟掉飯碗，以中國之大，至今找不到一個可以供養妻女的工作。在這樣一個寧看人死，不願人活的輿論環境裡，李輝以自己的如椽大筆，將一個八旬老者，剝得體無完膚。這樣公開示眾，辱人者，恆自辱之。李輝思之戒之！

　　　　　　　　　　　　　　2009年2月20日，夏威夷無聞居

「紅包」與「言說」：二議李輝

　　我與近日一夜之間紅遍網絡的李輝先生，曾是真正的同行。他現在供職於人民日報文藝部，而我曾供職於西南某報副刊部，工作性質完全一樣。所不同者，他是「全國糧票「，我是「地方糧票」。

　　1990年之前，該報編輯部，設在一棟五十年代的灰色二層樓裡。我所在的文藝部（後改副刊部），位於臨街二樓。有一天上午，在木質樓道裡，突然響起急促的腳步聲和喧嘩聲。編輯們都湧到過道上來，看究竟發生了什麼。

　　只見一個面熟而不知其名的精瘦中年人，正在辱罵一個老編輯。在此之前，據說，他已經賞給了那位老編輯一記耳光。

　　他的聲音很兇，受辱的那位，雖然也在高聲和他爭吵，卻沒有他的氣焰。

　　報社領導聞訊趕來，和顏悅色地將這個矮個子的中年人勸走了。

　　編輯部裡，人們議論紛紛。有人說：「這次，看報社是不是要下軟蛋。」下軟蛋，意思是說，不予處理。

　　一位編輯，在上班時間，在上班地點，扇另一位同事的耳光，並辱罵不休。其行為的嚴重性，不言而喻。

　　此君何人？連總編輯都要對他陪笑臉？

　　他不過是某公司的一位普通員工。1989年初夏之交那件事後，調入報社。沒有任何新聞從業背景和教育的他，也吃起了媒體這碗飯。

　　因為，他有很特殊的身份，其岳父，是當地最高領導，在政治局裡，都有一席之地。

他受到任何處理了嗎？

留個懸念給讀者吧。

最後一次見到他時，是在成都市的游樂場。我和妻子帶兒子去那裡玩，在跑馬場，見到他，也帶著兒子來玩。他的兒子，與我的兒子，看上去年齡差不多。所謂的「跑馬場」其實很小，只有籃球場那麼大，柵欄圍起來的一塊裸地，馬也只有一匹老馬。

我們互相打了個招呼。只見他將兒子扶上馬，在後面，跟著馬一溜小跑，屁顛屁顛地，不停地拍馬的屁股。那一瞬，我啞然失笑，竟然對他，有了點好感。我至今都不明白，那點好感，來自哪裡。

這樣的小事和「趣事」，不知人民日報是否發生，有否值得李輝先生一記？

我所在的副刊部，是報社最清淡的部門，我又是這個部門中，最「不爭」的人。所「不爭」者，參加各種開幕式、記者招待會的請柬也。就算我這樣，也多少拿過會議派發的「信封」，內裝人民幣，最少的五十元，最多的二百元。

我知道，這不是我的薪水。它因我身份而獲，非我勞動所得。

我幾年前，曾寫過一篇散文〈愧對紅包〉。在文章中，我表達了羞愧之心：我領的第一個紅包，十元錢，竟然是雲南省殘疾人協會的！

李輝君，你在人民日報這麼多年，拿過紅包嗎？如果拿過，其道德的高尚性在哪裡？如果沒有拿過，請舉出一個例子，說明你在出席新聞發布會，拿到頗有內容的「信封」時，總是當場退回主辦者。你千萬不要告訴我：你從來沒有出席過任何派發紅包或禮品的這類活動。

你也千萬不要告訴我，在北京，新聞發布會，沒有紅包可拿。

　　當你不依不饒，抖出文懷沙的「老底」時，你是占領了道德高地的。如果你拿過紅包，哪怕只有一次，你的高地就失守了。同是道德有虧，取不義之財，與獲不當之譽，沒有多大區別吧？

　　我想開具一個我尊敬的中國知識分子的名單給你。他們有的尚在獄中（如詩友力虹），有的剛剛入獄（如胡佳），有的曾身居高位（如李銳），有的已經高齡（如杜導正），有的身在學府（如艾曉民），有的是詩歌界前輩（如邵燕祥），有的是同輩文友（如龔明德、冉雲飛）。當我多年前，在《收穫》上看到你的專訪時，我將你列入了這份虛擬的名單。

　　現在，我已將你deleted。你有譯著，當識英文。你如果想獲得我的尊敬，你要做到：一、不領紅包；二、文章涉及與你有利害關係的人和事，比如，人民日報所刊報導，或人民日報內發生的可議之事。

　　大約兩年前，人民日報在頭版，刊登了前黨和國家主要領導人文章所引用成語典故賞析的書訊。作為一個知名的，對出版業非常熟悉的作家型記者，李輝先生對其中的absurdity，不會不察吧？我是曾撰文抨擊過的，因為，我沒有端那個飯碗了。如果我還在原來的報社吃飯，省委宣傳部只需要一個電話，就會讓我吃不了，兜著走。

　　多關心民之疾苦，如華北大旱，如山西礦難，少揭點個人陰私。知識分子對中國文化的貢獻，應該是建設性的，而不是審判式的。如果說文懷沙「欺世盜名」，你的筆，應該抨擊產生這種社會現象的時代氣氛和社會環境，而不是揭人舊瘡，甚至公布其囚徒號碼。

　　做堂堂正正的中國人，一定要溫柔敦厚，中正平和。

　　孟子說，「吾善養吾浩然之氣。」對一個年屆九旬的老者，揭人四十多年前的舊疤，一揭，再揭，鼓你蠻勇的，絕對不是「浩然之氣」。

　　本來可以「為生民立命」的一支筆，自降到狗仔隊的檔次了。為君一惜！

2009年2月23日，夏威夷無聞居

中國文人的德行：三議李輝

　　以我近三十年閱讀中國作家作品之體會，我有一個深切的感受：中國的文學作品，缺乏悲憫情懷。在影視劇中，煽情之處多多，卻很少有一種大悲憫在。在主旋律電影《三大戰役》中，有這樣一個鏡頭：我軍炊事員挑著一擔豬肉燉粉條，到了陣地，只見血肉四濺，屍體橫陳，已沒有一個人來吃飯了。這個鏡頭很長。雖然，編導或許是為了頌揚犧牲，我看到的卻是內戰中，兄弟相殘的悲哀。這樣的鏡頭，我認為，有悲憫的情懷在內。

　　但更多的是這樣的情節：在電影《挺進中原》中，一個解放軍戰士，到一家雜貨店，強行拿走了幾包粉條紅糖之類的山貨。劉鄧首長決定槍斃。店老闆、群眾、戰士們，都請求饒他，讓他去戰場立功贖罪。請求被否決。行刑前，這名戰士請求：用刀吧，省下一粒子彈，打蔣匪幫！戰士群情激昂，電影院泣不成聲。

　　我們的教化，大抵如此。

　　最近，看了電視連續劇《水滸傳》中的一幕：一個面容姣好的婦女，因為私通當和尚的師兄（此女信菩薩），被老公的朋友捉奸。朋友將這紅杏出牆的女人綁在樹上，將她老公帶來，要他親手殺死這奸夫淫婦。老公念及夫妻情分，想饒他們一命。這個朋友在一旁，鼓動宣傳幹部的口舌，終於說得這漢子，「怒從心頭起，惡向膽邊生」，手起刀落，一刀一個，然後，兩人結伴，到梁山當好漢去了。有網友告訴我，這是楊雄石秀的故事。

另外看的一部電視連續劇《暗算》，我也想說幾句。以宣揚超驗、神秘感應與天賦為主題的這部電視劇，在結尾的部分，性無能且無知的、弱智的電碼專家的妻子，因不耐性的饑渴，與這家秘密研究機構的醫生，苟合數次，珠胎暗結。電碼專家（王寶強飾）戴了這頂綠帽子，不欲偷生，手摸電門而死。編導在此刻，借劇中人物之口，對這淫婦不守婦道，有生理需求，居然不熬著，非要找個真男人，進行了長達數分鐘的猛烈炮轟，看得我噁心欲吐。須知，這是同齡作家的作品，後來，這部長篇還獲得了茅盾文學獎。

這些沒有承載人類文明核心價值，不具有普世人文關懷和悲憫情懷的作品，獲什麼獎都是白搭啊！想起多年前，看湖北作家鄧一光的革命題材長篇，以詩歌般的語言，描寫解放軍將數千土匪圍起來，用機槍剿滅的快意恩仇，我想，殺戮真得那麼快樂嗎，哪怕殺的是土匪？

話題回到標題上來。恕我不敬，在此將山東作協的王副主席、我們尊敬的余老師（最近幾天，要避免稱任何人「大師」，以免惹惱了李輝），和李輝相提並論，並略作比較：

王的「羡鬼詞」，對近十萬生命的消失是漠視的。它的詞，突出的是黨和國家的愛心；余老師的「含淚文」，對五千多孩子的生命，也是漠視的，它看重的，是國家的顏面。而李輝呢？對於文懷沙，他沒有看到，他首先是，而且本質上，是一個年近九旬的壽星，是一個有著六十多歲兒子，甚至子孫成群的中國人，而且，再怎麼水平低下，也畢竟還是自己的同類，一個文化人。他的「惡」，虛榮而已，或者，老糊塗而已，都屬於人性弱點的范疇，不算什麼危害社會的大惡。他有人之為人的尊嚴，他的種種說辭，都是為了維護這種尊嚴。李輝所援引的，那個導致胡風「三十萬言三十年」的老者，不是也不願意公開談論，對那件

缺德到家的事支支吾吾嗎？對於文懷沙來說，他首先是作為一個「人之將死，其言也哀」的老人存在著，然後，才是所謂的「國學大師」的虛名。這就是「皮之不存，毛將焉附」的道理所在。李輝的如刀之筆，在剝下文老頭的「毛」時，是否將心比心地，以物傷其類的悲憫，念及八十八歲，不是人人可以企及的高齡？雖說「壽而多辱」，何至於一辱再辱？老人家輕狂，譫妄，不學無術，老不正經，等等等等，未必對公眾造成了多大的危害吧？

文懷沙因為男女之事，既不是強奸，又不是誘奸幼女，「冒充顧問，猥褻、奸污婦女」，刑期就長達十七年（1963-1980）。李輝對於重刑治國，毫無質疑，卻揪住這點不放，竊以為，其內心深處的「戰鬥」精神，遠遠多於物傷其類的同情與悲憫精神。

重建中華文明，再展國學光輝，首先需要我們這些文人，正乎其心。孟子那段話是怎麼說的？做一個溫柔敦厚、中正平和的中國人，然後，才是一個匡扶正義，散播文明的讀書人。道德自律，從我做起，從日常生活中的小事做起，從關愛身邊的每個人做起。就一件無關國之盛衰、民之疾苦，只涉及一個老頭子私德的話題，浪費這麼多的公共資源，害得我披掛上陣，三駁李輝，竊以為不值，不必，不妥。

李輝先生，如果沒有悲憫情懷，不管吸引多少眼球，都不是大家氣象啊！揭人之短，人人可為，在村婦村夫，市井百姓中，尋常可見。不管多麼冠冕堂皇，終究不是昂藏丈夫、鬚眉男兒之為啊！只議學術之劣，而不辱及其身，這才是作家型記者應該達到的境界。這場筆戰，李輝目前似乎全勝，但「殺人一千，自損八百」。事態平息後，先生再去採訪名家，看看老人家們看你的眼神吧！嘉許者定然有之，不屑者也不會絕對無有吧？

　　我們見到過，有的作家文人，在著述實錄、回憶錄之類作品時，特別要等到包括自己在內的書中人物全部謝世後，才公開出版嗎？這是德，是積德，當然，這要取決於，作者是否本乎良知，真實著述。李輝先生多次引述逝者之言詆毀生者，失之厚道，有虧文德，對此我堅信不疑。

　　　　　　　　　　　　　　　2009年2月23日，夏威夷無聞居

道德的東方：四議李輝

我的《二議李輝》，被天涯博客拉在了頭條位置，引來的是一邊倒的反對，夾雜著不少的辱罵。罵我「弱智」者有之，罵我「SB」者有之，還有要「看我屁股上有沒有屎」的，甚至還有說我是「敵特」的，不一而足。只有一個人支持我，而這個人，真正看懂了我的意圖。

三天來，我的思想處在高度思索中。其實，我面臨著很實際的、很世俗的事情，急需處理。連寫三篇議駁之文，除了招來壓倒性的反對及一些辱罵外，我還收穫到了什麼？獨坐陽臺，看遠山在夜色裡，兀自黑黑地蹲著。我想到了中國現代文學史上的一些人物，以及他們之間的恩恩怨怨。坦率地說，他們生活在一個苦難的大時代，而我們生活在一個和平而猥瑣的時代。除了娛樂，就是惡搞。我們究竟失去了什麼？

2008年6月，為「范跑跑」三辯，遭罵無數；今年2月，對李輝三議，又遭罵無數。我在反省自己：我為什麼要這樣，偏偏說和主流輿論不一致的、討罵的話？難道我是天生的「賤骨頭」，不僅欠罵，而且欠揍？「范跑跑」也好，李輝也好，輿論的風向，哪邊是上風，哪邊是下風，難道我還看不出來嗎？偏要和主流輿論「擰」著說？

我懷疑自己：是不是想跟風出名？李輝「罵」文老頭，我「罵」李輝，正其所謂「螳螂捕蟬，黃雀在後」？捫心自問，我找不出存此動機的理由。我常常對朋友說：名氣只有建立在作品上才是可靠的，靠事件和風波建立的名氣，空中樓閣而已。

　　我筆下所寫，乃我心中所思、所慮。近年來，我之抨擊時事的文章，也有數十篇之多了。這些文章，或許都不算很出色，但畢竟是我的獨立思考和評論。而這些文章，我在國內時，很少寫過。

　　去國十年，耳聞目睹了美國的一些事，也讀了幾年「洋」書。我覺得，不知不覺地，我變了，看待問題的角度，有了很大的不同。

　　對我產生第一個震撼的，是1994年9月抵達美國的第一個夜晚，怎麼也睡不著，半夜起來，在街道上閑逛。在一個十字路口，我看見汽車，在STOP白線前，規規矩矩地停下，司機兩側瞭望，然後駛過。每一輛汽車都是如此，就好像十字路口，站著一個警察。

　　第二個震撼是，我到圖書室複印資料。複印機上寫著：每份五分，零錢在瓶子裡。

　　第三個震撼是：辛普森涉嫌殺人的世紀大審。世人都知道，就是他殺人，居然被判無罪。當時我在一家中文小報工作，我們請來的白人前檢察官，在作案情分析時說：「如果是法官審判，他100%定罪。可是，我們是陪審員制度。」他還說，哪怕辛普森在宣判後，走出法庭，對群眾說：「就是我殺的！」法律已對他無能為力，因為，一個罪犯，不能因為同一項指控，被審兩次。

　　作為一個中國人，起初，確實是感到難以理解，內心憤慨。

　　而讓我震撼的事情，仍然持續不斷：我讀研究生時，一位已被錄取的學生，想來旁聽我們的一節課。老師讓她等在教室外面，關上門，說：「我們現在舉手表決。同意她旁聽的舉手。如果有一人不同意，就予以謝絕。」

　　一點一滴，我變了，變成「非我之我」。我漸漸理解、接受，並進而讚賞這些震撼過我的東西。每天早晨，當我開車上班時，路邊總有

一輛黃色的校車。當它的紅燈閃爍，孩子們開始上車時，我就將車停在距離它十幾尺的地方，我後面的汽車乖乖地等候，絕對沒有人按喇叭催促。這一過程，有時長達幾分鐘。

因為這是法律，而且，是聯邦法律。

在美國，我生活得自由而謹慎。自由，是因為除了上班，沒有人干涉我幹任何事情。但是，如此自由的環境，卻是清清如水的生活。謹慎，是因為，法律是人人敬畏的存在，如果我對我的異性同事開一句玩笑，可能被當作「性騷擾」，告上法庭；如果我像國內那樣，給女同事發「黃段子」毫不猶豫，我的飯碗立馬完蛋。

美國會像中國這樣，道德問題，成為熱門話題嗎？絕對不會。美國人不談道德，但美國人很講道德。比如，在公共場合，低聲講話；不妨礙別人；但美國人又同樣熱情助人，只要向人求助，如汽車熄火，開車迷路，通常都會得到熱情的幫助。

話題回到李輝身上。在李輝關於自己為什麼揭露文懷沙的自述中，他說，自己二十五年前就熟悉其人其事，但他迄今都沒有見過文懷沙。在他與他敬重的那批文化老人（其中有許多人，如賈植芳、邵燕祥、吳祖光等有精神風骨的知識分子，同樣為我敬重）的交往中，已經獲得了對文懷沙「人品」的極壞印象，所以，情感上一直排斥，還阻擋了部分媒體的採訪，減少了媒體造假、製造光環的惡果。

作為一個以人物探究為追求的作家型記者，竊以為，還是應該克制自己的厭惡心理，眼見為實，和文懷沙接觸一下，再重拳出擊比較好。他的身體、精神狀況如何，是否有心臟病，能不能經得起這幾乎致命的一擊？這些因素考慮一下，不會是多此一舉。

其實，李輝在自述中，將自己的動機和真正目標，說得再明白不過的了：

> 問題是，我們的時代為何失去了文化判斷力？為何失去了對大師這一稱號的應有的敬畏？在「娛樂至上」的時代，我們的媒體向觀眾和讀者推介一個「國學大師」時，竟顯得如此草率，似乎不假思索，不做研究，不要起碼的學術評判標準，就可以把「大師」的桂冠輕易地戴在一個人頭上，而不管對公眾和歷史的責任，而沒有任何一個時代都必須具有的文化敬畏？

李輝要質疑的，其實是自己置身其間的媒體。

文懷沙，不過是他二十五年來一直反感，今天終於可以一箭中的的靶子而已。文懷沙這杯「劣酒」，澆的是媒體輕浮的「塊壘」。

這時，我才對李輝的作為，有了幾分敬意，但同時，對文懷沙的倒楣，格外多了幾分同情。

若干年後，天下有孩子的父母，在教育自己的孩子，不要學文懷沙「猥褻婦女」，篡改入獄原因、學術淺薄招搖撞騙三種劣行之外，是否同時也鼓勵孩子學李輝叔叔，勇揭陰私，窮寇猛追？既然李輝叔叔在公共媒體上，可以這樣對待公共人物，那麼，在日常生活中，孩子們是否可以同樣對待非公眾人物，如自己的老師、長輩、領導？

未必，未必。

今日之中國，不僅沒有文化大師，一個無有，甚至，敢稱大家的都寥寥無幾。這是一個思想蒼白的年代，在美國的客廳裡，打開電視機，

看CCTV的新聞聯播，看到的是學習「科學發展觀」熱潮的報導。這種感覺，有幾分奇妙和荒誕。

李輝擔心，這不過是一場媒體的歡宴。

沒錯，這場歡宴，已漸漸曲終人散。

2009年2月25日，夏威夷無聞居

忍大惡而忿小惡：五議李輝

本來懶得再就此事發表議論了。但一覺醒來，看了美國某中文網站，網友對李輝質疑自述的跟帖，竟然沒有看到哪怕一條反方意見。這令我想起幾個月前，楊佳事件時，我讀到的一些帖子。為「刀客」壯行者有之，比楊佳為武松者有之，其中甚至有接受西方教育的博士學者。

也許，是我離開那片土壤太久了，我的文化的根基，如今已經孤懸空中，接觸不到母國文化的滋養了？我越來越不能理解和贊同，這兩年來的網絡言論的洶洶大潮。

「范跑跑」的言論，與那些豆腐渣校舍的建造者、督建者、驗收者所造成的惡果相比，孰大孰小？為什麼輿論不是一邊倒地譴責豆腐渣校舍，譴責地震帶上的學校，沒有任何防震教育，卻一股腦兒，將所有的咒罵歸於范美忠？一句出格的話，竟然讓他一夜之間，成為國際名人，而且，迄今，輿論仍不寬容他，讓他連個飯碗都找不到？不讓有老婆孩子的人活下去，這份正氣沖天的正義，公正性在哪裡？

「楊刀客」或許在上海，受了警察的氣甚至侮辱。但他之受氣與受辱，與持刀襲警，連奪六命這樣的大惡，根本無法放在一個天平上。我們不能因為對時政有惡評，對警察有惡感，就將濫殺無辜的人奉為英雄。那些警察，也是父母所生，父母所養，他們也有妻兒老小。他們當警察，也就是謀一個飯碗而已。我們的這個政權建立之初，將舊政權裡的人，殺了不少，罪名是「歷史反革命」。在被推翻之前，在世界各國承認的合法政府裡，有一個飯碗，竟然是死罪。這樣的暴戾，難道還要傳承下去嗎？

　　我們從小是在「假的就是假的，偽裝應該剝去」的教誨下長大的。毛先生的「宜將勝勇追窮寇，不可沽名學霸王」，與魯迅的「痛打落水狗」，「一個也不寬恕」，成為我們精神內核的組成部分，成為我們語言的自然而然。我們沒有足夠廣闊的眼光，看到這樣的教誨，是在一個整體虛假的社會語境中產生的。在鬥爭哲學的灌輸下，韓愈在〈原毀〉中所描繪的「古之君子」，「其責己也重以周，其待人也輕以約」，已經蕩然無存，代之而起的，是「其責人也詳，其待己也廉」。李輝重炮一響，那些從不知文懷沙何許人也的人，也群起而洶洶，罵「老狗」、「老賊」、「老騙子」、「老流氓」，不一而足。他之虛報年齡、假稱入獄原因，乃至學術淺薄，甚至，主編《四部文明》，哪一條觸犯了天朝法律？既然沒有觸犯法律，其行為雖可詬病，將它公諸報端，傳布四海，九旬老者將死而受辱，且辱及兒孫。這是惡行，不是義舉！因為，我們是在一個整體虛假的社會環境裡「打假」。

　　李輝之舉，就局部的意義來說，當然具有正當性，因為，「假的就是假的，偽裝應當剝去」。但是，就全社會的整體思想引導來說，卻絕對是錯的。因為他的文章，喚起的，與其說是正義感，不如說是語言暴力、一種戾氣的驟然發洩。我公開歡迎對我的帖子，尖銳批評，就是要做一個實驗，看民眾對小惡之憤，憤到何種程度，在大惡被「沉默的大多數」，默許並臣服，甚至，從中受惠的情形之下。

　　幾年前，在我的家鄉路邊的牆上，我看到這樣一條標語：「車匪路霸持械搶劫當場擊斃，群眾打死有獎！」。幾年來，我多次與不同文化層次的人，討論這一標語，竟然沒有遇到一個和我意見相同的人。我的一位兄長般的大讀書人，聽了我的轉述，說：「這些搶匪，就是該打死！」。經過了這些年，我兄的看法，或許有異了。

　　李輝說，「讓一個有歷史劣跡，且編造履歷的人，主編《四部文明》，他絕對不能接受。」如果他說，文懷沙是因為學術水平低劣，主編這樣一部耗資巨大，受國家資金扶持的重點文化工程，他覺得不可接受，對此，我會完全贊成。可是，他不能接受的主要理由是文有「歷史劣跡」，且人品不端。這樣的道德至上價值觀，出在我的同齡作家身上，是中國知識分子之幸，抑或是知識分子之哀？我不下斷言，讀者自可明察。

　　在他的自述中，他還是沿用了老套路：別人說文懷沙如何如何，甚至連文懷沙前妻是如何和他離婚這件事，也抖了出來。這可不一定是「北京文化界人人皆知」的事情吧？它不屬於公眾應該知情的部分吧？

　　就像新聞，局部真實，不意味著整體真實。「八路軍抗戰」的史實，不能引導出「八路軍打敗了日本鬼子」的歷史結論（我們的歷史教科書正是這樣寫的）。局部正義，也不意味著整體正義。李輝揭露文懷沙是「偽國學大師」，這點沒錯（手法不甚高妙，甚至還有點陰損，因為不是文本舉證，而是引述他人評論與逝者口責），但將重點落在揭露他虛高年齡，謊稱入獄理由這兩點上，進行人身攻擊，發起道德審判，這絕對是道義之錯，錯在做人，尤其是讀書人的根本上。那些對李輝談及文懷沙真實年齡的文化老人，個個令我景仰。他們作為文的同時代人、舊識，出面來揭露文的年齡之假、入獄原因之假，不是比李輝更有說服力嗎？以他們的身份、地位和閱歷，不是更具有正義感嗎？他們為什麼只在飯桌上聊聊，無一人寫片言隻語，公諸媒體？

　　你也許可以解讀為：他們不屑。但我也可以解讀為：他們飽經中國傳統文化的濡染，知道做人有底線。這種底線就是，不揭陰私，留人顏面，在潔身自好的前提下，讓清者自清，濁者自濁，社會才有正本清源

的那一天，公民社會才得以建立。那時，法之未禁者，對其口誅筆伐，是有官司之虞的。那樣，還有騙子大行其道，遍於國中嗎？沒有了。因為，中國「醬缸文化」的基礎已經消失，作為大師的文懷沙沒有了，作為一個怪老頭的文懷沙，仍然膚淺而有趣，是學界的娛樂人物，有何不可？

　　請歲月為憑，讓時間作證。

2009年2月25日星期三，夏威夷無聞居

媒體須行業自律：六議李輝

有一位我尊敬的作家，批評我說，你自己在國內時，採訪也拿過紅包。到了美國，不見你退回紅包，卻指責李輝，因為他可能也拿過紅包，所以，沒有資格對文懷沙進行道德批判。我當記者編輯多年，雖然沒有利用自己的職業身份，謀求過其他好處，但確實吃過不少免費的宴席，也拿過紅包，全部金額加起來，大約在兩千元左右。我已經寫過一篇散文〈愧對紅包〉來表達愧意。

一個人的思想發展，有一定的過程，很難超越自己所處的環境，我們只能在自己所處的大環境（時代與國度）與小環境（如單位，圈子，社團）中，儘量做到獨善其身，行有餘力，再兼濟天下。

但是，這位我尊敬的作家，還是低估了我的思想。我早就超越了「面子」。文章寫得好不好，一看有沒有思想，二看有沒有表達能力。我在「二議」中所舉的例子，不是為了揭人隱私，而是為了說明，社會環境如此。我們要改變的，是這種環境。何況我在文章中，對他並沒有過於貶損，而且他「拍馬屁」的鏡頭，還很有父愛。另一個區別是，我使用的是第一手材料：我的目睹和親歷，而李輝使用的，是轉述別人的話，連書面語都不是。

從李輝的自述我就可以看出，他義憤感這樣強，同時也是一個多麼先入為主的人。如果他是將文氏的楚辭研究著作，和郭沫若、游國恩等人的著作進行比較，並加入今日中國最權威的其他專家的、有出處的評語（如正式學術會議的發言，論文，著述等），在《光明日報》或《文學評論》發一大篇，那該是多麼痛快的一件事情，給學界，吹進了一股

多麼清新的風啊！那是罡風，是正氣之風。「國學大師」的桂冠，不是同樣轟然落地了嗎？他將由此開一個學術證偽的先河。這份功業，和他對胡風事件的追問一樣，贏得我恆久的尊敬，並為我們都是楚人感到驕傲，因為那是思想貢獻。

他這次的事件，是思想貢獻嗎？絕對不是，是不近人情的猛然一擊，其追求轟動效應的企圖心，雖然難以確證，卻很可揣度啊！何況，他的兩文中，「誰說誰人品不好」之類的表述方式，我們在日常生活中，如果遇見這類人，都會另眼相看，並有所提防，怎麼一到揭露公眾人物身上，就大快人心，正確無比了呢？「己所不欲，勿施於人。」我不希望看到，文壇與學界，刮起以揭露隱私為代價的證偽之風。即使文的桂冠不被李打掉，他也戴不進文學史和文化史，因為學術未立，身前的虛名不過是虛名而已。

中國社會的極端，最為恐懼。這幾天，看到網上的罵聲，如果文老頭在什麼公共場合現身，被人打死的可能都有！八十年代初，北京人藝上演了根據英國作家哈代的名著 *Return to Native* 改編的《貴婦還鄉》。在話劇的結尾，貴婦人被鄉親，活活招死了。舞臺上，燈光漸暗，鄉親們分成兩排，貴婦人從中走過，兩排人越擠越攏，最後，貴婦人終於消失在人群中。這個與人群格格不入的人，就這樣融入了人群。這就是我二十歲時的理解，二十多年後，我還是這樣想的。

知識分子的職責，就是要作舞臺上最後的那盞燈，雖然光線微弱，但畢竟還有燈。有燈在，人就不會去招人的脖子，因為有燈在，眼睛能夠看到眼睛。被招的人，眼睛裡有恐懼和哀告，招人的人，眼睛裡也有畏懼。李輝的文章，等於當眾脫掉了文懷沙的褲子。就算他「招搖撞騙」，他總還是一個公民吧？他總還有一批朋友和敬重他的人吧？李輝

手裡握有人家的一些舊日的「劣跡」，就可以毫不顧忌（其實他已經請朋友，將風險，包括法律風險估計過了，這在他的自述中有明確表達。）給予揭露，這未免不太公平吧？

連李輝都承認，文「大師」的這頂桂冠，是媒體造出來的。李輝的文章，如果是針對媒體，效果會好得多。這種自審，是我們的社會所迫切需要的。前不久，山西發生礦難，真假記者排隊領「封口費」的照片，大家都記憶猶新。中國有約六十萬記者。他們不能在一邊領「封口費」、領「紅包」的時候，批評醫院的醫生領「紅包」。制度的建設尤其重要。當然，從根本上來說，如果沒有獨立媒體和新聞自由，這些都很難做到。

我主張針對一個具體的人，要有所「諱」，有所「忌」，但我批判自己，並不留情。比如，我有一篇散文〈父母的「批判」〉，就無情揭露了父母身上的愚昧，進而通過他們，揭示出中國農民的精神困境。我的弟弟妹妹都反對我發表，我照樣收入散文集和選集。

我很高興參與了這場討論，激活了思想，交流了觀點。這是大收穫。至於遭反對乃至挨罵，這算什麼！放在心上，「睬它都傻！」，這個「它」，指的是自己的「落敗」。

希望日後有機會，與李輝在一起喝一杯，兩個湖北人，當面吵一架，用湖北土話。相信他有此雅量，而我，有此機緣。

2009年2月25日，夏威夷無聞居

戾氣渲洩的狂歡：七議李輝

最近，讀到《人民文學》雜誌2003年第10期刊登的一部中篇小說〈誰落入圈套〉（作者曹征路）。作者藉小說人物之口，說出了自己對「知識分子」存在價值的看法：「什麼叫知識分子？是那些讀過很多書的人？是有高學歷高職稱的人？不是。這些人頂多算個專業人士。知識分子是以思想為生活的人。他如果不對流行的意見、現有的價值發出疑問並且參與批評，那麼，這個人即令讀書再多，也不過是一個活書櫃而已。知識分子必須是他所在社會的批評者，當然這個要求太高，這是個蘇格拉底式的任務。但起碼你得有自己的理念吧？大學是警示社會的思想庫，它不是養幫閑幕僚的地方！老實說我很失望，我太失望了！」（該期雜誌48頁）

我原本以為，改革開放三十年，伴隨著經濟建設的巨大成就，與國民生活的顯著改善，我們民族的偏執與極端思維有所減少，在思想的層面上，民族文化與民族性格中對於多元存異與寬容異己的追求已成為必然。直到2008年3月的一天，一夜之間，武漢武勝路的家樂福門前，聚集起數萬名青年，一百多面國旗迎風飄揚，無數嚴肅的、憤怒的青年的面孔，在照片上變得黑糊糊一片，似曾相識的場景，另我深感恐懼與不安。

這樣的嘯聚，其力量是可怕的。任何一種力量的驟然彙聚，它的破壞力一定大於建設力。當人群聚攏，萬頭攢動時，非理性的力量，一定大於理性的力量。這就是為什麼，我們常常會看到，發生人擠死人慘劇的原因。當一個人倒在地上，悲劇可以被立刻制止，那就是：每個人都停下腳步。但是，一旦奔跑形成動能，它會獲得慣性和加速度，而變得

無可遏制。為什麼有「兵敗如山倒」呢？這個傾倒的「山」，就是那黑壓壓的人群自身。

當它彙聚到網絡這個看不見的虛擬平臺上，道理也是一樣。

我們的社會在艱難地進步著。1983年，我親眼看見紅袖標，在追趕「喇叭褲」、「披肩髮」，將它們強行剪除；1983年，第一次「嚴打」，殺人如同招死臭蟲；1983年，鄧麗君的歌被禁，因為是「靡靡之音」；1983年，寫了三篇詩評的謝冕、孫紹振、徐敬亞被整肅，其中，徐的檢討在中央人民廣播電臺新聞聯播中播出！

第二年，第四屆全國作家代表大會，卻破天荒提出了「創作自由」的口號。

1987年的2月，在四川涼山當駐站記者的我，正在高寒的昭覺縣城採訪。我永遠也忘不了那一天：大霧遮蓋了整個縣城。我站在一個雜貨店門前，和一位鄉黨委書記，喝他買的一瓶一塊多錢的「韓灘液」，他一口，我一口。街頭的高音喇叭中，傳出來我們原本熟悉，後又陌生，當時如同舊課重溫的一些詞彙：「一小撮」、「煽風點火」、「上竄下跳」、「妄圖」、「堅決粉碎……」。

我問他怎麼想。這位彝族漢子說：

「扯JB蛋！」

又過了兩年，發生的事情，我不能也不敢再往下講了。

我們從小受到的，都是道德的教育。在「德智體」三方面，「德」居第一。但我們被灌輸的「德」，多是用於監督、評議、審判他人的，而不是用於「三省吾身」。

記得八十年代初，我們在大飯店門口，是遲疑的，不敢邁進，因為擔心要證件。記得八十年代中期，我們結婚旅行，住旅館要帶結婚證；

記得遲至2003年，外地打工者，要身份證、務工證、暫住證三證齊全，才敢在中國的大街上行走而不被收容審查。倒楣的大學生孫志剛就這樣白白送掉了性命。記得遲至去年，打工者許霆，因偷取十七萬元，而被初審判處無期徒刑！

　　我們在一個嚴厲的、嚴酷的、非人道的社會裡，生活得還不夠久嗎？同胞們！

　　知識分子的職責，其中之一就是，讓我們的社會，更宜於人居，讓人，活得更像一個人。一個國家，如果用制度，管制人民的生殖器，這個國家，不是人的國家；一個國家，如果用道德，讓人民互相管制他人的生殖器，這個國家，是偽善的、道學的、可恥的。只有婚姻中的配偶，才有權互相管制，但不是有越來越多的夫妻，選擇棄權了嗎？否則，怎麼會有「家裡紅旗不倒，外面彩旗飄飄」之語？

　　在一周的時間裡，我寫了六篇短評，議論揭短之事。我不是文懷沙的走狗，但我不齒於網絡上，對這個「老流氓」、「老騙子」的鋪天蓋地的辱罵。結果，我遭到的辱罵也呈現滔滔之勢，許多辱罵，都涉及到生殖器。

　　我曾經說過，這甚至不是一場媒體的盛宴，而是患有偏執症的、盲動的網民，一次群體性的發飆與戾氣宣洩而已。我完全可以想像，那些從來沒有聽說過文懷沙，跟「國學」八竿子打不著的人，也許剛剛從各種各樣的「水都」、「洗浴中心」消費後出來，看到報紙上，揭露一個年近九旬的老頭子，四十年前的「男女之事」，那種憤怒簡直如火山爆發，而當年抓捕文「老流氓」的那個Police，和如今充當這些色情場所保護傘的Police，難道不是同一個國家專制機器嗎？

在「正義」的旗幟下，多少暴戾與醜陋假汝之名以行！而文藝復興以來，所高張的人的「個性解放」的旗幟呢？改革開放三十年來，知識界歷經挫折求索的「思想自由」的追求呢？在這一片辱罵之聲中，灰飛煙滅。

在二十一世紀，我們真得需要這樣一場「獵巫」運動嗎？如果四十年前的風流舊事，要逐一清算。那些「水都」、「洗浴中心」、「按摩院」、「洗腳房」、「歌廳」，為什麼如雨後春筍，遍地開花？

2009年3月2日，夏威夷無聞居

和中國人講理不合適？
──一議郭德綱

　　以前，只當郭德綱是個說相聲的。今天看了他的一段視頻，才知道他是一個「下三濫」。

　　他的徒弟也好，門生也好，打記者的那段視頻也看過了。一位女記者去敲門，那個男的出來，談了幾句。男記者也走到門口，雙方交談幾句，男記者好像在分辨，「啪」，突然飛來了一傢伙，不知是一拳，還是一掌。

　　記者這門職業，尤其是娛樂記者，要求他們想盡辦法搜求新聞。既然已經允許記者進入了自己的物業範圍（旁邊還有一位保安在場），且在交談之中，男女記者多少有點訪客的味道。再說，當著一個女士的面動粗，也實在不是什麼優雅、紳士之舉。暴力，施暴於人的惡念、忿念，就這樣驟然降臨。

　　甚可悲哀的是，網絡上，竟然有那麼多的網民，為暴力叫好。

　　但最悲哀的卻不是這。在中央電視臺的首頁上，我看到了郭德綱為自己徒弟暴行打氣的一段視頻。最令我驚駭的是這樣幾句話：

　　「跟中國人講理不合適。有時，給他講半天理沒用。大家都知道，講理是魚肉（這兩個字沒有聽清）。給他一個大嘴巴，他就乖乖地把紅領巾戴上了。」

　　聽眾一片喝彩之聲。他在這裡，大概指的是耍猴的，扯場子時的情景。

扯到後來，他說起北京電視臺的幾個人，還罵了一句：「這幫丫挺的！」

一個擁有舞臺，擁有麥克風，擁有觀眾的公眾人物，理應是社會風氣的表率。鼓吹暴力，張口罵人，難道還嫌中國社會的暴戾之氣不夠嗎？

前些年，有一部電影，《有話好好說》，我認為很有深意，因為，在中國，動不動就講打。

紅遍中國的相聲演員郭德綱張開金口，說：「和中國人講理，不合適！」

在他眼裡，中國人就只有挨耳括子的份。

在這段視頻的開頭，他用調侃的語氣說：「我們這個物業裡，有幾個窮人」云云。有錢人的口氣，全然忘記了當年在天津的文化館，冒簽領導的名，騙領近萬元公款的醜事。

真得不明白，在中國，咋偏偏這號人紅得發紫呢？

郭小子的相聲我一點也不喜歡。常和他在一起的那個姓何的小個子，倒有兩下子。

如果我不是一個戲劇愛好者，如果郭德綱原本不是唱評劇出身，我今天就該將他罵人的那幾個字，奉贈於他了。

「狼性」的背後是「奴性」
──二議郭德綱

　　郭德綱弟子打人事件出現後，一向為我所蔑視的孔教授慶東先生，果然在第一時間，為打人的暴力行為喝彩。這也不怪他。幾年前，他的門生不是持刀，手刃了網絡作家「錢烈憲」，獲刑數年嗎？衡量一個人是不是「左徒」甚至「左狗」，標準之一就是看他是否崇尚暴力。在自己的博客中恬不知恥，要社會中的暴富一族提高「人文素養」的孔慶東，自己對暴力卻是十二分的留戀，恨不得他那老主人從水晶棺裡爬出來，在中國又殺它個「萬里江山一片紅」。如果由他來劃定「漢奸」，全國戴眼睛的人，一半該殺；全國上網的人，一半也該殺。至於著名網站「凱迪社區」，尤其是其「貓眼看人」的發帖者，跟帖者，全殺都不冤枉。

　　在我的眼裡，孔教授，不過是混跡學界的郭德綱而已。郭德剛，則是江湖上的孔慶東。兩人遙相呼應，惺惺相惜，倒也是京城娛樂界的一道風景。

　　弟子打了人，為師的，不是嚴加管教，而是在節目中，橫加謾罵，接著，又在一篇〈有藥也不給你吃〉的博文結尾處，奉勸國人：「在人中間生活，有必要保持一定的狼性。」

　　先厘清幾種關係。首先，必須確認，狼性不是人性。狼是叢林野物，叼羊偷雞，恃強凌弱。我在二十多年前，就寫下了廣泛被人引用

的詩歌名句：「如今狼已經越來越少／荒原裡儘是人在嗥叫。」明明是人，卻偏要保持「狼性」，這不是蛻變成畜生了麼？

其次，更必須確認，狼性也不是血性。血性漢子，七尺男兒，為大義，為蒼生，可以捨身取義，也可以飛蛾撲火，自投牢籠。一個中學都沒有畢業，滿臉橫肉，痞氣沖天的暴發戶，說破天去，也不過是操的博人一笑的營生，怎麼就可以如此牛氣沖天，說出「中國人，只能給他一巴掌」這樣的畜生之語呢？

那麼，「狼性」究竟是什麼？說白了，不過是「奴性」的反面而已。比郭德綱張狂百倍的人，比如文強大人，不是死得比狗還難看嗎（「唱紅打黑」的是非另當別論）；而郭德綱的勢力，難道比京城的「天上人間」還大？

郭德綱，我也在此奉勸你一句：如果中國不能建成一個普遍法治和普遍人權的國度，你再多的錢，也可能一夜成廢紙；你再大的勢力，北京一個小小派出所的片警，就可以打得你滿地找牙，只要你觸到了那個手捏你命門的災星。這個災星，可能是某個人，可能是某個機構。那時候，看你是狼性多，還是奴性多。

一個本應給社會帶來笑聲的人，卻是這副德性。你就逞能吧。前一陣子，宋祖德已經又賠錢，又道歉，臉丟乾淨了，看你還能撐幾天，不為自己「和中國人講理，不合適」這樣的屁話道歉。

2010年8月4日

人身依附不可取
──三議郭德綱

　　首先，我要表明，雖然我不喜歡郭德綱的相聲，更討厭他在徒弟打人事件後為暴力張目的言辭，但將他和德雲社早已出版的書籍、音像作品從書店裡下架，這是我所堅決反對的。如果我們不能就事論事，一碼歸一碼，而是因言封人，因事廢藝，我們在思維方式和價值判斷，以及行事態勢上，就還沒有走出「文革」乃至「後文革」的陰影和套路。

　　偌大一個中國，要允許郭德綱和他並不那麼高雅，甚至有時顯得「低俗」的相聲藝術存在，只要他的相聲，沒有露骨地宣揚與現行法律、社會道德相抵觸的內容。但對於郭德綱的支持暴力言論，則要嚴加撻伐，絕不容情。無他，因為中國社會，日常生活中的暴力行為太多了。任何訴諸拳腳的行為，不管起因是什麼，誰對誰錯，我們作為芸芸眾生中的一員，都要對那率先揚起的暴戾的巴掌、揮起的拳頭，高喊一聲：「住手」！不管那巴掌或拳頭，屬於警察，還是P民。

　　當然，當民眾遇到歹徒的人身攻擊時的反抗和自衛，不在此列。

　　其次，我要說的是，郭德綱如果具有現代文化企業的觀念，他是原本可以將德雲社做成一個現代意義上的文化公司甚至文化集團的。可惜的是，囿於其自身的知識、閱歷和思想局限，他將德雲社辦成了舊時代戲曲、曲藝行業傳統的「戲班子」，三十多歲，就升帳收徒，當那些比自己小不了幾歲的青年的「師父」。在中國民間，是很禁忌「年少稱高」的，甚至會覺得這樣會帶來壽夭之災。比如，在我們湖北農村，只

要最高一輩的長輩還在，作壽的時候，壽星是不可高坐堂上，受子孫跪拜之禮的。當然，這是閑話。我想說的是，郭德綱這個「師父」，受用得實在太早了點。如果他不是德雲社的「班主」，而是「德雲相聲文化發展公司」的董事長，用開拓性的眼光經營，他將分公司開到美國、加拿大都不是不可能的。可他，偏偏喜歡上了有門客，有保鑣的那種過時的舊藝人生活。須知，孟嘗君的時代已經一去不復返了，而中國社會，也容不得再出杜月笙。

如果郭德鋼的李姓徒弟，與郭德綱不存在舊式的（我原本可以用「封建的」一詞）人身依附關係，而只是「德雲相聲文化發展公司」的雇員和學員，那麼，郭德綱涉嫌侵占小區公共綠地的事件，與李姓徒弟完全沒有關係，與這家公司也毫無關係。他只是郭德綱個人的私事。北京電視臺的娛樂記者前來採訪，李姓徒弟出門接待，他能做的事情，最多就是奉告訪客：「主人不在家，我無權請你們進屋。作為雇員，我也無權接受採訪。請離開這裡，並和公司公關部門聯繫，接洽採訪事宜。」說完這些話，李姓徒弟自可回屋，閉門謝客。

可是，在未經授權的情形下，李姓徒弟面對記者，就採訪的內容進行了質疑、討論，對北京電視臺表達了不滿，最後，突然之間，出手追打。這時候，我們很容易就聯想到「看門狗」、「狗仗人勢」這些詞。從視頻中可以看出，那個女記者，一口一個「郭老師」，那個男記者，也說過「我們是來平息這事的」這些善意的言辭。說著說著，怎麼就動手了呢？

無論李姓徒弟是因為什麼原因，住在郭德綱的別墅裡，他都只是那棟物業的客人，而不是主人。涉及這棟物業的任何糾紛，他都沒有介入的權力。在沒有揮出他的拳頭之前，他還是一個具有獨立人格的堂堂漢

子，一旦他因為一件跟自己八竿子打不著的別人的私事，大打出手，他的獨立人格尊嚴就驟然貶低，變成了一心護主的僕從。

在此要教這位李姓徒弟一句很有用的英語：It is none of my business，意思就是：「這跟我無關。」國人中有很多人，常常會喜歡說「你的事就是我的事」，這樣的江湖義氣，其結果常常是出了事後，「我犯的事都是你的事」。在真正的法治文明社會，雇傭關係，就是一種契約關係。比如在美國，假如（為行文方便而已，不是真的）我開設有一家商店，雇有店員數名。我可以安排他們，在上班時間去進貨，卻絕不可以安排他們，利用上班時間去幫我買菜。雖然，我同樣支付報酬，但這份「買菜」的工作，卻不在雇傭契約之內。這實際上將他們的人格地位，降低到了我的「私仆」的位置。在郭德綱事件中，自我降格的，恰恰是這位李姓徒弟。

我希望郭德綱先生，經歷此事之後，能長見識，長知識，擴大眼光，把德運社變成用現代契約社會的經營理念管理的文化公司。畢竟，中國還是需要相聲的，而郭先生的口才、所受的曲藝、戲劇的訓練，還是有存在、發展的必要的。我不是他的聽眾、觀眾，並不意味著他沒有聽眾和觀眾。我只是不能寬容鼓吹暴力的言論而已。

我所指的暴力，包括任何暴力──紅色暴力和革命暴力也在其中。當然，更包括：痞子暴力。在中國，人心中對暴力的推崇，根深蒂固。消除國人心目中的暴力取向，人人有責。

2010年8月7日，夏威夷

第二輯

我閱我評

曷彼蒼天！
──讀李乾回憶錄《迷失與求索──一個中學生的文革紀實》

　　我和本書的作者，並不相識，更沒有相似之處。我迄今為止，連雞都從未殺過，而他，在1967年12月5日，率領武漢紅旗中學的一群學生，夜闖兩戶人家，當著其家人的面，將兩位素不相識的中學生以行刑方式槍殺。他不只是參與謀殺。扣動扳機的，正是作者本人。

　　經過了類似於民主程序的開會、決議、表決後，列入「必殺令」的，本來有四名外校中學生。後來，由於多種因素，另外兩人逃過一死。

　　在被拘禁九年之後，1976年7月31日，李乾被正式判處二十年有期徒刑。因為是「革命小將」，雖身負兩條鮮活人命，李乾並沒有被判極刑。可是，在毛已死、王、張、江、姚已囚之後，僅僅因為在日記中吐露怨言的江西女工李九蓮，以及在街頭貼過幾張反對「四人幫」標語的長春青年工人史雲峰，卻被押赴刑場，執行槍決（後者請參閱鄂華報告文學〈又為斯民哭健兒〉，《鄂華寫實文學集》，時代文藝出版社1995年12月）。

　　李乾1985年出獄，時年三十六歲，正值人生壯年。他在監獄裡學到的技術，使得他能夠開設一家汽修廠，過上或許殷實的生活。而被他親手殺害的兩名武漢中學生，屍骨已朽，兩個家庭的創痛永無止時。

　　當我收到紐約柯捷出版社寄贈的這本長達三十七萬字的回憶錄時，我連著兩個夜晚，讀到凌晨兩、三點。吸引我的，並不是它有高妙的寫作技巧，華美的文辭，而是從靈魂深處噴湧而出的那種強烈的反省、思

索力量。在北京師範大學女附中副校長、「文革」北京死難教師第一人卞仲雲被女紅衛兵活活打死，迄今無一人公開站出來，承認自己參與過打人這一背景對照下，本書的作者，公開用紀實作品的方式，將自己殺人的前前後後，白紙黑字地印出來，刊行於世，以昭天下，以謝國人，以誡子孫。這種贖罪和懺悔，自有超乎尋常的大勇氣在。僅此一點，我就必須向這位年長於我的同鄉表示敬意，雖然，從情感上講，我永遠也不會試圖和一個殺害過兩個無辜青年的人成為朋友。

　　這本書之所以具有重要的價值，首先就在於，它為我們提供了鮮活、真實、但卻是被瘋狂與愚昧的暴力時代扭曲得面目全非的心靈樣本。它只有十八歲，青春來臨，愛情在望，純潔得只想立刻為革命而死。可是，當得知相鄰學校的幾個人，是「流氓」和「壞蛋」之後，立刻想到的就是，以革命的名義，將他們處決，而且，是以最血腥的方式，當著其母親的面行刑。在處決第一個受害者時，李乾等一夥，還開槍將死者的母親和姐姐打傷，致其終身殘疾。最令人髮指的是，行兇後，他們撤退途中，李乾聽後面趕來的同夥匯報，說目標孔威還活著，李乾竟然返回現場，對被害人補開三槍，使其身中十一槍而死。

　　是誰，在他心裡，種下了如此瘋狂、殘忍的仇恨種子？

　　我們從小接受「革命」的狼奶哺育，在暴力至上、槍桿萬能的價值觀熏陶下成長。此刻，「革命」回歸其最原本的語義：取人性命。我很小的時候，在鄉村的禾場上，看電影《紅孩子》。當鏡頭中的幾個小孩子，拿著紅櫻槍，將一位站崗的「白狗子」（政府軍士兵，不外乎是某村某莊當兵吃糧的壯戶漢子）誘到山崖邊殺死時，我對暴力革命的教育灌輸，就產生了最初的、朦朧的懷疑和厭惡：電影為什麼要宣揚、鼓勵孩子們殺人？難道不殺人，就無法將一個國家建設好嗎？

　　書中實錄了若干封作者的申訴書、家信。在被判刑後，作者寫給自己父母的家信中，仍然充滿了不堪卒讀的極左毛氏語言。在毛去世後，作者更出乎真情地，寫下了一首〈七律・沉痛悼念偉大領袖毛主席〉：驚聞靈耗心欲碎／誰信尊親真別離？／哀壓巍巍五岳矮／淚添浩浩四海溢。被囚九年之後，作者血液裡的極權制度的毒素，竟然還絲毫未滅。

　　值得慶幸的是，從來就喜歡「殺無赦」的無產階級專政機器，對這個殘暴殺人的革命者，未處極刑，從而給他提供了一個緩慢地、不無痛苦地否定、審視自己並獲得再生的機會。漫長的刑期、對食物的極度渴望，監獄裡的人性黑暗、陪伴死囚度過最後幾天的特殊任務，這些磨難和痛苦，使得作者不僅對當初殺人動機的正當性，產生了懷疑，並最終否決，而且，在艱苦的獨立思索過程中，泯滅了的人性中的良善、仁厚、人道、慈悲等高尚情懷，漸漸地得到恢復。將自己血液中深深浸淫的暴戾、嗜血毒素（這是極左的、極權的社會制度的第一要征），漫漫透析出來，這絕非一日之功。也不是所有的中毒者，都能達到在更高層次上獲得新生、徹底唾棄從前舊我這一境界的，而本書的作者，無疑做到了。

　　彌足珍貴的是，書中時常可以見到獨立思索的價值和力量。時至今日，中國還沒有徹底拋棄對刑事罪犯「從重從快」的所謂「嚴打」。而早在1983年，以草菅人命、踐踏法律為特點的第一次「嚴打」運動展開後，槍斃大量輕微犯罪人員的錄像片在監獄中放映（「嚴打」在王小帥的故事影片《青紅》中有所涉及），作者寫到：「我無法認同在執政三十多年後，還要用搞運動的方式來殺人，並且是以法律的名義。這法律經得起時間的檢驗嗎？與其說這是法律，不如說這是凌駕於人民意願之上的『長官意志』」；「以這樣壓倒一切的氣勢來處理關天的人命，

會不會不可避免要帶來一個產生冤、假、錯案的後遺症？」這些思索和懷疑，在信息閉塞的高牆之內產生，可以說相當難得。這是第一縷人道主義、人文主義的微弱光芒。唯其微弱，尤為可貴。如若不信，中國大陸的讀者，可以隨便問一問自己身邊的人：將「亂世用重典」的慣例，慣性運用到如今這樣的「康、乾盛世」，很少有人不贊成。

雖然，這是一本沉痛的悲劇之書，但書中也不乏人間真情、人間溫暖，特別是被捕時與朦朧相戀的女友的生離死別、出獄後與已成人妻、人母的女友的重逢時刻，還有，得到監獄管教幹部的特許，十多年來第一次回家為母親過生日的情景，都感人至深。尤其可貴的是，作者對於那些以寬厚仁心對待囚徒、在不違背監規的情形下，對囚犯給予人道待遇的管教人員，以感恩的語言進行了描繪。這使作者的人性複歸、復蘇與復活，變得尤其真實、可信。

巧的是，寫此短文前，我正好在網上，讀到了著名美學家高爾泰先生的長文〈獄中百日記〉。文章實錄了他1989年那場風波後，由於在著名學者王元化先生主持的刊物上掛名，而被捕入獄的經過。在那篇文章中，高爾泰先生也寫了幾個既堅持「無產階級專政」原則，同時對這個學者也適當照顧的看守人員的形象。令我不解的是，文章開頭描繪的情景：身為著名學者、教授的高爾泰先生，是在和妻子買菜回家，進入南京大學家屬院時，被幾名便衣人員強行抬起來，扔進一輛吉普車後抓走的。高爾泰並非雞鳴狗盜之徒，而是名滿學界的知識分子。他被剝奪了公開地、合法地、體面地被捕的權利，而是被以極具人格侮辱特點的綁架方式秘密抓走。讀到這裡，只有無言一嘆。

寫此短文時，網路上正膨脹著愛國酵母。抵制家樂福、抗議CNN，衝擊武漢、合肥家樂福的抗議青年中，赫然見到了高高舉起的毛澤東的

畫像。這群熱血沸騰的青年中,是否有1967年12月5日一夜連殺兩人的李乾?我想,一定有。

所不同者,李乾懷裡揣的,是手槍;而這些新一代「愛國者」懷裡揣的,是手機。

銅鍾警世,以戒來者。我希望他們能讀一讀被柯捷出版社列入「銅鍾叢書」的這一本《迷失與求索》。但我也深知,在出版尚被列入意識形態管制重地的中國,他們不大有機會讀到這樣的一本普通中國人的悔罪書。可堪慶幸的是,親身經歷過這五十多年當代史的中國人,已經有越來越多的「李乾」,憑著非凡的道德勇氣與毅力,拿起筆來,寫出自己的人生故事、家庭悲歡。一部中國當代的斷代史,就這樣平鋪直敘地記錄下來,流傳開去,惠及子孫、德澤中國。「禮失求諸野」,信史在民間,信矣乎?吾信也。

2008年4月23日,美國無聞居

因錢而「左」，為財而「憤」
──寫給張小波的公開信

1

小波兄：

其實我們迄未謀面，二十多年來，從未有過任何聯繫。但因為八十年代初、中期大學生詩歌運動（也稱「第三代詩歌運動」）的緣故，我們的詩，常常發表在同一家刊物，我們的名字，也多次被列在一起。後來，兄學業未竟，不得不中斷，學院詩歌界的朋友，都為兄扼腕可惜。當時，上海前後有兩個才華橫溢的大學生詩人退出校園，女為張真，男為吾兄，雖原因各異，惋惜則一也。

想不到十多年後，兄復出江湖，在北京打下一片天地，成為書商圈子裡的聞人。2005年12月，我回國，在北京某出版社，與總編輯在辦公室交談。總編輯這時接到一通電話，通話中順口說了一句：「這是張小波」。他們通話完畢，我說：「我可不可以和張小波講幾句話？」總編輯將話筒遞給我。

我說：「小波兄，我是一個沒有見過面的寫詩的朋友，以前在人大（中國人民大學），現在在美國。」

話筒裡傳來洪亮、自信、熱情的聲音：「是程寶林吧？」

兄不假思索就確定了我的身份，我有點高興。

知道我在北京，兄熱情地說：「要見一面。我來安排吧。」

由於我在京只停留兩三天，時間緊迫，我們終究緣慳一面。

2

在我們同齡的詩友中，遭牢獄之災者，不外乎兩類：政治原因與非政治原因。前者，有師濤、力虹、廖鬍子。他們都過得很慘。前二位目前尚在獄中，後一位雖然出獄，但生活無著，曾一度在餐館，吹簫娛客，聊以糊口。這簡直就像2000年前，在街頭吹簫討飯的伍子胥。

廖亦武後來將主要精力，投入社會底層訪談，所出著作，對於研究社會轉型時期，中國最底層弱勢群體的真實生活狀況，具有重要的價值。

兄之被執繫獄，自然與他們不同。出獄後的風聲水起，用你的朋友、詩人沈浩波為兄所撰書評中的話來說，是「穿西服、開名車，日擲斗金。」兄在市場經濟的大潮中，以圖書策劃人的敏銳眼光，先出《中國可以說不》，再出《中國不高興》，賺得盆滿鉢滿。

我本無意涉及兄之過往履歷及隱私，但沈浩波下面這段話，卻也是公開發表的，為兄小說集《重現之時》所撰推介文字。所以，我之援引、提及，對兄實無冒犯之意：

> 毫無疑問，張小波是不願意讓人提及他的牢獄生涯和現在的商人身份的。但是不提這些，就無法深知其性格中的多重性和複雜性，而沒有這種複雜，我們就無法面對怪異詭譎而才情蓋世的小說。在《重現之時》中，所有的小說都是在獄中寫成的。正是那漫長的4年，張小波寫出如此複雜、荒謬、扭曲的小說。

　　在青春初臨的人生最美好的季節裡，坐祖國的班房，會將自己「坐」成全國愛國「憤青」的精神領袖，用注射雞血針的方法，將虛妄和狂傲，注入無知青年的激情膨脹中。如果這不是中國的奇蹟，中國就談不上有任何奇蹟了。

　　下面這篇全文引用的博客短文，出自另一個圖書策劃人谷文雨之手：

羨慕《中國不高興》策劃張小波

　　過了下班時間，員工們都走了，也到了我輕鬆上網閒逛的時候。今天首先要做的是搜索有關《中國不高興》一書的信息。這是一本正在熱銷並引起爭議的新書。好在是當當網的會員，登錄後即刻找到該書的信息，沒有任何猶豫，立馬訂購，期待幾天後「書到付款」。

　　在沒有閱讀之前，是不能對此書發表議論的，即便看了不少網友的評說文章，也要克制自己，在沒有「閱讀原著」的情況下不可以亂講話。但作為一個圖書策劃人卻不能不對同行張小波先生表示欽佩，據說《中國不高興》開機就印了十幾萬冊，而且銷路極佳。我本人就急不可待地想一睹為快，而且克制自己不去從網上找電子版去讀，一定要看紙質原著。

　　羨慕你啊，兄弟！不知張氏貴庚，或年長於我，或年輕於我，於是就稱兄弟。想起十三年前，一本《中國可以說不》轟動華夏，影響世界。如今又攢出一本《中國不高興》，而是在眼下這種特殊時節。兄弟有心哪！一本書能在十三年之後出「續集」，而且接榫得那麼準，那麼扣人心扉，真不簡單！

　　搞圖書策劃最講也最看重選題，不能不說張小波先生選題抓得真准，真是非高手而不能為。現如今，做書有多難，唯有做書人最清

楚，最知其中甘苦。想一本《中國不高興》可為張先生完成當年的任務，掙夠幾年的銀子，最重要的是會贏得多少同行的讚譽，甚至眼紅嫉妒。如此鴻運可遇而不可求啊！

　　不過，對書的內容的評價還是要等看了原著再說，要說的是個人的見解。盼書早日送來。

此君對兄之頂禮膜拜，可以說已達到五體投地的程度了。至於這本書，對中國的思想界有什麼貢獻，是開啟民智，構建和諧世界，還是散播怨毒，製造國家對立，鬼才管他！

中國的傳統知識分子，是很看重「立言」的。兄身為書商，在商言商並無不妥，但事隔十三年，再度推出和《中國可以說不》一樣的垃圾讀物，愚弄無知無識的小青年，在朝他們渴望知識的腦袋裡灌漿糊的同時，掏走他們口袋裡不多的一點鈔票。由詩人而成統治者的幫閑與幫腔，精神與思想的墮落，以至於此！

兄寧無愧乎？夜半捫心自問，不覺自欺耶？兄真得認為，人均國民所得，不過排名世界一百多位的中國，已完全可以叫板美國，成世界舞臺之總舵爺？當兄「穿西服，開名車，日擲萬金」時，兄是否知道，有多少底層百姓，對他們日益惡化的生存環境和境遇，不只是「不高興」，連揭竿而起，斬木為兵的心都有了！每年數十萬件「群體事件」，兄無察乎？

3

在那篇題為〈張小波：扭曲經歷大寫真〉的書評中，沉浩波有一段話寫得相當出色：

一個天生複雜之人，一個經歷扭曲的人，在一個更為扭曲的環境中，寫出了最為『扭曲』的小說。在當代，一些優秀的詩人和小說家，窮盡畢生之經歷，只不過是為了無限接近文學的真理。而張小波不是，他竭盡所能地努力，似乎只是為了離真理更遠，或者說，在他的小說中，他把真理扭曲得近乎青面獠牙。有人因其小說的荒誕，而把他稱為『中國的卡夫卡』。事實上，他也確實是最接近卡夫卡的荒誕氣質的小說家，但他跟卡夫卡截然不同的是，卡夫卡的荒誕是為了接近那預設中的真理，而為了『深知』和『窮盡』；而張小波不是，他的全部努力都是為了摧毀自己最初預設的真理，是在深陷中遠離。

將兄譽為「中國的卡夫卡」，相信兄有自知之明。但他的那句「他竭盡所能地努力，似乎只是為了離真理更遠」，卻非常適合兄推出的這兩本「中國」之書。

作為一個八十年代初接受高等教育的詩人，兄背叛了詩歌的真正精神：自由；作為一個八十年代初接受思想啟蒙的思想者，兄背叛了理想主義與人文追求，同時也背叛了我們共同走過、永遠珍惜和懷想的八十年代。在我們的詩友中，也有同樣有錢，同樣成功的人物，如潘洗塵等。他們沒有放棄詩歌，更沒有放棄推動中國思想解放與思想進步的事業。

只有兄，選擇了與時俱進，出忽悠之書，行斂財之實。

1996年，兄推出《中國可以說「不」》時，我只給了一句話的書評：「是的。但中國人只能說『是』！。」

兄這本《中國不高興》，我的一句話書評，又是什麼呢？

我們不妨在下面，用「中國不高興」這5個字，玩點文字游戲，看可以組合成幾本跟風斂錢的暢銷書，多交幾個「孔方兄」。

一、中國高興？不！

二、不！中國高興

三、不高興中國

四、中國高興不？

最後，我想說的是，包括我在內，許多當年的詩歌界朋友，對兄很不高興，甚至，相當不屑。哪怕沈浩波，在他的文章中，用李白的詩句「千金散盡還復來」、「會須一飲三百杯」，令人萬分羨慕地描寫了兄目前的生活。

2009年4月3日星期五，夏威夷無聞居

少年心事當拏雲
——序楚寒人文、思想隨筆集《火焰不死》

　　我與楚寒並不相熟，甚至，我尚不知道，也無意打聽他的真名實姓。我只知道他生於江蘇、學於閩、滇，現居美國北加州，距我的居所約一小時車程。不久前，曾邀他到寒舍一晤，見面時才發現，原來是一個書卷氣十足的青年，言談舉止中，甚至帶有幾分儒雅。在我看來，只有一個具有詩人情懷，意志堅定、心無旁騖的人，才會在一舉手一投足間，將自己的內心世界不經意地展現出來。當時我就想，這究竟是個怎樣的人呢？及至讀完了《火焰不死》的書稿，我想，我找到了答案。

一、自由之光的燭照

　　我從閱讀中得知，作者在獲得碩士學位前，曾從事過法律工作。在那樣一個「司法獨立」幾乎等同於夢話、「司法公正」不過是官家說辭的社會環境裡（那裡的新聞發言人，常常大言不慚地宣稱：我們是法治國家！），初出茅廬，帶有強烈的融入社會、進而改造社會的理想主義色彩的楚寒，在晦暗的、有時甚至是荒誕的現實面前，第一次感受到了魯迅先生筆下「鐵屋」的無情與無望。於是，他將眺望自由曙光的眼睛，轉向了台灣。在那一小片由一小部份華人（相對於中國大陸龐大的人口而言）管理和生活的土地上，雖然也曾經歷過困苦和嚴厲，但畢竟沒有遭逢一場接著一場的煉獄之火。自由的火焰從來不曾熄滅過，而如今，更是自由地燃燒著。而這種足以令全球華人驕傲的成果，焉能說與

殷海光這位「衝向風車作戰的華人思想界的堂吉軻德」毫無關係？請看作者在〈殷海光與五四〉中對殷海光所作的個人評價吧：

> 在五四之後數十年內憂外患的時局下，五四精神在中國大地上早已殘缺不全。在兩岸進入對峙狀態後，當許多早期的五四人物或向左轉或向右轉而不再散放昔日光芒，留在大陸的被政治力量的旋風吹倒，去往台灣的因戡亂戒嚴的氣氛萎縮。此時，惟有殷海光在寂寞與橫逆之中，幾乎以一人之力對五四精神做悲劇性的重建，以一人之力使五四時代在中華民族的歷史上不至於中斷，而能夠延續了幾十年之久。

這不就是魯迅先生詩中「荷戟獨仿徨」的鬥士形象麼？我尤其喜歡他在這段論述中，用了少見的「橫逆」一詞，令人讀來有乍然驚見之感。在我看來，個人的生存不順，此乃「逆」也，而政權的權力不公，此即「橫」也。生計既難，壓迫又重，中國知識分子中，鮮有不對統治者低眉順眼，為五斗米折腰的。而在台灣，猶有殷海光，像一盞照耀自由航道的燈塔，指引著中華民族的後輩讀書人，面對自由之路上的荊榛，不憚前行。

如果說，殷海光的畢生追求，是為了全民族「求悟」，那麼，另一個身世遭際更為跌宕起伏的文化人陸鏗的一生事功，就在於為民族「求真」。這位民國時期的著名記者，一生多舛，坐國民黨的牢、共產黨的牢，凡二十餘年。及至垂老，仍無怨無悔，為中國社會的言論自由，尤其是新聞自由，奔走呼號。這不又是一個獨戰風車的堂吉軻德嗎？說他是奮力推巨石上山，愈挫愈奮的西西弗斯，也完全恰當。在追述陸鏗生

平事跡的長文〈跌宕一生域外燒〉的結尾部份，楚寒用下面的話表達了對自由的嚮往，和對這位自由戰士的敬意：

> 歷史已經證實並將繼續展示，自由從來離中國就不那麼接近，但自由絕非看不到希望。自由已經不會太遙遠。在這樣的宿命中煎熬忍耐，也許需要的正是陸鏗先生那樣的樂觀，需要的也正是陸鏗先生那樣的堅韌。

多年前，筆者曾有幸與陸鏗先生同席就餐，在他聲如洪鐘（他的筆名正是「大聲」）的笑談中，目睹了一位傑出新聞人的傲骨與風範。在閱讀楚寒的這篇文章時，已故的陸鏗先生偉岸的身影，又在我這個曾經的新聞界後輩的記憶裡復活。我相信，幾代中國新聞人所呼籲的、為之奮鬥的新聞自由，會作為言論自由的組成部份，成為所有媒體應享的權利。那時候，陸鏗先生就可以含笑九泉了。

在追尋自由的精神之旅中，楚寒的目光並不局限於當代的大陸與台灣。他更將探究與關注的目光，投向了域外，投向了德國狂飆突進運動中的歌德，投向了點燃美國獨立戰爭火焰的托馬斯·潘恩，更投向了從西伯利亞集中營死裡逃生、被放逐的俄羅斯作家索忍尼辛。在後兩篇文章的標題中，楚寒更是將「自由」二字，分別列入了文章的標題，將文章的主題，昭示得一目了然：〈歌詠自由的異鄉人〉（托馬斯·潘恩）、〈自由思想紀念碑〉（索忍尼辛）。

在評述自由思想家潘恩的文字中，楚寒的筆調是舒緩而沉靜的。大學時代的楚寒，如饑似渴地讀完了潘恩最具影響的著作《常識》。他用感性的語言寫到：「高考結束的那個晚上，因著捧讀《常識》、《人

權論》和《理性時代》，同時默想著『遵行真理』的上帝律法，而成為
一個心潮澎拜的夜晚，銘記於我的整個生命。」一個剛剛結束了一場殘
酷的命運搏殺（如今的中國高考，仍然是命運所系的戰場）的青年，懷
著一顆懵懂的，渴望自由的心，初次接觸到人類思想的高峰之作，其觸
動、引發的靈魂的顫栗，是那樣地歷久彌新，以至於他牢牢地記住了那
個青年與哲人初次相遇的神奇夏夜。由此，楚寒以一介書生的情懷，開
始了他自己的自由之旅，並將這場不無艱辛的跋涉中的所思所悟、點點
滴滴，一一記錄下來，以這本書的形式，呈現給讀者。

　　在這篇文章的後半部份，楚寒用下面的一段文字，對於「自由」，
發出了詩人般的呼喚：

> 　　人類的坦途是自由。人生的目的是自由。人性的基礎是自由。世間萬
> 物一切存在者都處於無庇護狀態，區區三尺身軀的人類尤其如此。也
> 正因如此，人類需要創建一套保護自己生存安全的制度體系與價值體
> 系。這其中首要的工作就是維護自由，乃因為自由是人生一切構建和
> 一切活動的始原起點。

　　對於這樣的價值標準與判斷，我只有擊節讚嘆。
　　索忍尼辛，因其生存與反抗的社會環境與時代氛圍，與中國大陸
十分相似，而受到許多中國作家的敬仰和研究。可以毫不誇張地說，索
忍尼辛的去世，不僅是世界文學界的巨擘倒下，更是世界自由主義思想
界的大廈傾覆。雖然，在今日中國大陸文學界，充斥著粉飾現實，歌頌
「聖朝」的所謂「主旋律」作品，但索氏《癌病房》、《古拉格群島》
所激發的反抗專制、極權與暴政的潛流，終究會匯成浩浩蕩蕩的長河。

在這篇文章中，楚寒總結了索氏對於暴君、暴政與人性惡三者之間的關係。他寫道：

> 他進一步提出了一個本源性的問題：並不是暴君對人不人道，而是人對人的不人道。斯大林專政並不是歷史上人性歷程中的某個失常狀態。人類心中的惡是一個永恆的世界性主題。

這樣明晰、深刻的見解，經過楚寒的概括，變得更加一目了然，深入人心。自由的小小火炬，似乎已經由索氏的手中，傳到了包括楚寒在內的一代中國中青年知識分子的手中。「薪傳」這樣一個生動的詞，此其謂乎？

二、社會公義的吶喊

楚寒絕不是只在故紙堆裡尋找自由的書呆子。他對自由的追尋，其標的，正是此刻、當下並不那麼自由的中國人民。即使是抨擊、批評境外的暴力與暴戾，他選擇的參照物，也是極權制度下，尤其是毛澤東統治時期的中國大陸。

一個「愛中國更甚於愛美國，是中國人更甚於是美國人的」大教育家、燕京大學創校校長司徒雷登，在他擔任美國駐華大使，留在被共產黨占領的民國首都南京，試圖與新政權建立某種聯繫未果後，於1949年8月，黯然返美。這位為中華民族現代高等教育付出了畢生心血，從某種意義上說，大力推進了中國邁入現代社會進程的老人，回國時受到了尚未身登大寶的毛澤東的無情嘲諷。在被收入中國中學課本的〈別了，司徒雷登〉一文中，毛澤東無視基本的歷史事實，為兩三代中國學生，刻

劃了「無可奈何花落去」的失敗的「美帝國主義侵略代言人」的形象，
讓這個熱愛中國的美國人，身背歷史罵名達六十年之久。

　　稍感欣慰的是，隨著時代的變遷，社會語境也發生了變化。司徒雷
登的骨灰，終於在2008年11月17日，回到了他的出生地杭州，回到了他
死於斯、長於斯、嘔心瀝血於斯，被唾受辱於斯的中國。楚寒敏銳地捕
捉住了這一新聞事件中所蘊涵的巨大的歷史與現實解讀可能性，在〈司
徒雷登，何處安放他的精神？〉一文中，對中國當下的教育現狀，進行
了一針見血的批判：

> 當前的中國經過近三十年的開放改革，雖說在經濟領域確實取得了
> 不小成就，但大學作為社會的文化思想中心，其發展現狀卻令人憂
> 心……學術研究領域甚至出現帶有全民族整體性的學術停滯、學術倒
> 退的現象。大學教育本應謹守的原則和大學創造文化、繁榮思想學術
> 的功能在相對範圍內萎縮和退化，校園內功利主義的盛行表徵了中國
> 大學精神的淪落，民國時期那一代教育家的風骨、胸襟和他們守護的
> 傳統、精神已難窺見……

　　這種帶有切膚之痛的針砭和撻伐，出乎本心的是作者楚寒關愛中國
的拳拳赤子之心。如果說，社會不公是中國大陸的常態和普遍事實，那
麼，在教育領域的制度性不公，以及教育機構和教育工作者的、受現行
體制保護的不義，禍及的就不僅僅是一兩代人，而是千秋萬代、子子孫
孫。那時候，既然中國學界不能尊嚴地自立於世界學林，中華民族又哪
裡能夠尊嚴地自立於世界民族之林？這其間平易淺顯的邏輯關聯，已無
須多言。

社會不公與不義的主要原因，當然是獨裁者、暴君與極權制度。1975至1979年，筆者已經接受了基礎教育，剛剛從一所鄉村中學畢業。中國南方邊境爆發的一場戰爭，其真實目的，是為了救援南亞柬埔寨，一個被鄰國越南重新趕入叢林的、殘暴絕倫的短命政權——紅色高棉，也即柬埔寨共產黨。對於以極原始、野蠻的方式，屠殺了至少兩百萬柬埔寨人民的這個極權政權，國際社會組成了法庭，開始了曠日持久的審判。對於這段史實，中國政府諱莫如深，好像自己與之毫無關係，甚至，這樣的反人類慘劇，根本就沒有發生過。楚寒在〈一場遲到的審判〉一文的結尾，這樣警醒健忘的世人，這樣警醒健忘的世人：

> 三十年的日曆像湄公河的流水一樣逝去了，經過歲月變遷，紅色高棉政權已成為柬埔寨歷史曾經的一頁。可歷史也時常被人們遺忘，幸好，今天有這樣一場審判來保存一份歷史證據，讓後人瞭解到人類文明史上曾有過這一道慘痛的疤痕，同時讓歷史告訴未來，悲劇再也不能重演。

楚寒的用心自然良苦，但人類文明的前途卻未必樂觀。只要嗜暴力、愛血腥的極權專制政權，不從人類的政治詞典中徹底消失無蹤，在今後的歲月長河裡，還會出現或大或小的人施之於人的集體性、制度性殘暴，如希特勒之對猶太人，如紅色高棉之對柬埔寨人民，如1968年「紅八月」血腥日子裡，紅衛兵之對「地富反壞」（湖南道縣和北京大興縣，以及廣西都發生了針對這一社會群體的大屠殺乃至剖心食肉）。

　　對社會不公的義憤，必然表示為對弱勢群體的同情與悲憫。在這本隨筆集的許多篇章中，時時都可以觸摸到作者因公正不行、公義不彰，拍案而起時憤怒的脈搏。當巴金先生眼看「文革」博物館的警世倡議變成官家的一個禁忌，最後抱憾而終時，楚寒以如刀之筆寫道：

　　　　而我們在國民經濟瀕臨崩潰的1977年，斥巨資為『文革』的罪魁禍首建了紀念堂，卻沒有在國力大增的上世紀末或本世紀初為千千萬萬在『文革』中被冤殺、遭凌辱、受折磨的中國人建一座『文革』博物館。

　　　　對比俄羅斯民族反省自身極權統治時期的暴行，建立人權紀念碑、獄政博物館等，中華民族在「痛定思痛」這個詞上，做得還遠遠不夠。

　　這本書中，還有很多篇章，展現出作者對於人道主義的高度推崇，體現了大陸作家中少見的人文精神。如〈她是窮人的光〉就是一曲獻給德蕾莎修女的崇敬之歌。這個將自己的一生，奉獻給了印度加爾各達貧民窟裡的窮人的聖潔修女，簡直是這個充滿了殺戮、仇恨的人類社會的神跡。她讓我們記住了聖經中的話：作世界的光。

　　而楚寒正年輕，從某種意義上來說，還處在思想全面飛升的青春歲月。充盈在他作品中的深邃的思想和博愛的情懷，在在顯現出可喜與可貴來。置身於自由的西方，他的閱讀、涉獵、寫作與言說，都帶有一種強烈的使命感和責任感，那就是：作一隻為自由而鳴的泣血杜鵑。

　　「寧鳴而死，不默而生」。這是中國知識分子有別於西方知識階層的顯著標誌。可惜，近年來，被贖買與馴化的中國讀書人、教書人、寫

書人中，不乏孔慶東那樣，在博客中連篇累牘炫耀自己在現行體制下廣受邀約、日日盛宴的小醜似的人物。相比之下，聲名顯赫程度遠不能與之相比的楚寒，更為贏得我的敬意。無他，楚寒的心中，裝的是人；而那一位，眼裡只有主人。

是為序。

2010年元旦，於夏威夷無聞居

讓那告密者，醒來

　　2009年2月間，中國文化界發生了兩間互相關聯的重大事件。這兩件事，都各因一篇文章引起。第一件事情，是人民日報編輯李輝，在北京晚報發表了對文懷沙的三點質疑；第二件事情，是章詒和在南方周末發表了〈誰把聶紺弩送進了監獄？〉一文。

　　這兩篇文章中，共同提到了兩個文化名人：黃苗子、吳祖光。前者是著名畫家，後者是著名戲劇家。他們都是我素來敬重的人，尤其是吳祖光先生。

　　在李輝的文章中，他們是作為德高望重的文化老人出現的。正是他們對於文懷沙道德品質低下的評價，影響了李輝對文懷沙先入為主的厭惡。而在章詒和的文章中，這兩人是告密者。正是包括這兩人在內的聶紺弩的老朋友們，從1962年開始，將聶紺弩私底下的激憤之言、甚至他們之間的詩詞酬唱，加以密報、上綱上線地解讀，最終將這位畢業於黃埔二期，本該成為金戈鐵馬的將軍，最終不過是一介落魄詩人的聶紺弩送進了監獄，導致他被判處無期徒刑。

　　最令人感嘆的是，聶紺弩出獄後，這些老朋友們，為他接風洗塵，擺酒壓驚，又是詩詞酬唱，又是醉後狂言。聶死後，也是他們，撰文而悼，見靈而哭。

　　聶在失去自由十多年後，於出獄前一月，痛失自己的獨女。與自己結髮數十年的老妻，晚年竟然有紅杏出牆之舉。哀莫大於心死的聶紺弩，窮愁病困中，剩下可以珍惜的，便只有這些相識，相交幾十年的老

朋友了。告密者就在密友中，這是殘酷的事實，是更為殘酷的現實。他獨自面對，一字不提，至死也沒有對那些密報他的朋友，假以辭色。

磊落的人格，由是而立。

巧的是，我最近在網上，讀到了著名美學家，與我略有文字往還的高爾泰先生的一篇回應文章，回應的對象，是他當年在敦煌工作時的同事蕭默致他的公開信。在那封信中，高爾泰也被指責為告密者，曾經出賣過他人。

高爾泰在題為〈昨日少年今白頭──一匹狼給一隻狗的公開信〉中，是這樣說的：

> 我使用『抹黑』二字，不是說自己乾淨。澄清某些史實，不是說我好你壞。事實判斷，不等於價值判斷，任何渺小短暫的個體，都不是真理的化身，都沒有資格充當道德法庭的終審法官。我比你優越之處在於，我明白這一點。面對暴君的奴役，檢討認錯、鞠躬請罪，我什麼醜沒有出過？畫了那麼多毛像，畫了那麼多歌功頌德的宣傳畫，我什麼臉沒有丟過？對於賀、施和你的報復，手段也邪乎得可以。特別是反骨難換，禍延親人，留下創深痛巨不可彌補。用殘損的四肢，爬出那黑暗的隧道，滿身污泥創傷，早就不像人樣，敢不謙卑？敢以清白自居？硬要充個胖子，也只能說，我縱有狗性如你，也還能因而知恥。知恥，故能找回來一丁點兒自我，那個自省的主體。

高爾泰先生承認，他也是道義有虧的人。

勇於承認這一點的高爾泰先生，依然贏得我的尊重。而蕭默先生，在那篇看似平心靜氣的揭露文章中，連一個字也沒有透露，他當時的身

份是看管右派分子的紅衛兵。當然，由紅衛兵而最後變成中國藝術研究院的研究員，成為建築藝術史的專家，蕭默先生也自有值得我敬重的地方。

2008年，獲得奧斯卡最佳外語片大獎的德國影片《竊聽風暴》（Other's Life）在全球上映，引起了巨大的反響。影片中的詩人，僅僅因為有點獨立特行的詩人氣質和行為，就成為了被監聽、監視的對象。他無論走到哪裡，都好像有一個無形的影子在跟蹤他。在中國，世之罕見的奇特的人事檔案制度，一直為人所詬病，卻沒有任何力量可以將它破除。只要你有一份工作，你就終生有一個牛皮紙的口袋，裝著你的所有材料，其中，你的同事、朋友、上司、單位，對你的鑑定、決定、乃至舉報、揭發，一定是值得一看的，但你自己卻至死都不得一見。

可以毫不誇張地說，任何一種極權制度，都是鼓勵同類之間互相舉報和揭發的。在法西斯德國，告發那些藏匿的猶太人的，往往是他們從前互相送甜餅的鄰居。而在中國，從1949年以後開始的一系列思想界、知識界、文化界、藝術界的政治災難，積極參與，將自己的同事、朋友，甚至父母、妻子、兒女，送入監獄，打入地獄的，往往是他們最親、最愛、最信的人。

自噬與互噬，構成那個瘋狂年代的時代特徵。我們從小受到的，除了仇恨教育外，也不缺乏告密、揭發與檢舉的鼓勵。

我生也晚，中國當代的歷次政治運動，其決決大者，為害尤烈者，如「反右」，如「文革」，我都沒有經歷過。但我迄今為止，也已親身經歷了三次告密與舉報。如果不是因為時代與社會已經逐漸進步，變得寬容一些，我的人生道路怕是要改寫了。這三次中，第一次發生在1974年，我僅僅十二歲，是小學四年級的學生，舉報者是我的夥伴；第二次發生在1979年，我不足十七歲，舉報者是我高中二年級的語文教師、班

主任；第三次發生在1989年春夏之交，舉報者，是我的頂頭上司，在同一個辦公室掙一碗飯吃的同事。

我是否也舉報過別人呢？我不敢自問。

那場風波後不久，那位頂頭上司，調到上級主管部門，擔任了某處的處長。有一天，我到那個部門公幹，他喊我去他的辦公室，漫不經心地問我：「你知道某某某嗎？」他問的是本省一位詩歌作者，也寫過一些詩歌理論文章。

涉世未深的我，毫不設防地回答：「我認識。」

前上司於是問我：「他在哪裡工作？」

我隨口答道：「德陽二重」。那是四川德陽第二重型機器廠的簡稱，以生產大型電機為主。

這時，我才有所警惕。這位前上司，曾寫過小說，但對詩歌並不感興趣，他怎麼會對這個名氣並不大的詩歌作者感興趣呢？在我的詢問下，前上司才很有保留地說：「他的一篇文章出了問題，上面（指北京的中共宣傳部）要我們查處。」

我說的話，覆水難收。

這位詩歌作者，他後來受到了怎樣的處罰？他的命運如何？我完全不知道。即使是在詩人多如牛毛的四川，他也只是「小荷初露尖尖角」而已。但很可能是我的一句無心之言，導致了他這株小荷，被一雙無情的、粗暴的、蠻橫的大手，輕輕地折斷了。

有時候，我也會為自己開脫：這位作者，使用的是真實姓名。他那篇所謂「出了問題」的文章，發表在當年比較開明的安徽《詩歌報》上。以思想鉗制與異端打壓為主要業務的中共宣傳部，幾乎不費力氣，就可以查找出他供職的單位。我只不過是在來此公幹時，遭人誘導，隨

口「供出」了這個詩歌同道而已。但是，開脫只是為了減輕內心的愧疚，而愧疚是如此的真實而持久。

最近，在網絡上看到兩則報導，其一是，上海某大學教授，因在課堂上說了一些對政府不甚敬佩的言論，被自己的兩位女生，舉報到了上海市公安局。另一則是說，湖北大學有一位政治輔導員，在自己負責的班上，實施了「小天使」計劃：每個同學，都被指定一位同學，暗中監督他的一言一行，向輔導員報告。這個計劃的曼妙之處，在於這些「小天使」，每人都是另外一人的蓋世太保，但沒有誰知道，誰是自己的蓋世太保。

名著《1984》中的情形，在現實中得以實踐。

話題回到文章開頭。黃苗子、吳祖光，向當局舉報，聶紺弩因言獲罪，受到的處罰是無期徒刑；李輝的質疑文章，是借助媒體，向公眾舉報，文懷沙得到的處罰是一夜之間，惡名傳遍全球華人社區，「老流氓，老騙子」的罵名充斥網站。

自願承擔思想啟蒙拓荒者職責的成都友人冉雲飛，在最近的博客文章中，有下面這段論述，深得我的共鳴：

> 最近看到關於黃苗子告聶紺弩的事，復想起舒蕪事件，除了沉痛難過外，我很慶幸沒有成長在那個颱風遍地、人人自危的年代，不然不知我多少邪惡將被「號召」起來。我不想為黃苗子、舒蕪開脫，但對於我們大多數人來講，我們沒告過密，不是我們道德高尚，而是我們不再受那樣的煎熬與逼迫而已。

　　如果我們今天仍然生活在野蠻、殘酷，毫無人性的、中世紀般的毛時代，可以毫不誇張地說，中國人中的絕大多數，包括知識精英，都很難避免不成為告密者、舉報者、揭發者。因為，這是生存的需要。在人的尊嚴一錢不值的時代，狼性和狗性是很容易被誘導，被激發、被培養、被獎勵的。

　　行文至此，在網上又讀到了章詒和的新作《臥底》，寫翻譯家馮亦代，奉命暗中監視章伯鈞、費孝通等大右派的臥底行為。這位對任何人都熱情洋溢的老好人，居然承擔著這樣特殊的使命。在去世前，馮亦代終於以一本《悔餘日記》，卸下了良知的重負，重新站到了陽光之下。

　　讓那告密者，醒來！我在這裡，化用智利詩人聶魯達詩集的書名《讓那伐木者，醒來》，作為文章的標題。只有建立公民社會、民主社會、法治社會與人權社會，這樣的自噬與互噬現象，才會變得越來越少。不齒於告密、舉報、揭發，才會成為全社會的心靈自覺。隨告密者一起醒來的，應該是整個社會。

　　而中國知識分子的人格獨立，必須，也只能，建立在經濟獨立和人權保障的基礎之上。

　　「路漫漫其修遠兮」，消除產生告密文化的土壤和溫床，要指望中國知識分子，挺直脊樑和腰板，上下求索，九死不悔。

2009年4月1日，夏威夷無聞居

讓那冤死者，安息！

　　每次北京「兩會」上，因嫡傳毛氏血統而成為媒體追捧明星的毛新宇，讀到乃祖治下的人命，竟然輕如螻蟻，不知會有何感想。自炫「和尚打傘，無髮（法）無天」的毛老人家，用「殺無赦」統治中國凡二十七年，其間的冤死者，包括那些在風調雨順的年頭餓死的百姓，達數千萬之多，而進入二十一世紀後的媒體與民眾，卻對暴絕天下的獨夫之後，懷歷久不衰之追捧艷羨之心。如果這不是「奴性」與「愚昧」，世上便再無這兩個詞語了。

　　由紐約柯捷出版社2009年3月出版的《親歷「文革」──14位南京大學師生口述歷史》一書，收錄了該書採編者董國強先生對南京大學退休教授王繼志的訪談。在第347頁，有這樣一段文字，出自王繼志教授之口：

> 那時候學校裡是一片「白色恐怖」氣氛。省革委會「公檢法」三方面的頭頭都進駐南大。「生殺予奪」就在他們一句話。比如校體育室一位老職員的夫人是瞿秋白的堂妹，因此對清查「五一六」運動不滿，寫了一封匿名信給《新華日報》。結果很快就被查出來了。隨之軍宣隊就在一次全校大會上宣布了她的「罪狀」，然後直接從大操場拉出去槍斃了。

　　王教授誤將「紅色恐怖」，說成了「白色恐怖」。

　　在這本書中，最後一篇訪談的對象是南京大學現任歷史系教授李良玉。在第435頁，李良玉教授談到，當時該系有一位教師，名叫姜平，非

常正直。此人1976年初寫了一封匿名信給最高人民法院院長江華，請江華動員葉劍英等，用武力將「四人幫」抓起來。他去寄信的時候，穿了件軍用雨衣，特地跑到城南的夫子廟郵局去寄。這封匿名信很快落入公安手裡，被列為「特大反革命案件」之一、南京市進行排查，大規模比對筆跡。但後來，由於發生唐山大地震，各地忙於防震，沒能查出來。李教授當時曾對姜平說：「如果逮到你就完了，肯定要殺頭的！」

「天網恢恢，疏而不漏」的「無產階級專政」的大網，漏掉了這位歷史教師，為紅色中國，節省了一粒子彈。

但並非所有寫匿名信的人，都有這份幸運。最近，我在網上讀到，署名「向繼東」的一位作者，寫了他家鄉湖南湘西一名小學教師武文俊，因為給時任國務院總理的華國鋒寫匿名信，而於1977年1月9日遭到槍殺的慘劇。下面就是那篇題為〈一封信和一個人的死〉的文章的部分內容：

> 但應該承認，還有不少像張志新們一樣冤死的人，至今未為人知，其中武文俊就是一個。說起來，我與武文俊同鄉，同是湘西激浦人。那時，武文俊在該縣低莊公社楊和坪大隊小學當公辦教師，我在與低莊相鄰的雙井公社寶塔小學當民辦教師。我們彼此並不相識，只是這個案子破獲後，我才知道有個叫「武文俊」的人（破案時，每人上交一個筆記本，還要另寫一張紙的字，弄得風聲鶴唳，人人自危，心怕筆跡錯對到自己頭上說不清）。1977年1月9日上午，武文俊因「現行反革命罪」被槍殺在縣城對河的沙坑裡，時年40歲。所謂「現行反革命罪」，就因為他給當時的國務院總理華國鋒寫了一封匿名

信。關於匿名信的內容，當時只聽說它「反黨反社會主義反毛澤東思想」，提出了「重新建黨建國建軍十大綱領」。

武文俊蒙冤二十五年後，我又踏上那塊土地，武文俊的妻子劉滿英流著淚對我說：「他本來最膽小怕事的，也不管閒事的，教書回來，要麼幫著做點家務，要麼就在木樓上讀他的書。那次，他也是鬼迷住了」與武文俊一起任教楊和坪小學的同村人武思月說：「武文俊是個好人。他善良，從不與人爭吵，做事都考三慮四的。還有，他膽子小，出點事就嚇死了。他還比較孤僻，有書呆子氣，書讀得多，社會上的事也想得多，但平時開會討論什麼，大家七嘴八舌，他不吱聲的。到出事時，我們都不相信那信會是他寫的。」

武文俊的「匿名信」是1976年4月12日開始醞釀起草，4月18日至22日寫成的。4月24日從漵浦縣城投郵。三個月後，即7月25日夜武文俊被捕。經過167天的審理，武文俊就被槍殺了。1977年1月4日漵浦縣人民法院下達死刑判決書：

「武犯自1958年參加教師工作後，資產階級思想極為嚴重，經常發洩不滿言論，曾受到學區重點批判，但仍不思悔改，發展到仇視我黨和社會主義制度，思想極為反動。挖空心思、絞盡腦汁，書寫了一封3000餘字的反革命匿名信，1976年4月24日投寄『國務院總理親收』。利用古今中外最惡毒的語言，極其惡毒地攻擊我們偉大領袖和導師毛主席，攻擊我們當之無愧的英明領袖華主席，攻擊社會主義制度，妄圖復辟資本主義。反革命氣焰極其囂張，罪行嚴重，民憤極大。本院為了保衛毛主席的無產階級革命戰線，保衛以華國鋒主席為首的黨中央，保衛揭批『四人幫』的偉大鬥爭深入發展，保衛無產階級專政，保衛『農業學大寨』和『工業學大慶』，堅決打擊現行反革

命分子的破壞活動。特依法（沒有說根據某款某條，引者注）判處武
犯文俊死刑，立即執行。」

　　沒有經歷過毛澤東時代的人，對於這張死刑布告上的語言，應該是
會感到陌生的。但是，對我這個毛死亡時已十四歲的鄉村少年來說，我
的童年和少年時光，就是在閱讀這類暴戾、殘忍的布告文字中長大的。
那些打著紅勾的布告，貼在學校的牆上，貼在生產隊倉庫的門上，「不
殺不足以平民憤」這樣古雅的句子，在小小的少年心裡，留下永難消除
的恐懼陰影。而1974年的春天，我隨爺爺奶奶到三十里外的小鎮沙洋走
親戚，返回的路上忽然遇見槍斃犯人。我跟在看殺頭的人群中，向稻田
小溝邊的刑場奔去的腳步是多麼輕鬆而歡快啊！在那次被殺的三人中，
就有一個是所謂的「現行反革命分子」。隔著一條小溝，我看到倒臥的
三具屍體，血從他們背上汩汩地湧出來。他們的腳還在抖動。一個警察
在拍照，一個穿白大褂的法醫，在用腳踢屍體，看他們是否死得徹底。
令我驚異的是，十多分鐘後，軍人、警察、醫生、拍照者，全都走過稻
田，上了公路，車隊朝鎮上開去，將屍體留在曠野裡，任人圍觀。

　　這幾具屍體，能夠完整無損地等著家人，趁著天黑前來，用蘆席將
屍體裹上，用板車拉回去，悄悄埋掉。這是幸運。在重慶詩人陳仁德先
生的筆下，曾記載過他親眼所見，四川忠縣六十、七十年代被處死的囚
徒，其腦漿被人舀走、生殖器被人割去作藥的慘景。那份野蠻、愚昧和
殘暴，已當不起「人間」二字了。

　　我相信：那些因言獲罪，被作為「現行反革命分子」槍殺的人，都
是冤死者；我也相信，那些曾在舊政權中謀職，而被作為「歷史反革命

分子」槍殺的人，都受到了不公正的審判，甚至，他們的喪生，不過是一紙行政命令，一個隨意給出的殺人比例，無須任何審判。

無獨有偶，在我寫這篇文章的時候，正好讀到了湖北隨州連殺八人的惡魔熊振林被執行槍決的報導。這個毫無人性的殺人狂伏法前，竟然表示中國為建設和諧社會，應該廢除死刑。而我，很早以前就在文章中表達過，中國終究會有一天，廢除死刑。我的想法，與一個殺人不眨眼的死囚，在這一問題上如此一致。我的驚悚與無語，真是蒼天可鑑。

在毛澤東統治中國的二十七年裡，中華民族無數的優秀人物，特別是具有先進思想的青年，僅僅因為一兩句激憤的話語，一兩幅心血來潮的「反標」（「反動標語」的簡稱），甚至，一封未對社會造成任何危害，從未寄達收件人手裡的匿名信，就遭到了毫不留情的虐殺。寫一封信都會掉腦袋，如果這不算法西斯，那希特勒的德國，就絕算不上是人間地獄。

我對於勇敢寫出武文俊慘劇的向繼東先生表示我的敬意。你寫出了武文俊的冤死，武老師可以安息了。但在中國的大地之下，還有成千上萬的冤死者，死不瞑目，因為，他們死了，死得無聲無息，卑賤如草間的小小昆蟲。沒有誰知道他們，沒有人記得他們，除了他們的家人。在今日農村凋敝，城市卻獨享的豪華奢靡氣氛中，八十年代末、九十年代初出生的最新一代中國青年，大多不會相信，曾經有過那樣一個殺人如麻的中國。

死者不得安息，生者何來安寧？

中國已將清明節定位國家法定節日。在這一天，懷念逝者，奠酒焚香，有助於中華傳統文化的延續及和諧社會的建設。但祭奠的方式，也並非只有這一種。更能告慰屈死之魂，安撫屈死者家人親友，並警策

全社會的方式，就是將他們屈死的前因後果，一一發掘出來。「人死留名，雁過留聲」，無辜生命被無情剝奪，絕不能悄無聲息，因為，他們是中華民族苦難史的一部分。沒有他們的死，就沒有我們今天，相對而言較為寬鬆的生存環境。至少，我們不再擔心，我們說出的幾句牢騷，寫下的幾句「狂人日記」，會送掉我們的性命。如果你知道，你的朋友、熟人、鄰居、親戚、同事、街坊、鄉親中間，有人在那「紅色恐怖」的年代裡，因為組織讀書小組、寫文章、寫信（包括匿名信）、寫標語傳單等等純政治性、言論性的「罪行」，而遭到誅殺，請你將他們的姓名、主要案情和受刑的時間地點，寫出來，昭告世人，告慰逝者。在官方檔案尚未對公眾開放的今天，這或許可以反思歷史，記住血的教訓。畢竟，在網絡時代，毛式愚民教育和暴力統治，與普世價值和世界潮流完全對立，終究會越來越不那麼靈驗和奏效。

因思而死，為言遭誅，那個時代，雖然已經過去，卻並沒有走遠。它還隨時可能捲土重來。想想那一年，那一月，那一天，距今不過短短二十年。

讓那冤死者，安息！

2009年4月16日，夏威夷無聞居

信史且待後人讀
──讀侯天嵐著《抗日戰爭時期陝甘寧邊區財政史》

　　紐約柯捷出版社最近列入「銅鍾叢書」出版的《抗日戰爭時期陝甘寧邊區財政史》，是一本極為罕見的書。說它罕見，是因為這本絕大部分內容為統計數字和表格的書，真實記錄了一個地方政權在一個特殊歷史關頭的財經狀況。這個地方政權就是尚未壯大的中國共產黨，所轄範圍史稱「陝甘寧邊區」。

　　俗話說：「兵馬未動，糧草先行。」1935年長征到達陝北後，中共的家底究竟有多大？在以延安為中心的貧瘠的黃土高原上，中共採取了哪些經濟、金融措施，制訂了那些規章制度，這才使得自己能夠倖存下來，並逐漸發展壯大，最終奪取政權？這本書事無巨細地回答了這些問題。治中國現代史，以及對國共之間的恩怨有興趣的讀者，實在不可不讀此書。

　　不過，讀者千萬不要先入為主，誤認為這本書是揭露延安「黑幕」的胡編亂造之書。讀過的人一定會發現，本書的作者，很可能是延安革命事業的一員。他研究和記錄的角度，都體現著他對於當時延安所發生的一切政治、經濟事件的支持和維護，這一點，從書中關於「皖南事變」等重大歷史事件的闡述中就可以得到明證。

　　惟其如此，當我們從這本書中，讀到在其他任何類似著作中都難以見到的史實時，我們除了感謝作者和出版者的良苦用心，還能說什麼？「不信青史盡成灰」，就必然要「信史且留後人讀」。

　　這本書史料之翔實，實屬難得。比如，西安的八路軍辦事處，代辦匯兌業務，負責接收社會各界彙往延安的匯款。這本書就詳細記載了，總共有多少筆匯款，總金額是多少。再比如，中共在陝北，接管了老百姓的造紙作坊。那麼，那個作坊在哪裡，老闆是誰？這樣微不足道的經濟活動和事件，這本書都記載得清清楚楚。包括延安中共一些經濟部門的機關幹部，其姓名、職位，詳細到科級甚至股級。可以毫不誇張地說，讀者以前所熟知的延安，主要是政治層面的圖景，且有許多方面並非不可置疑，而這本書，卻用難以辯駁的數字和資料，給讀者描繪了一個開礦、開荒、開商店、做買賣的經濟層面的延安。

　　這本書資料的珍貴，非類似出版物可以相比。例如，該書在第八十四頁，摘引了毛澤東所撰《八路軍軍政雜誌》發刊詞中的文字：「在戰略防禦階段，友軍的協助是明顯的，沒有正面主力軍的英勇作戰，便無順利地開展敵人後方的游擊戰爭。」在這裡，毛澤東所贊譽的「友軍」、「主力軍」，當然是指當時的國軍。而在短短的幾年間，截至到1938年，僅有四萬餘人的八路軍、新四軍，已經擴大到十八萬一千人。這種對國民黨軍隊抗戰的正面評價，直到幾十年後，國民黨主席連戰先生首訪大陸，才由大陸最高領導人再次說出。如果信史不傳，歷史就會這樣，成為一個「任人打扮的小姑娘」。

　　這本書中所援引的資料、數據，許多都應該是當年延安的機關文件、材料、報表、報告等。比如，在〈機關、部隊的商業和農業〉一節中，作者就援引了〈貿易局管理工作的檢討與今後工作計劃初稿〉的原始材料，披露了陝甘寧邊區當時的大煙（鴉片）貿易情況：「此外在商業中又以販賣大煙最為賺錢。晉西北（晉綏邊區）和敵占區所生產的大煙多從綏德進入邊區。在綏德地區每兩售價法幣90元，到關中出售每兩

400元，利潤310元，利潤率334%。後來綏德地區漲到法幣300元，到關中出售600元。所以部隊機關都爭著做大煙生意。1940年各單位販賣大煙多少無統計，貿易局出售6'953'000兩。」

另外，我們都知道，西安事變後，抗日民族統一戰線建立，紅軍接受改編，成為名義上接受中央政府管理的國家軍隊。那麼，延安的一應軍、政、學等機關、部隊，理應獲得中央政府的行政撥款。那麼，這筆撥款是多少呢？讀這本書，我們才得知，每月延安領取的中央政府行政費用是六十萬元法幣。但1940年之後，國共衝突、摩擦加劇，中央政府後來中斷了這筆撥款，邊區的大生產運動才被迫展開。存在我們心頭的一層迷霧，就這樣被輕輕地撥開了。

在中學《歷史》課本中，我們得知，中共在根據地，開展了「減租減息」運動。但減租減息，減到什麼幅度，卻語焉不詳。在這本書中，我們得知，中共在1942年1月28日，發布了《關於抗日根據地土地政策的決定》。以土地權利為核心內容，以農民為革命主力軍的中共，其土地政策具有從「較為寬鬆」到「極為嚴厲」的漸變過程。該決定指出：「故於實行減租減息之後，又須實行交租交息，於保障農民的人權、政權、地權、財權之後，又須保障地主的人權、政權、地權、財權。」誰又能想到，早在戰火紛飛的1942年，中共就能在自己的正式文件和決議中，使用「保障人權」這樣符合普世價值的內容，甚至，將保障人權的範疇，擴大到了地主階級的頭上。而一旦奪取政權之後，這些決議和決定，立刻被暴風驟雨般的土地改革所取代。而遲至八十年代中期，「人權」一詞，在中共的辭典裡，還是和「反動」一詞緊密相聯的。直到今天，「人權」仍然是執政者的軟肋。一場接一場的人權災難，貫穿著中共建政以後前三十年的全部歷史。

　　平心而論，在那樣貧瘠的地區，在如此落後的經濟環境和狀況下，中共採取的一些經濟措施，大多都是合理的、適當的，有力地促進了自給自足。可惜，這一筆寶貴的經濟管理、經濟發展經驗，沒有能夠在建國後發揚光大。大躍進、人民公社等，造成了極大的資源浪費，並將中國具有千年歷史的自耕農，變成了喪失生產自主權和自由度的半「農奴」，使中國的國民經濟，在文革結束時瀕臨崩潰的邊緣。

　　「以史為鑑，可以知興替」。這本書的出版，便是為中國當代經濟的未來發展，提供一面鏡子，以助其興，以避其衰。當好中國的家，管好中國的錢袋、糧袋，十幾億人，人人有責。

2010年7月31日，夏威夷

一個熱愛西藏的思想者的札記
──讀段建華《西藏：凝眸七年》

我居蜀十數年，與西藏為鄰，卻從未有幸踏上那片神奇的土地。當我在四川藏區，比如阿壩，因工作關係而行走時，對西藏的嚮往會增加許多。正是在阿壩，我得知，藏語竟也分成三個方言區，其間的差異甚至使得彼此的交談都存在障礙。同一種民族文化中這樣天生的差異性，令我對藏文化的嚮往更為強烈，然而，在這一領域，我仍然幾近無知。

而段建華2008年6月由美國紐約柯捷出版社（Cozy Publishing House）出版的，厚達近四百頁的著作《西藏：凝眸七年》，卻給了我極好的啟蒙教育。也許歸因於我的孤陋少聞，閱讀此書前，我對這位作者一無所知，壓根兒沒有聽說過他的大名。但一旦拿起這本書，立刻無法釋卷，連續兩夜，讀到凌晨二時方歇。我不由得感嘆：具有大手筆大襟懷者，不見得只可覓之於成名作家群中。在民間，在社會上，具有豐厚的人生閱歷，與深邃的思想境界，且文筆曼妙如行雲流水卻無意文名者，實在不少。此書作者段建華君，即為顯例。

這本書，實際上可以視為兩部書的合二而一。上部《高天厚土》，寫的是作者1984年大學畢業後，自願入藏，服務於自治區高級法院時的感性經歷。他在西藏七年的閱歷、閱人、閱世，以沉雄，壯闊，而又樸實無華的文筆出之，活靈活現地告訴你一個他所經歷與體驗的真西藏；中部《遠去的落日》與下部《在風中老去》，則可以看作是作者獨步青藏高原，對這片世界「屋脊」上的神秘大地的歷史、文化、宗教、政治

與人民所作的形而上的思索，我姑且稱之為「思想的散步」。而這部分
的內容，其寫作的主要驅動力，只不過是作者讀了海外流行的一本關於
西藏的著作《天葬：西藏的命運》，對該書的謬誤和無知、偏見，作者
如鯁在喉，不吐不快，這才成就了這樣一部融體驗散文與思辨散文於一
爐的厚重之書。

　　從書名就可以看出，作者對於西藏，並不僅僅是一個自願服務七
年，然後揮別拉薩，一去不回頭的過客。在改革開放肇始，物質貧乏，
西藏生活水平低下的情形下，作者將自己大學畢業後人生最美好的時
光，交付給了這片高天厚地。這就註定了他觀望、打量西藏的眼光，
不是過客的漠然淡然，也不是訪客的東張西望，而是包含深情的「凝
眸」。七年之於人的一生，固然短暫，但對於作者，西藏無疑已成為他
生命中，與心靈世界裡最重的地方。

　　我無意於在此，勾勒出作者的簡歷。我看重的是文本敘述。在這本
書的前半部分，我讀到的是一個入藏青年、內地大學生初到藏區，滿眼
新鮮，卻處處充滿考驗的生活和工作的尋常故事。這部分敘述，常常是
原生態式的，也就是說，是原汁原味，原原本本的生活常態，沒有任何
刻意的巧飾和裝點。比如，在第74頁，就寫了作者因公，和法院同事駕
車外出時遇到的一件暴力事件：

> 我們急忙進了一家小飯館取暖。正在吃飯，忽然聽到外面有激烈的爭
> 吵聲，朦朧夜色中有幾個人正在廝打。我沖出門外，看見幾個身穿藏
> 式皮袍的漢子用石塊猛砸一個躺在地上的男人。我上前阻止，但拉住
> 這個那個又上去打。小趙在旁邊急得用藏話大聲叫嚷，但沒人理會
> 他。西慶掏出手槍威嚇，也沒人害怕他手裡那支小小的手槍。我只有

轉身進屋提出衝鋒槍，然後用槍托和槍管猛力擊打著把那幾個打人的漢子趕走……

這樣「原生態」的寫作風格，貫穿了本書的前半部。它帶給讀者以強烈的新鮮感。在閱讀此書之前，我絕不會想到，西藏的某些機關，比如法院，幹部居然都配備有武器，不僅有手槍，還有衝鋒槍。這些武器，一方面，保護了幹部的人身安全，另一方面，卻也造成了槍支被濫用的潛在威脅。在該書第167頁〈董霖的故事〉中，發生在日喀則地區的這起槍殺案，當年曾經轟動過整個西藏，在內地入藏青年幹部中，更是引起了巨大的震撼。當地物質條件的極端匱乏，從一個細節中就可以看出：分配到昂仁縣工作的董霖，見到遠道從拉薩前來探望自己的朋友，竟然要找到縣長批條子，才能從縣裡唯一的蔬菜大棚裡，買到半斤菠菜待客。後來，由於感情糾葛和婚姻離合，他和女友，雙雙死在自己大學同學的槍下，而殺人者也飲彈自盡。殺人者身為縣檢察院幹部，所配發的手槍成了他洩私憤的武器，釀成了這一導致三人喪生的慘劇。

然而，這本書的前半部，更多的則是描寫、刻畫了西藏淳樸、善良、寬厚與親近大自然的人民。作者將自己身邊的上司、同事、朋友，一一寫進書中，為每個人畫像、作傳。通過這些人物群像，一個真實的西藏，以及在西藏生活和工作的生命個體，逐一凸現在讀者面前。那都是些多麼自然與單純的生命啊，愛酒，愛女人，愛西藏蒼遠寥廓的森林與草原，以自己的血肉之軀親近西藏。這是任何走馬觀花的外來者所完全無法涉筆的文字，因為作者是他們之中的一員，與他們休戚與共，水乳交融，構成了生命的共同體。

　　或許是因為作者也寫詩的緣故吧，作者的散文敘述中，時時可以讀到盎然的詩意，而這種詩意，又常常與西藏的大自然息息相關。比如，他對於陽光與溫暖的描寫，正是這樣：

> 夏天的戈壁在夜裡仍是寒冷難耐，我們和那些外面的藏羚羊同樣企盼著與生命同行的陽光。也許是在寒冷的漫漫長夜裡沒有電燈照明的人才會那麼急切地渴望黎明。當你也在體會著這一點的時候就完全可以理解我們人類的祖先那種對太陽的謳歌與敬畏。

　　作者所使用的這種長句，使得敘述與描寫的語態顯得從容不迫，而又舒緩自如。它與西藏的生活節律、大自然自身的節拍，完全吻合，讀來自有一種蕩氣迴腸的感覺。

　　如果說，這部作品的上部《高天厚土》，寫的是作者對西藏的個人體驗和感性認知的話，那麼，這本書其餘的章節，都純然是對於西藏歷史、現實與未來的理性思考了。作者雖然本職工作是專業的法律工作者，但他對於西藏歷史、文化的涉獵，其廣博程度和深刻程度，或許不在許多專業研究西藏的學者之下。加之作者所獨具的切身體驗，作者在評說西藏的現狀，展望西藏的未來時，更多了一個自我介入的視覺。這一視覺，或許降低了作品的純學術性，卻給讀者提供了更有血有肉的文本。

　　西藏是一個具有永恆性的話題。這一話題同時又具有巨大的爭議性，尤其是在西方國家。但，如果僅僅因為作者熱愛西藏及西藏人民，就簡單地將作者劃入為中國統治者代言與張目者之列，就不免低看了作者所達到的思想層面。在這本書中，作者對於流亡的西藏精神領袖達賴喇嘛及其流亡政府的政治智慧和尷尬處境，自然不無批評，但同時，對

於中國極權政體在涉及西藏問題時的許多舉措的質疑，也並非不著一字。比如，在第286頁，作者在論述中共軍隊進入西藏的本質原因時，有這樣一段文字：

> 中共軍隊進入西藏與馬克思主義或社會主義甚至「革命」無關。「解放」也只是一種道德上的幌子。真正的內在原因從個人而言是中共領袖們以古代帝王為楷模的「一統天下」，收回祖宗留下遺產以向天下子民交代的歷史心理。從國家來說是地緣政治的需要，而這種需要也就自然演變成今天現代民族國家對所轄領土享有全面控制主權的民族主義。

這樣的見解，這樣的文字，達賴喇嘛不一定喜歡，中南海諸君又哪裡會喜歡。但作者並不顧忌。他只是想表達出自己作為一個普通的，甚至名不見經傳的中國知識分子，對於這一宏大命題的關切和一己之見，讓自己的思想歷程，在西藏傳奇般的大自然面前，有所交代。

面對西藏這樣一個複雜的話題，作者的基調是樂觀的，同時充滿了反思。請看這樣的一段文字：

> 在西藏的那些歲月，我常常被那潔淨的空氣和清澈的水流所陶醉，同時也為我們那種「戰天鬥地」「征服自然」的行為舉止感到羞愧。時至今日，當我們被無休止的沙塵暴、泛濫的大洪水和污濁的空氣所折磨的時候，西藏的民眾卻在敬天、敬地的禮遇中享受著自然的厚愛。正因為如此，西藏便是一塊生命的樂園。

　　而作者在〈後記〉中最後的一句話，恰如其分地點明了作者寫這樣厚的一本書的內心驅動力：「而實際上是我對西藏和西藏人民的未來充滿了信心。」

2009年6月1日星期一、夏威夷無聞居

謊言與真相

1

　　安娜・卡莫倫（Anne Cameron）1987年在舊金山出版的小說《自己人的孩子》（*Child of Her People*），有一篇簡短的序言，寫出了在美洲大陸，印第安人的故事和歷史，沒能得到恰當的講述。我特意將它抄錄下來，與有興趣的讀者分享。保留原文的目的，是因為這段英文，可以加以背誦。

For a story to be told, it must be told properly, and to tell a story properly, it must be told with respect. A story properly told will contain an old story, a new story, a message, and an example from the past for those who will come in the future.

要講故事，就該好好講；而要好好講故事，就應對故事懷有敬意。一個講得好的故事，應新、舊內容雙全、啟示、例子俱備，以警來者。

This does not mean a properly told story will contain what the European dominant ideology would refer to as a moral !

這並不是說，一個講得好的故事中，定然含著歐洲人主導意識形態中所指的那種道德說教！

The history of this continent has not been told properly, and what has been told improperly has been told without respect, and without truth. The history of this continent, improperly and untruthfully told, has become a lie, and on that lie a society has been based which yearns for something most of us have never known in our lifetimes.

這片大陸的歷史講得並不好，而對那些講得不好的歷史，講述者既無敬意，也無真相。未能恰當地、真實地加以講述的這片大陸的歷史，變成了謊言，而在這謊言之上建立的社會，其所渴望的東西，我們中間的大多數，終其一生都從未與聞。

We like to convince ourselves our society is peaceful, built of principles of liberty and justice and kindhearted liberal concern of our neighbors. We like to convince ourselves and our children we are peace-loving people who have never oppressed or invaded any other nations——and yet how else did we get here if not by invading, oppressing, and exterminating our indigenous cousins?

我們總想使自己相信，我們的社會一片安寧，係遵循自由與公平原則、基於對鄰人良善而自由的關懷而建立。我們願意使我們和孩子們相信，我們是熱愛和平的人民，從未壓迫或侵略別國，然而，如果不是靠侵略、壓迫和消滅我們的土著兄弟姐妹，我們何以能夠來到這裡？

Oh,we say, why bring up all those mistakes of the past? What's done is done and can't be undone, so let us move forward and put behind us all those sorrow.」Easy to say when it isn't your great grandmother who became the last of what had once been a numerous, healthy, and happy family! A society which does not remember and learn from the mistakes of the past is a society which takes no responsibility and thus will repeat those mistakes of the past.

「啊，」我們說，為什麼要提及那些過去的錯誤？錯已鑄成，悔之無益，所以，讓我們向前走，將那些悲哀拋諸腦後。想必令曾祖母，不是那個曾經人丁興旺、健康幸福之家的最後一人，所以，你這樣說當然輕巧！一個不牢記過去的錯誤，並從中汲取教訓的社會，是一個不負責任的社會，因此，仍會重蹈覆轍。

History, as it has been taught to us, is the lie the conquerors force down the throats of the children of the dispossessed. So if lies must be told, let them at least be told with love, let them at least contain some magic. After all, what is a story but a magic lie？

我們被灌輸的歷史，是征服者的謊言，強行植入被剝奪者後代的喉管。所以，如果必須說謊，在說謊的時候，至少要有愛，至少要有神奇。只不過是一個神奇謊言的故事，究竟是什麼故事？

2

這篇短文，涉及到兩個關鍵詞：真相與謊言。

如果說，我們從小是在謊言教育中長大的，應該說不算誇張。

現在能回想起來的，至少有如下幾種：「臺灣暗無天日，人民生活在水深火熱之中，日夜盼望解放。」；「腐朽的、沒落的，垂死的美帝國主義，已經日薄西山，奄奄一息，廣大被壓迫被剝削的無產階級，正在進行越來越強烈的抗暴鬥爭」；「毛主席共產黨領導全國人民，經過八年浴血奮戰，打敗了日本侵略者，但躲在峨眉山上的蔣介石，卻跑下山來『摘桃子』，搶奪勝利果實」；「敵人一天天爛下去，我們一天天好起來。」

到1976年9、10月間，夫死，妻囚，樹倒猢猻散的時候，中國的外匯儲備，據說只有區區四億美元了。對於有多達九億人口的中國來說，幾乎到了破產的邊緣。

「生在紅旗下，長在新中國」是我們的口頭語，充滿了驕傲感。我們在小學的作文中，無一例外，都寫過這樣的句子：「我們今天的幸福生活來之不易，是成千上萬革命先烈，拋頭顱，灑熱血換來的！」「如果國民黨反動派捲土重來，就要千百萬顆人頭落地，貧下中農吃二遍苦，受二茬罪！

……

這樣的謊言，還可以列舉出許許多多。

「金沙水拍雲崖暖，大渡橋橫鐵索寒。」這是毛澤東先生的詩，我們從小就背得滾瓜爛熟，但對於其中的歷史敘事，卻從未存疑。那是一個「狠鬥私字一閃念」的荒誕時代，任何人內心一絲一毫的懷疑，都會

引起靈魂的驚懼和顫栗。最近，讀到重慶詩人陳仁德（筆名虞庭）寫的一篇題為〈神話、謊言、常識〉的文章，論證平實，相當可信：

> 紅軍最著名的神話是「飛奪瀘定橋」，據宣傳資料，紅軍戰士是踩著光溜溜晃悠悠的鐵索，冒著國民黨軍隊重機槍火力的交叉封鎖沖過瀘定橋的。這一經典場面，被稱為世界軍事史上的奇蹟，已經無數次出現在電視電影鏡頭裡，為一代又一代的中國人所熟知，直到今天，瀘定橋邊還高高地聳立著紅軍戰士「飛奪瀘定橋」的紀念碑，一撥又一撥的人樂此不疲地到那裡去緬懷先烈，舉手宣誓，但就是沒有人用簡單的常識去判斷一下這個經典場面的真實性。想想看，橋板沒有一塊，只有九根鐵索，橋下是波濤滾滾的大渡河，對面是重機槍火力交叉封鎖，你真的有本事飛過去嗎？國民黨的軍隊雖然無能，可是人家重機槍射出的子彈卻是真傢伙，交叉火力總不是鬧著玩的吧？在那樣的情況下，別說重機槍火力交叉封鎖，就是用彈弓打你，你也別想過去。要知道，那是光溜溜晃悠悠的鐵索呀，就算什麼封鎖都沒有，要過去也很難。更神奇的是，英雄的紅軍戰士居然全都毫髮無損。寫到這裡我都禁不住啞然失笑了，哈哈。

有人說，第一次土地革命時期，或者說，第一次國共內戰時期，距今已經七十多年了，許多史實已不可追考。但憑常識就可以判斷，「飛奪瀘定橋」，說得好聽點，是神話；說得不好聽，就是謊言。而我們所親身經歷的，距今不過十多、二十年，仿佛就在昨天發生的事情，居然會在社會現實生活中，好像從來沒有發生過一樣。

　　中國，不是哪一代人的中國。中國，是子子孫孫的中國。「我身後哪怕洪水滔天」，這樣短視與自私的民族，是不配屹立於世界民族之林的。讓今人，更讓後人；讓國人，更讓外人，知道我們過去發生的一切，今天發生的一切，正是為了避免，這「一切」之中壞的、破壞性的、負面的、陰暗的那一部分，不會在今後的「一切」中重現，或者，儘量減少重現的機率和規模，讓損害歸於最小。

　　我是在八十年代初進入大學接受高等教育的。那時，國門剛剛打開，新鮮的風撲面而來。政治上比較寬容、開明的胡耀邦，和經濟上推行黨政分開、市場經濟的趙紫陽，在鄧小平「垂簾聽政」的領導模式下，帶領中國，艱難地向現代化邁進。大約整整十年，這兩個政治人物，而且是中國當代比較傑出的政治人物，占據了政治舞臺和社會生活的很大空間。可是，1989年春夏之交，風波甫平，這兩個名字，就幾乎從官方話語系統中消失得無影無蹤了。直到今天，他們仍然是禁忌，是不能公開觸及的話題。

　　前幾天，是臺灣前領導人蔣經國先生百年誕辰。我在「天涯博客」，看到了題為〈從獨夫到偉人的轉變〉的圖片和文字，介紹這位結束臺灣威權統治，將臺灣領上民主自由道路的偉大的中國人。這位中國共產黨的宿敵之子，這個自己主政臺灣，和中共對抗多年的政敵，可以在今日中國的媒體上，獲得「偉人」的尊稱，這一巨大的社會進步和開明令我振奮，但同時，我的悲哀也因茲而生，因為，有兩個深受百姓擁戴的，忠誠無比的老共產黨人，卻至今，在變成骨灰之後，他活著的同志們，仍然沒有以足夠的胸襟、魄力和膽量，給他們以應有的敬意和評價。在最新鮮的一代中國人中，據說已經出現了這樣的怪事：新聞學研究生，居然不知道胡耀邦趙紫陽何許人也。

謊言與真相，相生相剋，此消彼長，不可離之須臾。

選擇性遺忘與記憶屏蔽，真的是中華民族的軟肋嗎？

2009年4月18日，夏威夷無聞居

豈敢「掠美」

　　我是1998年5月帶妻子兒子移民美國的。臨行前，尊我的上司、某報副刊部主任伍松喬先生之命，搜集資料，編了一本《星光作證：中國藝術節》。這本書，資料搜集編排由我承擔，出版發行事項則由伍主任和另一位資深編輯承擔，編著者署我們三人的名字，我居其三。

　　這本書大約是1998年8月出版的。所以，對其出版過程，我並未參與。

　　2001年5月初，我帶家人第一次回國探親，在詩友孫建軍家裡，我見到了一本《中國作家大辭典》，編纂者為照春、高洪波，由中國文聯出版社1999年12月出版。在該書909頁，列有我的詞條，全文照錄如下：

　　程寶林Cheng Baolin（1962-）筆名草戀山、亦草，湖北荊門人，中共黨員。1985年畢業於中國人民大學新聞系，歷任《四川日報》編輯、記者，後留學美國，任美國《世界日報》新聞編譯。四川省作家協會全國委員會委員，四川省散文學會理事。1982年開始發表作品，1994年加入中國作家協會。著有詩集《雨季來臨》、《未啟之門》、《春之韻》，散文集《燭光祈禱》、《托福中國》、長篇紀實文學《美國戲臺》等。詩歌《未啟之門》獲四川省第二屆文學獎。詩集《程寶林抒情詩拔萃》獲成都市第三屆金芙蓉文學獎二等獎，散文《托福中國》獲成都市第四屆金芙蓉文學獎，新聞專著《星光作證：中國藝術節》獲1998年四川省五個一工程獎。

　　詞條文字的左邊，配有我穿西裝、繫領帶的頭像一張。

　　看到這個詞條，我相當錯愕，百思不得其解。

　　什麼地方錯了？

　　從我離開中國的1998年5月，到這本《中國作家大辭典》出版的1999年12月，是我拖家帶口，在美國白手起家最艱辛的日子。其間，我與中國的文朋詩友，鮮少聯繫，更沒有寫過任何作品，可以說，創作幾乎完全停頓下來。我完全不知道，有這樣一本作家辭典，更不知道，詞條中竟然有關於我最新的工作情況，比如，我在美國，任職《世界日報》新聞編譯等。

　　在這份詞條中，關於我的所有資訊都是準確的，只有四個字除外。

　　這四個字就是：「中共黨員」。

　　我於何時、何地、經何人介紹，加入中共？沒有人能回答這個問題，因為，我從來沒有加入過中共，甚至，從來沒有試圖走近那扇可能通往榮華富貴的大門。

　　在中國的所有名牌大學中，只有我就讀的中國人民大學，系延安的陝北公學、華北聯大演變而成，是唯一一所由中國共產黨創辦的純人文、社會科學大學，在「文革」前，其性質是中國高級幹部的進修、培訓學校。在這所大學裡，入黨、求仕，具有深厚而悠久的傳統。

　　1980初，中共在全國高校中，進行「第三梯隊」建設，鼓勵、動員大學生申請入黨，而且，將入黨和畢業時的工作分配掛起鈎來。在這種情形下，出現了有些班級，全部同學都要求入黨的熱潮。1984年3月，我們全班三十二名同學，分別到甘肅蘭州、四川成都和北京三地專業實習。實習期間，據說寫了入黨申請的同學，紛紛將思想匯報，寄到系黨總支書記手裡。

　　1984年12月隆冬時節，某個周日，我在學校附近的農業科學院游泳池邊讀書，偶然救了一名落水兒童，受到學校表彰，校報和校廣播站，報導了我的「英勇事跡」，系裡專門為此召開了表彰會，我也得到了被救兒童家長一頓豐盛家宴和一支昂貴的「英雄」金筆的獎勵。

　　系黨總支書記劉夏陽老師將我請到他位於校園紅樓中簡陋的家裡。記得當時他新婚晏爾。拿出喜糖，他動員我，提交入黨申請書。他說：「你寫詩，已經發表了不少，為我們系爭了光；最近又勇救落水兒童，提交入黨申請的時機已經成熟。許多同學都羨慕你有這樣的好條件。這對你今後的工作和發展，都有好處。」

　　從他口中我得知，全部三十二名同學中，只有三人還未寫入黨申請書，我便是其中之一。

　　其實，與其他同學相比，我與這位系黨總支書記，有更多一層關係，因為我是因病休學，才和這個班的同學們一起的，本來，我比他們高一個年級。休學之前，這位劉老師，就是我的班主任。他喜歡舊體詩詞，寫得相當好，曾經贈詩予我。

　　而且，我知道他是高幹子弟，其父劉冰，曾任清華大學黨委書記，當時，任甘肅省委書記。

　　我對劉老師說：「我今年剛剛二十二歲，世界觀還沒有成熟。我相信，等我世界觀成熟了，黨的大門，永遠都是對我敞開的。」

　　在新聞系學習了幾年，這點官話我還是說得出來的。

　　劉老師很好，沒有強人所難。

　　一年後，我畢業分配到四川。有一天，劉夏陽老師突然出現在我面前。原來，他要去蘭州探望父親，在成都轉車，特意來看我。我將他帶

到我凌亂而寒酸的單身宿舍。劉老師說：「我剛寫了一首七律，抄下來送給你。」於是，我拿出一個筆記本，請劉老師贈詩留念。

劉老師很流暢地寫下了七句，但只有一句，無論如何他也想不起來了。他就那樣，坐在那裡，冥思苦想，而距離他乘坐的火車的開車時間，越來越近了。

等他終於將那句詩寫下來，我們的時間已經不多了。

那時，沒有出租車。我們跑步去坐公共汽車，趕往成都火車北站。我從路邊小店，給他買了一塊麵包，充作路上的食品。等我買了站臺票（那時的站臺票，五分錢一張），將他送上火車時，我們倆都已氣喘吁吁。兩分鐘後，火車鳴笛出站，向蘭州而去。

這個共產黨的高幹子弟，留給了我這個農家子弟一首詩，寫在紙上，也寫在他的行動裡。

但他鼓勵我入黨的願望徹底落空了。

如果說「偉大、光榮、正確」不是自我頌揚，而是歷史公論，那麼，我不想冒充其成員，掠人之美，分享這份「偉大、光榮、正確」。

如果說，1949年新政以後的殺戮、鬥爭、動亂、饑荒，以及，無謂的戰爭，是「恥辱、失敗、荒謬」，那麼，這本賬也請不要算在我的頭上，由我分擔。

而對一個身處美國的中國公民，免費贈送給他一個「中共黨員」的政治身份，讓他有口難辯，並且，對他在美國的謀職（特別是公務員職務）、入籍、構成潛在的危害，說得輕巧一點，是開政治玩笑；說得嚴重一點，就是污蔑和侮辱，甚至陷害。

而我一旦選擇回國定居，不幸的是，那個無堅不摧的政治團體，又像曾經多次發生過的那樣，陷入集體瘋狂和譫妄之中。他們完全有理由

審查我：「為什麼冒充中共黨員？」

　　這種雙重的恐懼，只不過是那本《中國作家大辭典》編者的有失嚴謹而已。但它的直接後果卻是：如果你在穀歌或百度上，檢索我的名字，你很可能檢索到這個詞條，並得出我是「中共黨員」的政治結論。

　　如果我能夠以名譽侵權，向該書的編著和出版者，提出訴訟，那時的中國，大概已不是儲安平所論斷的「黨天下」了吧？

2009年4月10日，夏威夷無聞居

從字縫中看歷史

　　今天，偶然上網檢索，找到了我的家鄉──湖北省荊門市龍泉中學的網站，讀到了〈龍泉中學大事記〉。這所湖北名校，正式建校於1907年（光緒33年），而其前身，可以追溯到清末，一代名臣、荊門直隸州牧舒成龍於1754年（乾隆19年）創立的龍泉書院。這裡背倚蒼翠的象山，前有水波不興的小湖，且與陸九齡紀念館相鄰。我的學生時代，未能就學於此；我後半生既決計以教書為業，未能執教於此，誠為平生二憾。

　　這篇〈龍泉中學大事記〉，記載了1979年到2007年，學校所走過的發展歷程和成就。這本不足奇。可是，在1989年的大事記中，載入了這樣一條：

　　　1989年6月，受「六四」風波影響，師生自發上街遊行一小時。

　　敘述中性，未加評論，言簡意深，讀完無言。

　　一所清末創辦的學堂，歷大清、民國、「新中國」，成百年名校。她還將有下一個百年。而一個政權，能否長命百歲，實在未可逆料。

　　當檢閱者在城樓上，用如下的稱謂「同胞們、同志們、朋友們」引導出一貫重要的講話時，焉知這所名校，以及全國的所有學校，不會在未來的某一天，廢除謊言連篇的「政治課」，而代之以「公民課」，讓中國的孩子們，一進入學校，上的第一課就是，當一個現代文明國家的公民（citizen），而非「人民」（people）。

那個時候，斷然再也看不到，長安街上坦克隆隆，軍靴霍霍。立法機關不會批准閱兵的預算，執法機關也不必禁止菜刀的銷售。

「風物長宜放眼量」。對這首詩的作者毛澤東先生，我懷厭憎之心，但這確實不是一句很差的詩句。

我故鄉的名校，在自己的大事記中，寫下了這一句。毫無疑問，這是值得敬佩的，也是需要勇氣和膽識的。

我為之感到驕傲。

無獨有偶，今日偶然從我訂閱的《人民日報海外版》2009年9月29日一版的一篇文章中，讀到了如下一段：「心動之一是，為了今天的勝利，我們付出了太多太多的犧牲。宏觀來說抗日戰爭全國軍民犧牲3000萬人，解放戰爭只三大戰役我軍就陣亡24萬人；三年困難時期非正常死亡3000萬人，這還不算傷殘數字。」

雖然，這些數字，在海外，早已不是什麼秘密。但是，在距「新中國」六十周年大慶僅僅兩天的9月29日，在人民日報海外版頭版的「望海樓」專欄裡，推出這篇標題為〈叫你如何不心動〉，署名「梁衡」的文章（作者為人民日報高級編輯），鑲嵌著這幾組數據，不能不說具有微言大義。至少，這是在我的閱讀範圍內，第一次從中國官方的媒體，而且是最權威的媒體人民日報上，讀到大饑荒的死亡數字：三千萬。作者將抗日戰爭中犧牲的三千萬軍民，和三年大饑荒中「非正常死亡」的三千萬農民這兩個同樣的數字，並列在一起，言外之意，何須多言！

悍敵歷時漫漫八年，屠戮我軍民人等三千萬；愚政致死同樣多的國人，只需短短三年，且不費一槍一彈。

僅僅三大戰役，「我軍」陣亡二十四萬。那麼，敵方呢？至少也是二十四萬吧？

　　二十四萬張三李四王五趙六麻子，和另外二十四萬張三李四王五趙
六麻子，在兄弟相爭手足相殘的內戰中，互相殺死。

　　城樓上的人，沒有一個字，提到悲憫，為中華民族到了現代社會，
仍無法避免如此巨大沉痛的一場血光之災，表達稍許的難過之情。一個
有足足十三億人口的民族，至今沒有一句來自官方的、讓雙方無辜的戰
死者靈魂安息的話，以此開啟民族和解的大門。

　　對照美國短暫的南北戰爭結束時，雙方將士和戰死者受到的平等、
公平、尊嚴的待遇，野蠻與文明，有天淵之別。

　　在建立政權之後，竟然將早已歸順、甚至已經為新政服務的原合法
政府的下級軍政人員，以「歷史反革命」的罪名槍斃，這樣的政治野蠻
和殘忍，曠世未有。

　　雖然，梁衡先生的文章，立意是強調，今日之勝利，來之不易，但
我也不妨解讀為曲筆寫史。更為可貴的是，作者在篇末，還提到了張志
新和彭德懷之冤。這在近年的第一黨報「輿論導向」中，實屬罕見。作
為一名前黨報編輯，我向這位梁同行遙申敬意。

　　面對血淚斑斑的中國現代史和當代史，君自可「心動」，我只有心傷。

　　　　　　　　　　　　　　　　2009年10月18日，夏威夷無聞居

遲來的，和一定要來的審判

　　幾乎是在同一天，在兩個詩人朋友的博客上，讀到了針對同一事件的兩種不同的聲音。由於CNN主持人言論辱華，加上傳聞家福樂股東支持藏獨勢力，中國許多城市爆發了針對這家法資連鎖商場的集會、抗議、抵制、示威活動。詩人潘不贊成這種非理性的行為，認為於事無補；詩人蘇則認為，表達憤怒完全正當。

　　引起我興趣並願意略作思考的是，兩個同齡的舊友，為什麼會有完全不同的看法？他們閱歷相當（略有不同的是，蘇曾留學日本七年），經濟狀況都不錯，無疑都屬於今日中國的精英階層。是什麼因素，導致他們對同一事件，有完全不同的看法？

　　我覺得，造成這種差異的根本因素，在於價值衡量系統。潘所持的是個體價值系統，在這個價值系統中，生命個體，與生命的全體，並不是隸屬關係，也沒有高下之別；蘇所持的，是群體系統，在這個系統中，個體是群體的組成部分，群體利益高於個體利益。

　　兩人都是我的老友，思想的交流和碰撞，乃至衝突，這種遠遠高於友情和詩歌藝術的溝通，應該是我們這一代中國讀書人、寫作者最彌足珍貴的東西。既然我們無法時常見面，那麼，我們何妨在網上，坦言自己的看法。

　　在這個問題上，我贊成潘的看法。

　　在和平的年代裡，表現愛國是相當容易的事情。扯一面旗幟去家福樂前面喊幾聲就可以了。對群體性的街頭愛國活動持懷疑和婉拒心態，則相對困難一些。對於愛國，我覺得這是一個被廉價濫用的詞。現、當

代中國，只有一次機會，需要中國人使用「愛國」這個詞，那就是日本軍隊在中國大地上橫衝直撞的時候。那些為此豁出命去的中國軍人，既包括共產黨的軍人，更包括，並且，主要包括，國民黨的軍人，他們是愛國者。

在其他的時候，「愛國」一詞，指的並不是愛土地和人民，而是土地和人民的主人。

身居海外，我作為中國人的驕傲感，主要來自古代中國，來自孔子和李白。神州飛船讓我驚嘆中國日新月異的科技進步，但並不能帶給我身為中國人的驕傲感，因為這種驕傲感，很容易被一些「渺小」的事情抵消，比如，礦難，比如，黑窯奴工，比如，前不久，一個叫許霆的打工者，因為貪取了銀行櫃員機裡的十七萬元，被判處無期徒刑（拜網絡之功，現已改判五年，但已足以想見，無此幸運被曝光的囚犯該有多少！）；由此上溯到開國之初的1955年，一位名叫胡風的文學批評家，因為一篇三十萬言的建議書，在監獄裡被關成了傻子。

每一個中國人，作為生命的個體，作為社會的一員，擁有了尊嚴和自由，擁有了凜然不可侵犯的公民權，包括言說與批評的權利，對自己不認可的力量，擁有天賦的、以和平的、公開的方式說「不」的權利，由此組成的國家，在國際社會才有無以撼動的尊嚴。一個CNN小小的評論員的幾句惡評，理他作甚！

CNN的惡劣言論，當然應該反對。

但五十多年來，特別是前二十多年，我們是否在國內和國際社會做過惡事，也應該捫心自問，深自反省。

2009年2月18日，美國世界日報配發兩張圖片，刊登了這樣一則新聞〈赤柬典獄長受審，認罪求寬恕〉。這則新聞摘要如下：

　　先後殺害一萬五千名男女及兒童，有如赤柬政權首席劊子手的赤柬圖斯廉監獄首長康克由，17日首次在金邊郊區出庭受審。經過七小時法庭辯論後，審判長諭令暫時休庭。辯護律師表示，康克由承認全部控罪，並希望透過庭訊程序公開請求受害者與全體柬埔寨人民寬恕。

　　六十六歲的康克由罪名包括違反人道罪、戰爭罪、凌虐、預謀殺人，最重可判處終身監禁。法庭無權將他判處死刑。他是第一名因這些罪行受審的赤柬要員。審判長尼爾農表示：「本庭首次開庭的意義是，經過不斷努力後，我們終於得以公開審判赤柬的高階領導人。」

　　被告席上的康克由神情嚴肅。他在庭上強調當年只是聽命行事。包括佛教僧侶在內的數百名各界人士到場見證他出庭受審的歷史性時刻。

　　康克由1999年在叢林落網，前年7月正式轉交審判庭收押。

　　在柬埔寨與聯合國交涉將近十年後，聯合國支持的柬埔寨集體大屠殺審判庭2006年成立，是將仍然健在的赤柬領導人繩之以法的最後希望所系。赤柬埔政權三十年前在「殺戮戰場」屠殺近二百萬柬埔寨人。

　　圖斯廉監獄代號S21，原址是一所中學，獄中多數囚犯最後均被押至金邊郊區一片果林處決，成年人被用鋤刀砍死，兒童則是頭部撞樹撞得稀巴爛，成為舉世盡知惡名昭彰的「殺戮戰場」。

　在這則新聞中出現兩次的「殺戮戰場」，來自一部有名的美國電影的英文片名 *Killing Field*。影片講述一名美國記者，被派往當時的柬埔寨採訪。他雇了一名懂英語的當地醫生，擔任他的採訪助理。這位柬埔寨醫生，經歷了赤柬（中國大陸稱「紅色高棉」，正式名稱是柬埔寨共產黨）殘酷的大清洗，和九死一生的考驗。由柬埔寨上層家庭送往法國留

學的有志青年創立的這個激進政治組織，在臭名昭著的希特勒死亡三十年後的1975年，在叢林小國，實施了長達四年的血腥統治。在紅色王朝的中國，正在開展「反擊右傾翻案風」（作為小學生的我也寫了「批鄧」的作文）的時候，南亞的這個短命的紅色小王朝，採用如此原始與野蠻的方式，對自己本就不多的人口，進行了大規模的減法運算。

當時已病入膏肓的中南海諸公，如毛澤東、周恩來等，難道不知道，金邊郊外這片果林中發生的事情嗎？如此龐大的國家情報系統肯定不是吃白飯的。而赤柬軍隊手中，裝備三萬人的武器，也不是從天上掉下來的，是中國老百姓的血汗錢。

從這個意義上說，每個中國人的手上，都或多或少，沾有那兩百萬柬埔寨冤魂的鮮血。雖然，這是統治者強行地、在完全不予告知的情形下，噴濺到中國人民手上的。

從照片上看，受審的康克由，好像一個老實厚道的農民，最多像一個鄉村的小學教師。但就是這個人，被一個邪惡的靈魂附體後，變成了殺人惡魔。

小到一個人，大到一個政權，都應該對於終極審判，懷有驚悚戒懼之心，因為要到來的，終究會到來。京劇中不是有這樣的唱詞：「湛湛青天不可欺，且看來早與來遲」嗎？

2008年4月19日作

改於2009年4月2日，夏威夷

拒降
——海外書生的內心宣言

　　承書友張阿泉兄的厚愛，將我的讀書隨筆集《負笈美利堅》，列入了內蒙古教育出版社推出的「紙閱讀叢書」第二輯。

　　翻檢這些年來，與書籍、書齋、寫書人生活相關的文字，自己都有些吃驚：雖不是刻意而寫，積累下來，竟然有了這樣多的篇目，足以成為一本頗有特色、品質不差的書了。在連續四年沒有出版任何著作之後，終於又有了循正規的出版渠道，出版一本書的機會，我的欣慰是可以想見的。畢竟，生活在夏威夷歐胡島上，我內心的孤懸感，語言難以表述。雖然，這裡堪稱人間天堂，鋪天蓋地的綠意，使你覺得，連你呼吸的空氣，都是綠色的。

　　昨天，在辦公室裡，我打印了這樣幾句詩，貼在我的電腦上：

　　登歐胡島歌

　　　前不見中國，

　　　後不見美國。

　　　念天地之悠悠，

　　　獨愴然而涕下。

　　我在後面寫道：「敬錄，並擅改射洪陳子昂〈登幽州臺歌〉，以明我志，以鑑我心。」我深知，在我獨自對來自靈魂深處的，與肉身世界

的絕對孤獨作戰時，我還有許多朋友，如成都的龔明德兄、冉雲飛兄，內蒙的張阿泉兄，正在針對我曾經有切膚之痛的那個社會、國度的病與弊，而奮戰，而鬥爭。他們的目標，大者，大到建設中國的民主制度，人人投票；小者，小到倡導中國的書香社會，人人讀書。他們的努力，收效甚微；他們的努力，並非徒勞。他們沒有綠色的空氣可以呼吸，沒有藍得令靈魂顫慄的天空可以仰望。他們有的，只是混沌的天空。但他們堅守的，是自己的土地和人民。

　　2001年，在首度回國，見到一位仕途順利的大學同學後，我寫了散文〈心猿意馬且歸降〉。對我的同學，我絕無批評的意圖。我深知，人人都有追求美好生活的權利，而在中國，選擇仕途，是終南捷徑。絕大多數人都選擇的那條道路，無疑是最為安全和穩妥的道路，但偏偏有極少數的人，選擇了將自己投進監獄。他們中間，也有我認識的人。我愴然而下的淚水中，是否有對他們的崇敬？我心裡清楚，其實，我是早就投降了的。只不過，我之所降，是人類迄今為止最理想與公正的社會制度：民主制度。

　　向萬里之外，那些恪守讀書人本色，不求官，不求財，但求「知」與「真」的寫作者與書愛家，表達我發自內心的敬意。不為三尺冠所變，不為五斗米折腰，在充滿戾氣的社會裡，播灑人文、人道與人性的種子；在追求感官享樂的時代，鼓吹心靈的解放與靈魂的飛升。他們是對凱撒大帝說：「請走開，你擋住了我的陽光！」的人。那種在作家會議上，向中宣部長立正敬禮的我的同齡作家，你有多少春風得意，就有同樣多的可悲可憐！

　　最近，中國發生的咄咄怪事，令我悲哀無言。毒牛奶就不去說它了。刀襲警察，刀砍老師，光天化日，朗朗乾坤，人們又重拾冷兵器，

白進紅出。我們微不足道的文字，能寫出人之為人，國之為國的最淺顯道理嗎？或許能，或許，不能。

　　然而，我們，還有你們，以及，他們，都必須堅持與堅守。堅持人文價值；堅守文字陣地。

　　拒降的結果，不過戰死。

2008年10月29日，夏威夷無聞居

洗白

1

我選擇了這個四川方言，來作這篇文章的標題。

這個詞，字面的意思是「洗而發白」，引申的涵義是：被劫掠一空。川人愛打麻將。一個人輸得精光，就是被「洗白」了。

想寫這篇文章，緣於前不久，我寫了一篇〈紅色旅遊與社會和諧〉，貼在我的博客上，讀者的反饋中，有一位來自我的家鄉，從親戚關係上講，她是比我年輕十多歲的堂妹。她將自己博客中關於紅色旅遊的一段，抄錄給我，作為對我那篇文章的回應：

> 經過了一趟紅色之旅，從井岡山到韶山，瞻仰了偉人先烈遺跡，了了心中一大願望。在我眼裡，毛澤東之偉大前無古人，軍事家、政治家、思想家、書法家、詩人……當之無愧。這次旅行，大致有幾點體會：一、先烈創業艱難。在井岡山，重走險惡的黃洋界，感嘆當年紅軍挑糧之艱辛和革命樂觀主義精神，嘆服軍民在武器和人力都匱乏（的情況下）抗敵的智慧及勇氣。參觀小井紅軍醫院，講解員指著一幅照片介紹，在嚴重缺藥缺糧的情況下，排長把食鹽留給他人沖洗傷口，爬到外面抓雪和豆子吃，傷口最終潰爛蔓延全身而亡。環境如此惡劣，先烈革命意志如此堅定，敬佩之情油然而生。二、商業化太過。韶山到處都是賣毛主席像的，超市小店、田頭路邊，無所不在。

參觀毛氏祠堂，拜過毛氏祖宗，有長者模樣人送符，符自然不是白送的；三，有意神靈化。講解員給出了種種故事，神乎其神，並帶領我們拜主席神，稱毛主席非常靈驗。中國的寺廟到處是，神靈到處是，走到哪兒都是千篇一律：拜神求佛。到韶山也一樣。究其原因，大概是東南一帶經濟發達了，人們荷包充實而且信佛，韶山應此潮流為促進經濟發展而採取的便捷手法。想來國人對先輩革命者的精神已淡漠，非佛法無以動心？四，紅色之旅，是讓後人記住歷史的生動方法。在不斷張揚個人主義的社會主義中國，如果沒有歷史教育，我們的下一代或是下下代，還會有人相信那些烽火歲月嗎？

2

如果上面的這篇博客，出自一位紅色權貴及其後代之手，我不會覺得詫異。他們占據了社會生活的各個要津，從權力、到金錢；他們最愛中國，但大多都生活在美國。在那裡，他們比美國人更有錢，比中國人更高貴。

我詫異的是，它出自我已十多年未曾謀面的堂妹之手。

從血緣關係上講，她並不是我的親堂妹。但她在十多歲的時候，隨母親嫁給我深愛的堂叔，改姓程，我們自此以兄妹相稱。

她的家世，可以說濃縮了當代中國農民貧窮、苦難、愚昧、野蠻的全部因子。她的母親，我稱為嫂娘，年輕時喪夫，在1981年前後，帶著三個女兒，嫁給了我的堂叔（請見散文〈堂叔〉，收入上海文化出版社2004年8月出版的《一個農民兒子的村莊實錄》。該書入選該年度「上海市民最喜愛的20本書書目」——作者注。），生了一個活潑可愛的女

兒。1991年6月2日凌晨，堂叔為了保護自己稻田裡剛施過肥的水不被偷走，和兩個年輕力壯的惡鄰發生爭執，遭到毆打，扭打中「腦血管瘤破裂」去世。筆者曾從四川千里迢迢趕回湖北，到處奔走，申訴，告狀信寄到最高檢察院，後來，在慘禍發生一年後，獲得湖北省檢察院某副院長親筆批示，有關部門曾對我堂叔檢驗顱骨，「腦血管瘤破裂」的死亡結論就來自那次開棺驗屍。

　　災難並沒有遠離這個不幸的農民家庭。她的姐姐，智力障礙；另一個姐姐，前些年，因為家庭瑣事引發的夫妻爭吵，飲農藥自盡。她獨自支撐著這個殘破的家庭，供養與自己同母異父的小妹，讀完大學。從任何角度來講，她都不是這個國家、社會與政權的得益者與特權者，而是恰恰相反。如果說，繼父之死，緣於農民的貧窮，和人民心中的暴力崇拜心理得話，那麼，妹妹之死，就是中國農民特有的對生命的輕賤和愚昧。有資料表明，中國80%的自殺發生在農村；而農村，80%的自殺者，選擇的是喝農藥。

　　她對中國農民幾十年來見慣不驚、習以為常的貧窮、愚昧與野蠻的關係，以及它們與中國社會歷史變遷的關係，是否作過獨立的觀察和思考呢？它們與她所崇敬的毛澤東先生，有什麼必然的、內在的聯繫嗎？

3

　　答案是肯定的。

　　要想瞭解真實的歷史，有一些關鍵詞，是必須掌握的。本來，我可以隨手開列這樣的一個語彙表，但一想到，這位堂妹或許並不具有檢索它們的途徑，儘管，她在大學所攻讀的專業，恰恰是政治工作理論。

那麼，還是讓我們從具體的場景開始，掀開中國當代歷史血腥的一幕吧。

在著名畫家黃永玉先生的回憶錄《比我老的老頭》的開頭部分，講述了他的表叔、沈從文先生弟弟受刑的經過和情景：官拜中將，任職國民政府國防部的這位將軍，抗戰勝利後，不忍投入手足相殘的內戰，解甲歸田，回到湖南鳳凰縣的鄉下，當了一名紳士，還在新政權裡，掛了個咨詢委員之類的閑職，為新政權盡點力氣。好景不長，「鎮反」風暴降臨了。他被押到河灘，坐在自己從軍中帶回的軍毯上，面對紅色政權的行刑隊，百思不得其解地說：

「想不到你們會這麼幹！」

沈從文先生，後來畢生不再寫任何文學作品，而躲入中國古代服飾研究之中，其弟無端被誅，是不是不敢言說的原因之一呢？

這樣想不到的事情，在此後中國的歷史中，一而再，再而三地發生，於茲不絕。

歡天喜地分到了土地的中國農民，想不到短短的幾年之後，土地就會被「人民公社」拿走。從此，他們過著怎樣的生活，這位堂妹應該有切身感受。

熱烈響應號召，熱心提意見的知識分子，想不到一夜之間，會被打成右派，五十五萬中國最稀缺、最金貴的社會精英，委頓成泥。從此，中國不再有說真話的人。由諫士，到弄臣，到奴僕，中華民族開始精神陽痿。從此，民無一言之地，國有萬壽之君。

上千萬熱血沸騰、野蠻如同黨衛軍的紅衛兵，想不到一夜之間，會被趕到荒涼、貧窮、落後的農村裡，將自己的青春歲月，虛擲在黃土黑泥之下。

　　成千上萬犯有輕微罪行的人，想不到會在1983年夏天的某個晚上，在全國範圍內被一舉抓獲，然後，從重、從快，判刑、槍決。從此，純然屬於行政命令的「嚴打」行為，歷二十年而不廢，說「苛政猛於虎」，說「冤獄遍於國中」，應該不是誇張。

　　還有，1989年的6月4日，誰會想到，會發生那種事情？

　　今後，會不會某一天，警察突然降臨，將那些發表過與官方口徑不一致言論的人，統統捉進監去？

　　樂觀地講，這樣的可能性並不大，但並非完全不可能。而一旦真得發生，那就無可挽回，因為，無論是在國內，還是國際，都還沒有任何力量，可以阻礙它的發生。

　　靠一條小船起家，抗戰時因運輸戰爭物質而有功於中華民族的民生公司創辦人盧作孚先生，深知他在新政權下，難以活命，於是，早在1952年，歷次政治風暴尚未到來前，知趣地自我了斷。

　　經過二十多年的改革開放，中國社會取得了驚人的進步，城市的繁榮嘆為觀止，一小部分中國人的富裕程度，令堪稱世界首富的美國也自嘆弗如。

　　但有兩樣東西，迄今還遙遙無期：言說的自由，與免於恐懼的自由。

4

　　前不久，柏克萊加州大學的學術觀摩電影院，放映了兩位中國獨立製片人拍攝的紀錄片《暴風驟雨》。他們前往中國東北某地的元茂屯，對經歷土改運動的前土改工作隊員、前貧農、前富農、前地主進行了訪談。

　　這個屯子，是中國最早進行土地改革的試驗村。著名作家周立波的長篇小說《暴風驟雨》，就是以在這個村子裡進行土改的生活素材為依

據而創作的。後來，還拍了一部同名的故事片。

那麼，這部與故事片片名完全一樣的紀錄片，實地拍攝的是同一個村莊，它的內容又是如何呢？

片頭開始，是一個巨大的、堪稱豪華的牌樓，聳立在村口。因為這是中國土改第一村，所以，它理應有這樣的氣派。

從訪談中，我們得知，故事影片中被槍決的地主，其實，在現實生活中，只有三間草房，是一個外地來的落腳戶。

從訪談中，我們還得知，鬥地主最起勁的，往往是游手好閑的二流子、痞子，所謂的「流氓無產者」；挖浮財時，村與村之間，糾集起隊伍，互相挖，掘地三尺；槍斃地主時，村與村之間，暗中較起勁來，誰都不肯背上鬥爭不積極的名聲。於是，這個村今天槍斃五個地主，鄰村明天就得槍斃六個。誰被拉來湊數，該誰倒楣。

影片的結尾，意味深長：在村裡的土地改革紀念館，老師領著一群系著紅領巾的小學生，前來參觀。一位不久於人世的受訪者，坐在輪椅裡，和那群嘰嘰喳喳的小學生交臂而過。年輕、漂亮的女解說員口中的暴風驟雨，與這位親歷土改的老人記憶中的暴風驟雨，是那樣的絕然不同，卻同樣狂暴、殘酷、令人恐懼。

影片的最後，出現了幾行字幕：在這個有四十萬人口的小縣，八百多名地主被槍決。土地改革之後，多少萬人參加了解放軍（數字忘記了）。八年之後，農民的全部土地，收歸集體所有。

現在，幾十年之後，社會財富重新進行了分配和積累。清代以來流行的《剃頭歌》所暗喻的輪回：「君看剃頭者，頭復被人剃」，是不是暗含著社會不安寧的風險呢？我知道，在社會安定的情形下，富人享受特權；但社會動蕩的時候，富人就寢食難安了。我們開了一個用暴力重

新分配社會財富，並將原財富擁有者（且不管其財富的擁有過程如何）
肉體消滅和政治壓制的先例。

　　看完電影，從黑暗中走出，我和文友、作家畫家文取心發生了激烈的
爭論。

　　他的基本論點是，中國社會已經發生的一切暴戾、殘酷，都是註定
要發生的，不足為怪。因為人性本惡，根源就在於人的本性。我的基本
論點是，中國社會已經發生的一切暴戾、殘酷，都是原本不該發生的。
人性中的惡，是被制度性誘發、引導、鼓勵而生，且獲得了制度性保護。

　　最意味深長的是，他是我買房子的經紀人。我們在激烈的爭執中，
買下了我在美國的第一棟物業，成為「地主」（landlord）。

5

　　話題回到堂妹的最後一段感悟。

　　她希望她的孩子，「在個人主義越來越嚴重的社會主義中國」，記
住革命先烈，記住紅色歷史。

　　在中國，歷史教育，基本上可以說，是愚民教育的同義語。

　　「救救孩子」，這是魯迅在二十世紀初喊出的口號。問題在於，我們
拿什麼來拯救自己？如果只有一本官修的歷史教科書，允許我們閱讀？

2007年12月19日

惟楚有才
──瞧這兩條湖北漢子

近年來，進入我關注與閱讀視野的，有兩個同樣出生於湖北的同齡人。其一野夫，其一楊恆均。見到他們的文字，我必通篇細讀，且時常擊節讚嘆。今夜無事，權且為這兩條漢子，寫一篇千字短文，長一長湖北人，尤其是文人的顏面。

野夫我是見過一面的，時在2003年夏。闖蕩北京的湖北詩友柳宗宣，帶我到現代文學館內某處，拜訪野夫。其時，對他的詩似乎有點印象，文章卻從未讀過。由於不熟，對他彼時的書商業務我也不甚了了，所以，不記得我們談過什麼，大概不過禮節性寒喧了幾句吧。如此別過，再見面時，怕是連「相識」也稱不上呢。

去年，在網上，突然讀到了他的作品：〈江上的母親〉、〈地主之殤〉，等等。我閱讀、寫作散文，也有近二十年，如此沉鬱、悲愴、蒼涼，卻又字字有金石之聲的散文，還是第一次讀到。他的散文，正如魯迅先生所描繪的荒原上的勁草那樣，如銅絲般莖莖直立。讀他的文字，我的眼前，常常現出赭黃的天邊，一匹逆風而立的瘦馬。一陣風過，馬鬃高揚，馬的骨頭清晰可辨。

文采與思想，如水乳交融，能讓讀者痛而讀之的作家，野夫算是第一個，至少在我的閱讀範圍內，對我而言如此。

楊恆均我卻尚未謀面，2008年以前，恕我孤陋，亦未聞其文名。當時，我受命擔任《美文》月刊的海外特邀編輯，在組一期汶川地震特

輯時，收到了他的朋友從澳州傳來的稿件，由此開始關注他的博客文章。楊恆均的文章，絕沒有野夫散文那樣的文采。他所用的，都是極常用的詞彙，所談論的，都是關於普世價值（民主、自由與人權也）的一己之見。同樣令我稱奇的是，他的幾乎所有觀點，都與我素來的觀點，差不多完全一致。就以最近一篇關於廢除死刑的文章為例，他不僅和我一樣，公開主張廢除死刑，而且，對於貪官污吏，不管金額多大，都不該判處死刑的觀點，也與我完全一致。職務侵財會司法奪命，非暴力犯罪，會用極端暴力（死刑）加以處罰，人民通常是會拍手稱快的，但游走世界的湖北人楊恆均認為大大不可。他甚至在日內瓦參加國際社會關於死刑的會議上，以民間身份舉牌，提出廢除死刑的訴求。這樣有見識有勇氣的湖北人，並不多見。

　　野夫曾有過長達六年的牢獄之災。這個「政治不正確」的讀書人和寫作者，曾經將自己坐牢的經驗廣為傳布；楊恆均卻是命運的幸運兒，曾腰裡別著傢伙（手槍）在中國橫走，最終卻成了澳州的博士，並獲得「民主小販」的外號或雅稱。這算不算殊途同歸呢？

　　有時我想，這兩個傢伙互相認識嗎？我知道，楊恆均在廣州有窩，而野夫，據說目前卜居雲南。如果見到他們，一定要喝一台。你、我、他，說湖北話，喝白雲邊。

　　至於誰來買單，管他的，喝醉了再說！

2010年3月21日，夏威夷

何謂「風骨」

1

2009年初春到暮春，中國文化界，拿老年人說事，引起轟動的文章，前有李輝質疑文懷沙，後有章詒和牽出黃苗子、馮亦代。三位被質疑者（馮已作古），都是很老很老的老人。

三人的共同點：在特殊的時代語境中，都似乎做過令人失敬的事情。

為了湊這個熱鬧，我也來說一說另一位文學老人，四川老作家馬識途先生。

老先生1915年生於四川忠縣石寶寨，1938年入黨，1949年後曾任四川省建設廳廳長等職，長篇小說《清江壯歌》為其代表作。

我是1985年7月畢業入蜀的，次年2月，加入中國作家協會四川分會（後改為四川省作家協會）。當時的作協主席，就是馬識途先生，直到1998年我離蜀赴美，他還是省作協主席。

從這個意義上說，我這個省報小小的副刊編輯，也算是他麾下一卒。雖然在許多場合見到他，老人家是否認識我，卻大可懷疑，但這並不妨礙我認識他。

前幾天，給蜀中一位作家朋友打電話，朋友告訴我，四川省作家協會最近舉行了換屆選舉，九十五歲高齡的馬老終於放棄了省作家協會主席的寶座，空出來的位置，被一位藏族作家坐上。

這樣的一個「香餑餑」，二十多年由一人獨享，這真應了「蜀中無大將，廖化作先鋒」那句古話。

2

長話短說。

1989年春夏之交，中國風雲翻卷，街上人聲喧嘩。

馬識途先生寫了三篇短論，支持學生。據說，在成都晚報上加框發表的那三篇署名文章，報紙本來不敢刊登，是老資格的共產黨員馬識途，自費購買版面，當作廣告刊登的。此說確否無法證實，但我確實拜讀了那三篇短文。

後來，享受省長待遇的馬識途主席，便被打入冷宮，用四川話來說，就是遭了「涼拌」。作為副刊編輯，我們接到了上面的「非書面」通知：全省報紙刊物，對馬識途，不登作品，不提姓名。

從這時開始，到1991年的早春2月這一段時間，是社會氣氛最為壓抑、沉悶和緊張的時期。我謀生的報社門口，被持槍武警把守著，刺刀閃閃。每次進門，都必須出示記者證，那怕你剛剛邁出了大門的門檻一步，突然想起你將眼鏡忘在了辦公室，如果你要再邁進去，還得重新掏證件。

少不更事，年輕氣盛，我找了一塊紙板，將我的身份證和記者證，用透明膠粘在紙板上。紙板上方，吊了一根繩子。我掛著這個類似「右派」黑牌的東西，騎車去上班。現在，這大概算是「惡搞」，當時，肯定就是「抗議」了。

路過作家協會門口，老詩人孫靜軒的夫人李平阿姨看見了。

隔著馬路，她喊我拐過去，問我，脖子上掛的是什麼。

我指了指我單位門前威風凜凜的武警。

李平阿姨一把搶過我的紙牌，將證件扯下來塞給我。她非常生氣地

規勸我：「你也不看看這是什麼時候？不要沒事找事。等到事情找上門來，小事就是天大的事。你不知道你孫老師是怎麼當右派的嗦？」

3

話題回到早春二月上來。

正是在這樣的政治氣氛下，省委召開了一次全省文藝工作者表彰大會。這是肅殺氣氛改變的明顯徵兆。

我被派去採訪這一會議。

進到會場，落座，發現總編輯也在場。橢圓型會議座上，首席位置坐著省委書記楊、副書記聶。

我驚訝地發現，馬識途先生也在座。自從他「買版面」支持學生傳聞以來，就我所知，這是他第一次在正式場合現身。

發言。指示。感謝。鼓勵。照本宣科，內容從略。

忽然，會議主持人問省委書記楊：「××同志，馬識途同志請求發言。」

以我的會議採訪經驗，我知道，這個場合，是指定發言，而非自由發言。

這位四川一把手偏過頭去，和聶同志耳語了幾句，對主持人點了點頭。主持人宣布：「現在請馬識途同志發言，限時十分鐘。」

七十四歲的馬老，在會場上，未語淚雙流。他對革命資歷遠遠比不上他的省委書記和副書記，作了深刻檢討。經歷了幾十年的政治風雨，他深知，被冷凍的感覺，比遭批判更為難受和難熬。

　　我悄悄走到總編輯身邊，對他說：「這次會議很重要，表明我省文藝界要開始抓創作，出作品了。我們報紙至少應該配發一篇評論員文章。」

　　總編輯點頭，吩咐道，「你趕緊回去，把新聞和評論員文章都寫出來，晚上我值夜班，直接拿給我簽發。」

　　我在新聞中，列出了馬識途的姓名。這是他被「冷凍」近兩年後，名字第一次在省報亮相。

　　一個七旬老人，會主動要求作檢討，當庭而泣，我的心裡，真不是滋味，儘管，我表現得滿像一個敬業的，不乏小聰明的黨報記者，在總編輯面前，不露聲色地「露」了一手。

　　2002年1月號的《炎黃春秋》雜誌，發表了馬識途先生的文章，題目是〈我為不敢為她說句公道話而遺憾終生〉（我這個「老編輯」，看這個標題，總覺得不該出現在這麼好的一本雜誌上）。在這篇言辭懇切的文章中，馬識途表達了自己對地下黨老部下、老同志賀惠君的愧疚之情。在要命的1957年「反右」運動中，省委召開「紅照壁會議」，在四川一手遮天的「李政委」（馬識途未給出全名，其實就是虛報產量、作廢糧票，禍害四川人民，導致四川近千萬人餓死的罪魁禍首李井泉-作者注），逼迫他上臺，對賀惠君落井下石。下面便是該文的兩段：

　　　　李政委對於地下黨一直有一種令人難以理解的看法。這種看法在解放初安排工作時已經有些歧視，在反胡風和肅反運動中更有明顯的表現。但是現在卻要我上臺去，在大庭廣眾面前，特別是在許多原地下黨員同志面前，睜起眼睛說假話，昧著良心去批判自己很熟悉的老部下，情何以堪？當時我的心裡真如十五個吊桶七上八下，不知如何

是好。很顯然，如果我拒絕了李政委的指示，後果不堪設想。省委工業部長就坐在我旁邊，他的話言猶在耳：「包庇右派的人，很有可能自己就是右派。」如果我不上臺去批判賀惠君，加上說我放走了一個極右派，很有可能要把我打成右派。真是生死禍福就在一念間。李政委那看著我的眼睛，在我看來，不僅嚴厲，甚至兇殘，如劍鋒一樣對著我。我該怎麼辦呢？

沒有辦法了，我只好橫下一條心，走上台去要求發言。我不知道我說了些什麼，反正是照李政委的指示，說李政委如何重視如何提拔地下黨員，我被他提拔當了建設廳長，賀惠君被提拔在省團委負責，且被推薦為團中央委員一類的話，批判賀惠君是胡說八道，有意攻擊李政委，是反黨的行為，如此等等。講了幾分鐘就下臺來了。我一直不敢看賀惠君，下臺的時候從她身後走過，連她的背我也不敢看一眼，簡直是落荒而逃。但是李政委卻感到很滿意，以微笑迎接我入座。

在「不僅嚴厲，而且兇殘」的目光逼視下，老革命、老作家馬識途，目光游離、畏縮，就這樣走下了舞臺。直到賀惠君逝世，他都從來沒有對她說過一句道歉的話，雖然，這句話時常在他的喉嚨中翻滾。

4

我寫出這段舊事，絕非為了揭馬老的「瘡疤」。當年他買版面，登文章的熱血，是真實的；被「冷凍」後的惶恐，生怕被黨拋棄的恐懼，也是真實的；他當年，被逼上臺去揭露、批判自己老部下的內心煎熬是真實的；老部下因此一生坎坷，自己卻從未道歉的愧疚，同樣是真實

的。此真實，彼真實，最真實不過的是，中國知識分子對體制的依附，帶有如此巨大的慣性和遺傳性，成為一種血液裡流動的東西。

　　由紐約柯捷出版社出版的《親歷「文革」──14位南京大學師生口述歷史》一書中，收錄了董國強對江蘇省社科院退休研究員虞友謙的訪談。「文革」時為該校歷史系三年級學生的虞先生，談了自己親眼所見的「牛棚」老教授們為了自保，有很多奇妙的表現：

> 那時候他們這些「牛鬼蛇神」每天都要進行勞動、掃地、打掃廁所。幹完了活以後，還有些思想匯報交給造反派。其實這種匯報寫得多了，造反派根本也不當回事，交上來就隨便放在辦公桌上。於是有一天，我無意中看到了幾個老先生寫的思想匯報，內容真是五花八門，有的就指責別人，有的就自己訴苦。其中最奇怪的一篇是H先生寫的……我記得裡面有這麼兩句話，一句是「我絕對不會像韓亦琦那樣頑固」，另一句是「我也不會像王繩祖那樣狡猾。」我看到這裡，H先生原來在我心目中的良好形象一下子就消失得無影無蹤了。你是一個著名的學者，怎麼能夠將自己的個人恩怨夾雜到思想匯報裡呢？韓亦琦也是我們系的一個教授，因為他有一些所謂的「歷史問題」，本來在系裡就一直受到壓制，即使不搞「文化大革命」，他的處境也不是很好；王繩祖曾是老「金大」（金陵大學──引者注）文學院的院長，當時是國際教研室的主任。我估計H與韓亦琦和王繩祖之間的關係不好，這個時候就趁機把他們踩上一腳。（130頁）

　　魏晉時，善走仕途的文人山濤，誠邀詩人嵇康出仕，接替自己的職位。嵇康在千古名篇〈與山巨源絕交書〉中，描繪了自己心目中的理想

生活：「今但願守陋巷，教養子孫，時與親舊敘闊，陳說平生，濁酒一杯，彈琴一曲，志願畢矣。」這種退守田園，沉浸於自己內心世界的生活方式，自然可稱為風骨獨絕。這是「有所不為」之風骨；清末時，戊戌變法失敗，本可以遠避東瀛，卻豪言「變法必流血，流血請自我始」的譚嗣同，在菜市口，帶枷而歌，仰天而笑，用自己的頭顱，開啟了中國百年憲政苦鬥的第一扇門扉，這更是風骨卓然。這是「有所為」之風骨。

在「寧為玉碎，不為瓦全」的決絕，與「牆倒眾人推，落井且下石」的算計之間，以軟弱、依附，不具獨立經濟地位因而獨立人格嚴重缺乏的中國知識分子，經歷了那麼多的政治運動，左右為難，內心世界飽受煎熬。「風骨」二字，寫則甚易，行之何難！

「風吹得骨頭，嘎巴巴地響。」兀地，我的腦海裡，出現了這樣一個怪異的句子。我真不知道，是什麼樣的風，吹動什麼樣的骨頭。

設若法治不彰，人權不保，任什麼人，都難得葆有風骨。中國的士子中，能效「強項令」董宣者，百不遺一。無他，「端人家的碗，看人家的臉。」

行文至此，碰巧看到我喜愛的上海某網站上，一位寫詩的網友，與另一位在臺灣執教的詩人網友，發生「網爭」。這名顯然也是知識分子的國內網友發帖說：「只好報官，權當傷匪」。

幾乎是本能地、條件反射地，在論辯不敵的情形下，他就想到了自己所背倚的那個天下無敵的「官家」，想效法伍子胥，借吳軍以滅楚；詩辯之不勝，可「報官」而勝。

這一切是這樣理所當然，自然而然。

2009年4月17日，夏威夷無聞居

書友三札

程寶林致冉雲飛札

雲飛兄：

　　我獨居夏威夷，陽臺闊大，正對森林，每日晨間，猶聞雞鳴！遂記「雞既鳴矣，朝既盈矣」之句，加之夜雨漸瀝，平添「空階到明」之感，愈增思蜀之念。蓉城夜雨，落於青瓦平房，散為珠玉之聲，千年未易，而於十數年間，易而未可復得也。高廈蔽天，雨聲入夢之清境，只可覓之唐宋詩詞矣。

　　與兄相識，已逾廿載。我在蜀時，雖與兄偶遇於酒席，不過杯盞之交也。記憶猶深者，1991年川東之行，與兄鬥酒於野市，各飲包穀燒一觴，飲畢，乘船溯烏江而上，兩岸青崖夾峙，一江秋水東流，弄舟者乃一老婦，船中竟圈養雞豚，視波濤如平地，寄浮生於江流者，川東老婦也。每念及此，我心振奮。

　　憶昔在蓉時，恰如蘇詞：「當時共客長安，似二陸初來俱少年，有筆頭千字，胸中萬卷，致君堯舜，此事何難？」。所不同者，東坡子由，骨肉之親也；雲飛與我，少年豪氣，未知那年春夏，鋒利如刀；新我舊我，一揮而二。我遠走異邦，不過避世之人；兄奔波故國，誠乃振臂呼者。每念魯迅「荷戟仿徨」之句，腦中頓現雲飛形象。相距咫尺，不過相識；相隔萬里，始成相知。何也？氣同相求，道同而謀。氣者，自由之精神也；道者，民主之價值也。

兄之文人品格，為我所推許，大者有三：

一曰關愛中國，前人所謂鐵肩道義，辣手文章也。知世事難逆，世情難違，而戮力前行，日拱一卒，非懷赤子之心，莫能為也。知其不可為而為之，一人行則眾人行，啟民智，去蠻愚，以薪傳火，思想烽煙，終究蔽日。

二曰事母至孝。兄出農家，少歷貧寒，喪父既早，兼天兩兄，皆水晶棺主人之孽也。兄曾接母親，居蓉數年，早晚侍奉，以盡人倫。哭母之文，催人淚下。子侄遠來，鼎力相扶。只此二端，即為好人。老吾老，幼吾幼，推己及人，見諸文章，念茲在茲者，天下蒼生也。

三曰博覽群書。兄天資聰穎，博聞強記，我輩文人中鮮有出其右者。藏書萬卷，一日不讀，既為虛擲。思想既深，見聞亦廣，兼通英文，已具大家氣象。我嘗於海外諸多演講場合，書兄之大名於黑板，略有「適之之友」之嫌，無他，望兄如杜甫草堂之聯語：「文章驚海外」而已。

兄之博客，我嘗追讀再三，無奈一封再封，已無覓處。五千年文明，十萬里山河，容貪者、腐者，盈千累萬，獨不容兄之書生意氣，磊落文章。雖可一嘆，終究堪慶：我輩厭隨肥馬，憎附權門，亦可謀取衣食，於舊書之肆，散盡千金，帝力於我何有哉！

我之居島，教學之外，唯有讀書、飲酒二事。書乃洋書，酒為川酒，宜賓「尖莊」是也。既無文友，酒友亦無，誠太白「花間一壺酒，獨酌無相親」之況也。由是，蜀人蜀事常入我夢，蓋蜀中自有美酒，或有紅顏，定有舊書，確有「大風起兮雲飛揚」之雲飛兄也。

凌晨三時，淺睡早醒，見雲飛在敝博客留帖，而以此札作覆。行文至此，雄難初啼，不覺東方既白。

無聞居主人識

2008年10月6日晨，夏威夷無聞居

覆龔兄明德札

　　兄8月6日大札，賴網絡之神奇，片刻即達於弟之案頭。兄公諸博客，有「傳檄千里」之勢也，令弟莞爾。其時，蓉城驟雨未歇，而暑熱略退。遙想兄推窗而望，天地迷濛，兄之念弟，正與弟之念兄仿佛。弟之去蜀，已逾十載。世事如雲，世道日非。去歲汶川天崩地裂之巨震，弟未親歷；今夏蓉城鬼哭神嚎之烈火，弟僅「旁觀」。觀之而不忍觀，不忍觀而率性為文。兄因之而專札致弟，有所勸勉，弟頓首塵埃，不勝感念之至。

　　弟於急就短文〈冷漠成都今方信〉中，確乎提及蓉城友人，未對巴士大火，有一言見諸博客。弟之所指，豈我兄哉？兄與我聲相通，氣相投，同出草野，各歷艱辛，於斯時斯世，所見略同。兄退守書齋，弟負笈異國。足履或異，精神則一也。蓉城作家中，近年有暴得大名者，處此濁世，如魚游深淵，文字中，未有一字，及於民苦。兄曾記數年前之夏天，弟歸蓉數日，於四川省作家協會院內，遭數位蜀中俊杰冷遇之軼事否？「忍看朋輩成主席」，弟之所指，何須明言！

　　弟遠走異邦，今又歸化，落籍為民，可謂「悲欣交集」——弘一法師臨終之言，意境玄妙高深，僅此四字，已勝萬言矣。我等凡夫俗子，難窺堂奧。身寄異國萬頃波濤之外，心托故土一草一木之中。「長憶別時，景疏樓上，明月如水。」蘇詞輕吟，飄飄然蜀都在望

矣。獨坐於夏威夷闊大陽臺,滿月當空,銀光瀉於森森萬木之上,而遠山無語,數峰森然。當此萬籟俱寂,禪意生於胸臆之時,弟常喟然一嘆:坡公當年,不忍負此皓月,而尚有張懷民可訪。千年之下,偌大一歐胡島,可與弟相語如兄者,迄今不遇。兄未見美國之月,美國之月卻曾照兄。唐人張若虛之〈春江花月夜〉,此其謂乎?

弟未歸國,已逾四載。所幸雙親尚健,居於鄉間,不虞衣食,子孫繁盛。弟當於歲末年初,作故國之游。此番行程,僅限荊門、成都。在荊則陪父母,略盡人子之孝;在蓉則訪朋友,且作捫虱之談。兄或可以紅燒肉待弟,弟當省下一桌酒菜之資,陪兄作舊書肆之游也。溫此舊夢,何樂及之!

即頌教、撰雙祺!
無聞居主人程寶林上
2009年8月7日,夏威夷

注:龔明德,筆者同鄉兄長,著名現代文學版本考據家、散文家、編輯家。現為四川師範大學文學院教授。

致張阿泉札

阿泉兄:

兄關於書稿,兩簡均悉,謹遵兄囑。

二十餘年,白雲蒼狗,一兩面之緣者,忘之泰半,而兄纖弱文雅之少年書生形象,偶浮腦際。隱約記得,兄當年訪我於僻街陋室之

中，或為放兄嘆鳳之蕭。後知兄畢業回蒙，初在赤峰，我亦兩走異邦，相去萬里，真有關山迢遞之感。若非書緣，若無書所具之遠俗奇功，兄焉能望有今日初具之「大讀書人」（此詞乃我獨撰）氣勢，而你我何能重續翰墨之誼耶？

蒙兄不棄，邀我加盟「紙閱讀叢書」及後續叢書，甚感榮幸。我今後所寫讀書隨筆，當以英文原著閱讀為主，以我略具之英文之長、英文藏書之豐，而別於國內諸位讀書方家。比如，讀羅素「西方哲學史」，為其能以淺顯如許之英文，寫出豐厚深邃、文辭絕美之名著，擊節一嘆，即可發文一論。

明德兄此番遠游青城，為書所策，當苦力，為嘉賓，我實羨之。惜乎在蓉時，阮囊羞澀，未可壯遊。今或薄具川資，又身不由己，誠淵明「心為形役」之況也。與兄對飲塞外，或同醉蜀中，俟之他年矣。明德兄善烹紅燒肉，泉兄有幸一嘗乎？我在蜀時，明德曾餉我一鉢，記憶至今。

八十年代中至九十年代，我歷十年，耗銀數萬，聚書於成都無聞居。規模略具，我即去國；在舊金山，又歷十年，重建書房，西方文、史、哲英文名著，大體皆備，卻又遠至夏州，書難相隨。今日之我，略近中國，稍遠美國，四望汪洋、一心所系，大者兩國，小者，兩書房也。「客舍並州已十霜，歸心日夜憶咸陽。無端更渡桑乾水，卻望並州是故鄉」。前人之詩，乃我身處中西之間，心無所歸，惟書慰我平生大寂寞之情狀也。

夏威夷四季皆夏，兄之青城，初有秋意否？

即頌文安。

無聞居主人

2008年8月15日

第三輯

我思我悟

中國怪事

2007年10月1日和2日，我接連在人民日報海外版，讀到了兩則奇聞，不免想發點議論。這是中國才會有的事情，所以，既然我前幾天寫過一篇〈美國的事情〉，這篇就乾脆叫著〈中國的事情〉吧。

先說西瓜。

據我所知，西瓜來自域外，自古皆圓。魯迅就在散文〈故鄉〉裡，寫過閏土手持鋼叉，在月光下守護瓜田的情景。渾圓的西瓜，躺在一片銀輝裡，何其靜謐、安祥。

可是，我的家鄉所在的武漢市農科所，經過三年攻關選育，竟然種出了一種方形西瓜。從照片上看，西瓜皮上，還有「恭喜發財」，「福祿壽喜」之類的文字。報導說，「該瓜經模具壓縮、生物技術處理育成，品質優異，瓜皮韌性較強，不易被外力壓破。西瓜經壓縮後，單位體積營養密度增大，營養更豐富。」

簡單點說，這種西瓜，就是農科所，將幼瓜放入方形的「囚籠」裡，強迫它長成方形的一種畸形瓜。毫無疑問，這種怪瓜，失去了西瓜的圓潤之美，一定不會有多少市場價值。又是模具擠壓，又是生物技術，那些靠種西瓜謀生的瓜農，能夠從這種技術中受惠嗎？如果不能受惠，耗費來之不易的農業科研經費，獲得的這種所謂新產品，有何市場推廣價值可言？許多地方方言，比如四川方言裡，就用一個「瓜」字，來形容「愚蠢」，而用「方腦殼」，來比喻「死腦筋」。種出方形西瓜的武漢市農科所，可謂當得起這兩個四川字眼兒。

　　稍有生活常識的人都知道，買西瓜，就要買皮薄而脆，瓤厚而甜的瓜。如果皮太有「韌性」，牛皮一般，誰喜歡這樣的西瓜？稍有數學常識的人也知道，在同等重量下，圓形西瓜的皮，一定比方形西瓜為小。換而言之，方形西瓜，以其怪異，以「形」勝「質」了。這種強拗大自然的美學原則，改「圓」為「方」的所謂農業科技，除了徒費錢財人力之外，只能博我這個農人之子一嘆了。

　　無獨有偶，國慶節這天的人民日報海外版一版，赫然刊登了一則書訊：「《江澤民文選成語典故》出版發行」。報導說：「該書收錄了《江澤民文選》中引用的近千條成語典故，並作了通俗易懂、深入淺出的說明。該書展示了江澤民同志運用中華民族語言文字的高超藝術……」

　　我想起三十多年前，我還是小學三年級學生時，偶然從同學那裡，借到一本《漢語成語辭典》，於是，連夜在煤油燈下，抄錄那些辭條。冬夜寒風呼嘯，天井的屋簷，掛滿了冰柱，小小鄉村少年的手凍僵了，仍不肯稍歇，因為同學催還，一日緊似一日。記得我的語文老師戴德祥先生，還為此在班上表揚過我。

　　現在，中國的孩子們真是有福，再也不必抄錄成語辭典了。注釋《江澤民文選》成語典故的奇書一出，家長們就可以高枕無憂了。出版此書的人民出版社，應該趁勢推出《毛澤東選集成語典故》、《鄧小平選集成語典故》等，使之成為一套紅色成語典故經典，使「日破雲天萬里紅」（江澤民詩）的中國出版界，紅而又紅。

　　身居美國，即將從事中文教學，這樣一本書，對我可算非常有用。在成都，我有著名書友冉雲飛、龔明德二君。我遙托他們，代我購藏，以免洛陽紙貴，後來向隅。我要向學員們展示此書，籍以誇耀中華文

化。所謂「泱泱大國」，可不是胡吹的。吾國的領袖，講話中所引用的成語典故，就足夠專家學者作為一項重大工程來進行研究注釋。天朝威儀，莫此為甚了。可堪一嘆的是，美國的媒體，常常嘲笑布什總統，講話時有語法錯誤，用詞不當。我估計，將布什先生就任州長以來，所有公開演講中出現的英語錯誤搜集起來，完全可以編成一本《布什總統誤用英語輯析》，與中國的這本奇書互相映襯，各得其妙。

後面這則暢銷書的「點子」，國內任何出版社均不得竊取。版權所有，違者必究。

2007年10月5日晨，無聞居

憤怒的荔枝

據新華社2002年6月30日報導（刊登於美國世界日報7月1日A8版）：廣東公正拍賣行今天主持的廣東增城「西園掛綠」母樹荔枝拍賣會上，十棵珍果共拍得131.5萬元人民幣，其中一號珍果賣價55.5萬元人民幣。

設若楊貴妃在世，是否會派遣「皇家快騎」，晝夜兼程，從長安趕往在唐朝時尚屬瘴癘之地的廣東增城，參加這場曠世罕見的荔枝拍賣大會？如果她遣人競拍，終於得標，那麼，「紅塵一騎妃子笑，無人知是荔枝來」這兩句詩，就該改改了：「紅塵一騎妃子笑，無人知是西園綠。」

荔枝本是尋常水果，在中國南方，絕非什麼稀罕的東西，否則，東坡怎麼會說：「日啖荔枝三百顆，不辭長作嶺南人」？換在今日，55.5萬元人民幣一顆，諒他這個一貶再貶的清官、兩袖清風的文人，不要說一天吃三百顆，恐怕連荔枝殼也吃不起了吧？

何謂「西園掛綠」？該報導的文辭還算不錯，茲照錄如下：「這種荔枝外形獨特，成熟時蒂旁一邊突起稍高，一邊稍低，稱之為龍頭鳳尾，顏色四分微綠六分丹紅，有條綠線縱貫果身，果實肉質晶玉白，清脆可口帶微香。據記載，清代乾隆年間，『西園掛綠』就已成為皇室貢品。」

我不是果樹專家，但憑常識就可推知，不過是普通荔枝樹中少見的變異品種而已，何以會拍出55.5萬元一顆的天價？為什麼會有人，肯出這麼大的價錢，僅僅買一顆荔枝？他或她買回去，究竟打算派什麼用場？用於研究吧，似乎不像；用於送禮或行賄吧，似乎又過於招搖，在數量

上也嫌太少（讓受禮的某要人全家分而食之，成何體統！）；傳之子孫吧，荔枝這東西，又是時令果品，三、五天就會爛掉。最大的可能性只有一種：被吃掉而已，與任何非「西園掛綠」的荔枝毫無二致。

慣於從正面意義上看待荒誕之事的某些國人，或許會振振有詞地說：「這表明，中國人民不僅站起來了，而且，也富起來、闊起來了。」而我要說的是：在許多地方溫飽尚未完全解決的今天，卻已經有一少部份中國人，錢已多得「燒包」，不抖闊氣，枉自發財！而一擲萬金、十萬金，甚至五十五萬金，就為了一顆荔枝！

荔枝不同於文物、名家字畫。這些東西含有歷史、文化、藝術的價值，具有不可再生的屬性，而荔枝卻年年都可以結果，還可以人工培育。從理論上講，人類的生物技術，連人自身都可以複製，遑論荔枝！我可以預言，不出幾年，這種「西園掛綠」的荔枝完全可能價格暴跌，與西紅柿、土豆為伍。而在今天，一顆荔枝拍賣出55.5萬元人民幣的價格，天理不容！誰消費了這樣貴的一顆荔枝，誰就是我情感上最蔑視最厭惡的消費者。

近年來，中國礦災頻仍，一個小煤窯出事，幾十條、上百條生命轉眼遭遇滅頂之災。他們的撫恤金的具體金額，我並不清楚，但從海外的報導上得知，小礦主以兩三萬元人民幣打發死者家屬的事，並不鮮見。換而言之，這顆價值55.5萬元的荔枝，足以支付幾十名死難者的撫恤金；但是，一百顆、一千顆這樣貴的荔枝，也換不會一名苦命礦工螻蟻般的生命。

這顆堪稱世界上最昂貴的荔枝，使我產生了將自己的生命價值折算成荔枝的念頭。這樣一折算，我大大地降低了生命的尊嚴感。我知道，

自己枉自活了四十歲，倒不如一顆一口就能吞下，一小時後就會化為屎尿的荔枝更為值錢！

　　這顆荔枝，以它驚人的天價，降低或貶低了我作為人的存在價值。這顆祖國的荔枝，羞辱了我這個在海外打工多年，所擁有的財富仍抵不上一顆荔枝的海外游子，更無情嘲弄了她的絕大多數傾全家所有、財產都不足55.5萬元人民幣的普通人民！因此，儘管我熱愛中國，以身為中國人為榮，但我還是要在此宣布：那些舉牌競價的同胞，我恥於與他們為伍。

　　而「炒作」這樣荒誕的新聞事件，絕不是我的同行——中國新聞界的榮耀。在海外讀者眼裡，55.5萬元人民幣吃一顆荔枝，就和當年十億中國人民，分享毛澤東先生捨不得吃的兩個芒果一樣，是一場荒誕劇、一場鬧劇、一件為天下人所笑的絕對醜聞！

紅色旅遊與和諧社會

從2007年10月30日起，人民日報海外版，在頭版頭條位置，推出了「紅色旅遊為什麼這樣紅」系列報導。開篇之作是〈「紅色旅遊」紅遍中國〉，配發了編輯點評；第二篇是〈朋友，您瞭解『紅色旅遊』嗎？〉……

2005年歲末，我回國，借宿在京中舊友的家裡。女主人是從日本「海歸」的歷史學博士，剛從延安回來，帶回的禮物中就有一包陝北的小米；幾個月前，我的大學同班同學，任職某特殊行業報紙副總編輯的某君，帶領來自全國警界的一干人馬，「重走長征路」到了江西。我從網上得知，接待規格是一省公安廳領導禮送出省境，鄰省公安廳領導在省界迎接；一個月前，另一位大學同學，多次出國進修研究的博導教授，又在延安給我發來了國慶的祝福。

這些零散的印象，加在一起，被人民日報海外版這樣連續推出的大紅標題一渲染，我立刻產生了一種幻覺，覺得有關當局，似乎發誓要將全國有資格公費旅遊的人，都送到井崗山、韶山、寶塔山輪游一遍似的。

在人民日報記者孔曉寧的筆下，有這樣一段話，印證了我的感覺，雖然，那很可能是一段不大真實的話：「曾經有人擔心，紅色旅遊會不會變味為公費旅遊而難以持久？據全國『紅辦』今年7月完成的對部分紅色旅遊景區所作的遊客抽樣調查，目前自費遊客占六成左右；有的即使公費前往，也是自己出一點，單位補一點。」

事情還不僅僅只是公費旅遊，大量浪費民膏民脂這樣簡單。

　　這些紅色旅遊勝地，無一例外，都是暴力革命的發生與發展之地。暴力革命，作為現代社會政治文明的反動，作為社會變革諸種選項中破壞力最大、負面影響最久遠的選項，在賴之而起的政權建立起行之有效的行政管理系統後，本應該以「不得已而為之」的低調態度加以對待，迅速彌合戰爭和暴力革命加諸全民族的創傷，調動全民族的一切力量，開創民族復興的偉大事業，這樣才符合全民族長治久安、永遠吉祥的終極利益。但是，遺憾的是，五十多年來，我們看到的、聽到的、親身經歷過的，恰恰相反。一方面是耗費巨大社會財富的自我讚美和自我褒揚，一方面是殺無赦與鬥無窮的肉體與精神的摧殘。這種情形，遲至二十多年前，才漸漸有了改變，但遠未根絕。

　　現在而今眼目下，一方面，官方正在倡導建立和諧社會，另一方面，卻大力鼓勵「紅色旅遊」，向一代又一代的中國人，灌輸「只有革命，而且是暴力革命，才是中國唯一出路」這樣一種偏執的信仰。這其中所蘊含的價值系統的矛盾和荒誕，並不是人人都可以看見和感覺到的。畢竟，不用掏腰包，而能游而玩之，而且是「政治正確」的游玩。這樣的便宜，只有傻瓜才會拒絕。

　　五十年的新政，與五千年的文明相比，一瞬而已。如果在五十年的時間跨度裡，留在中華大地上的紅色紀念館、烈士陵園、博物館、愛國主義教育基地的總數和占地面積（且不論其耗費的社會財富），超過了五千年來留在中華大地上的其他人文勝跡，我很擔心，未來的千萬年歲月，我們的民族，將哪裡有地盤，來紀念我們民族已經誕生，而且還將誕生的偉大人物和偉大事件？

　　世界上從來沒有出現過萬世罔替的政權，也絕不會出現。任何一個政權，在歷史長河裡，都不過是暫時地在行使管理國家、統治人民的職

權。這些政權，有的來自槍桿，有的來自選票。給未來的中國主人翁，留下足夠的建立自己時代的紀念館的土地，給未來的中國管理者，如今的青少年們，在頭腦裡留一點與暴力崇拜、槍桿子崇拜、權力崇拜相異的價值觀發展空間，多對他們提供一點公民社會的基本權利教育，包括民主價值觀教育、人權價值觀教育，這才是建設和諧社會的要義啊！和諧社會，一要規則和制約，二要和平與妥協。這些紅色旅遊地，絲毫也沒有承載這樣的價值觀念，而是恰恰相反，中南海諸君，以他們那樣高的學歷，難道看不出來嗎？

目前的紅色旅遊，還處在初級階段，還僅限於國內。其實，只要有點想像力，完全可以將它推向國際。比如，我們可以推出，革命領袖遺體瞻仰游，行程如下：從天安門毛主席紀念堂出發，北上莫斯科，瞻仰紅場列寧墓，南下河內，瞻仰胡志明主席（有條件的話，順訪柬埔寨，憑吊波爾布特火葬地，同時去金邊的死難者紀念館看看他的革命成果）；東到平壤，瞻仰金日成主席。因為大概只有官員，才能享受這樣的國際紅色旅遊，所以，贈送給每位遊客微型的水晶棺紀念品，喻示「升官」，誰又會覺得晦氣呢？

我剛到美國的那年，美國的商業部長布朗丟了官，還被判了刑，因為一家公司，請他吃了幾頓豪華飯，還給他報銷了幾趟私人旅遊的費用。

天底下，竟然有這等荒唐之事。

更荒唐的是，旅遊度假這樣純屬個人享受的私事，據以上所引人民日報記者孔曉寧的報導，有40%的遊客使用的是公費（公費應被視為全體國民的共同財產，暫由國家財政管理使用，只能用於公共事務），該報不僅未加一字予以遏止，反而連篇以頭版頭條套紅標題加以推廣和鼓勵。

　　如果你是一個知識分子，你花了單位的幾千元人民幣，就是為了去吃一碗延安的小米，你應該愧對那些生產小米的人，因為絕對不可能有誰替他們出幾千元錢，去吃另一個革命聖地（比如井崗山）的另一碗小米。

　　即使你的光臨，客觀上使他們的日子，過得稍好了一點。

2007年11月3日

是勇敢，還是愚昧？

　　在近日的人民日報海外版上，讀到一則新華社的報導，標題是〈面對歹徒無所畏懼，勇敢少女名揚冰城〉。內容大致是：2002年2月18日21時30分許，哈爾濱某初中三年級十六歲的女學生李野獨自在姥姥家後屋，一個高大的歹徒突然闖入，用一把短刀將她逼住，要她將家裡的錢交出來。李野面對尖刀沒有畏懼，勇敢地與其搏鬥並大聲呼救。歹徒刺了她一刀後意欲逃走，她抓住歹徒不放，被歹徒刺了四十多刀。顯然，這個歹徒刀法不精，或許還曾刀下留情。她爬了十五分鐘才爬到前屋，「地上一條粗重的血線紀錄了這個勇敢女孩的正義精神」，她獲救後被授予該市香坊區「勇敢市民標兵」稱號，其母代表她接受了證書和一千元獎金。根據她的報案和提供的作案人形態特徵，公安局於次日將嫌犯抓獲。

　　讀了這篇報導，心裡很不是滋味。

　　恕我斗膽，向刊登這則新聞的該報總編輯問這樣一個問題：如果李野是您的女兒，只有十六歲，荳蔻年華剛剛開始，在同樣的情形下，您會鼓勵她不顧力量懸殊，不計任何後果，拼死反抗嗎？您是否真的願意自己的女兒身中四十多刀而家裡的錢財得以保全？萬一您的女兒被刺中心臟，一刀斃命，您是不是要哭斷肝腸，哀戚一生？

　　將手放在胸口，你如果回答說：「我會。」那麼，您是一個殘忍的人，至少是一個鐵石心腸的人；如果您的回答是：「我不會。」那麼，您是一個虛偽的人──您不願意自己的荳蔻年華的孩子與歹徒兔狼相搏，但鼓勵別人的孩子這樣做。用大眾傳媒鼓動社會的未成年人，以犧

牲生命為潛在的代價，以捍衛社會的「正義」，履行執法機關的職責，說得輕一點，是愚昧；說得重一點，是野蠻。

為什麼要鼓勵一個十六歲的孩子，冒著可能被剝奪生存權的危險，以維護財產權？我不由得想起了十多年前，曾經鬧過好一陣子的學習「英雄少年賴寧」運動：四川偏遠山區十三歲的少年賴寧，發現燃起了山火。為了保護集體財產，他「毅然」沖入火海，被活活燒死。最近這兩天，我看到有報導說，破獲了河南的兩個犯罪團夥，其中一個殺害了四十多人，另一個殺害了二十多人。歹徒視人命如草芥，固然是因為他們愚昧而殘忍。但是，幾十年來，我們從來沒有認真進行過「生命可貴」、「每一個個體生命都萬分珍貴、無可替代」這樣的價值觀教育，是不是也難辭其咎呢？我們的社會，一以貫之的是這種漠視個體生命，甚至鼓動未成年人拼命、不要命的野蠻愚昧教育，似乎為了國家，為了集體、為了社會、為了祖國，為了一切高尚的、偉大的理由，任何個體生命的喪失，不管他們多麼弱小、幼小，都是正常的，應該人人仿而效之。

現在，「與國際接軌」是時髦的話題。國人在生命觀上，也應該與國際接軌。鼓動未成年人面對歹徒與利器，作無謂的犧牲，不僅是野蠻，簡直就是教唆和害命。在美國，這甚至很可能是名為「置兒童於危險中」（Child Endangerment）的一項罪行。

我並不是說，面對歹徒就應該俯首帖耳，乖乖地聽從擺布。其實，孩子通常反應比成年人更為機靈，我們缺乏的是：如何教育孩子保護自己，用智力對付歹徒。前一陣子，北加州委內賀一名八歲的女童被歹徒綁架，她假裝服從，乖乖聽話，趁歹徒停車加油時逃出汽車，向路過的一名卡車司機奔去求救。不僅她保全了自己的性命，歹徒也很快落網。這才是真正的勇敢，而且是有智慧的勇敢，不是不要命的蠻勇。

在這篇報導裡，不正是因為李野報案和提供了作案人的體態特點，警方才將嫌犯逮捕的嗎？難道她不挨四十多刀，就不能報案和提供作案人的體態特點？如果她被捅死了，又如何能報案和提供作案人的體態特徵？

社會治安問題，歸根結底，有賴建立法治社會。這不是一個十六歲的女孩子，僅僅靠不要命就可以負載的問題。

2002年3月5日，舊金山無聞居

戾氣猶自浮中國

最近幾天的中國新聞中，好幾樁都是駭人聽聞的兇事：貴州興仁縣縣長一家六口滅門案；山西一鄉村教學點六名小學生毒殺案；甘肅臨夏某法庭庭長一家四口滅門案⋯⋯

與這幾起兇事同時吸引全球華人關注的，則是一樁發生在深圳的咄咄怪事：深圳警方將上百名妓女、嫖客公開示眾。

兇事與怪事之間，有什麼必然的內在聯繫嗎？

有的。那就是：戾氣。

去年，筆者生日時，寫了一首自壽詩，其中一句：「戾氣猶自浮中國」。

何謂「戾氣」？簡而言之，就是兇悍暴虐之氣。

土地是否吉祥、國家是否康樂，取決於馭民之策，與所馭之民。國家作為社會生活的組織者、策劃者、領導者、實施者，對自己的人民，起著無日無之的教化、熏陶作用。如果一個統治者，自建立政權之日起，萬事皆以鐵拳治國，將「鎮壓」、「打擊」、「嚴厲打擊」、「粉碎」、「砸爛」這類詞彙，作為自己萬試不爽的馭民靈藥，而從不教育民眾，懷寬容、慈悲、通達、關愛的「仁道」與「恕道」，並且，至今仍將禍國數十年的「階級鬥爭」，奉為執政的基本信條和理念，其治下的人民，如何能夠不仿而效之，一丁點大的事情，就演變成殺無赦的滅門慘案？

我生也晚，剛過不惑，屈指數來，經歷過的正式的或不那麼正式的政治運動，就多達十幾個。而在不算政治運動，純粹是施政措施的官方

行為中，我最感絕望的，至少有這樣兩樁：1983年8月開始、至今仍未棄絕的打擊刑事犯罪的「嚴打」，與九十年代初「兩院」（最高人民法院、最高人民檢察院）發布的關於貪污分子積極退贓不予追究的通告。

第一件事情，是造成了大量的冤假錯案，許多輕微犯罪的人，被判重刑，被判死刑。一個世界上以法律的名義殺人最多的國家，說它如何吉祥，無論如何是難以令人相信的。第二件事情，是我看到當時的報紙（包括我供職的報紙），頭版上出現退贓貪官的大幅照片，臉笑成了一朵花，乍看還以為是勞動模範呢！

法律是什麼？

故事影片《毛澤東的故事》（韓三平導演，峨嵋電影製片廠1993年毛誕生一百周年獻禮影片）中，有這樣一個鏡頭：天津高官劉青山、張子善貪污的調查報告，送到了毛的案頭。眉頭深鎖、怒氣難抑的毛主席，提筆在報告上寫道：「不殺不足以平民憤」。

一黨之政治領袖，將自己擺在了一個具體刑事案件的主審法官的位置，毛筆一揮，兩顆人頭落地，什麼審判，辯護、司法程序、犯罪嫌疑人的權利，一筆勾銷。

觀眾看到這裡，不是對其司法程序及公正性的質疑，而是對主席「從嚴治黨」、「揮淚斬馬」的由衷敬佩和讚嘆。

九十年代出品的另一部電影《挺進中原》，有這樣一場戲：劉鄧大軍初進大別山，物質匱乏。一名戰士闖入山間小鎮的一家雜貨店，未付錢就強行拿走了幾包粉條之類的貨品。劉鄧首長知道後，下令將該戰士判處死刑。店主苦苦求情、那名戰士也哀求，讓他到戰場上殺敵，死在敵人手裡。但他們的請求被嚴詞駁回。臨刑前，戰士哀求說：「用刀執行吧，省下一粒子彈，好打國民黨反動派！」

　　觀眾席裡，一片泣聲。革命軍隊「鐵的紀律」深深地打動了他們。相對於革命勝利的大局而言，一個窮人家的苦孩子的一條苦命，算得了什麼！

　　我們對於生命尊嚴、人權價值的教育，幾乎是空白。

　　幾年前，在家鄉一所初中擔任老師的一位朋友，寫過他帶領班上的學生，去參加公審公判大會的感受。在黑鴉鴉的看客中，混雜著一大群初歷人世的學生。他們看到審判台前，一排犯罪分子，胸掛黑牌，背插木樁，五花大綁地被押上戒備森嚴的卡車，開往野外的刑場。這位朋友文中透露，其中有一位年僅十九歲的青年，僅僅因為盜竊，而被判處了死刑。

　　如果我是那位老師，我有勇氣帶領學生，憤然離場，表示抗議嗎？他們不僅濫殺了一個很有可能改惡從善的青年，同時，又在那些幼小的看客心裡，種下了暴虐、殘忍的種子。一個具有悠久的殺人示眾傳統的國度，怎麼指望人民的心裡蓮花綻開！

　　話題回到深圳的「掃黃示眾」事件上。國家機器有權踐踏、蔑視人民的尊嚴（犯有罪錯的賣淫嫖娼人員同樣是中國公民，具有一個公民不可剝奪的尊嚴與人格），這樣的思維定勢與慣性，如果不是出現在深圳，也一定會在別的地方出現。它是毛時代揮之不去的陰影的偶然暴露。

　　看看這一事件中，照片上那些圍觀看客的眼睛吧！上千人的觀眾中，如果有一人挺身而出，高聲抗議：「你們這樣做，是侵犯人權的行為！」這一事件或許不至於如此令人感到悲哀和無望。他或她，很可能輕則被警方趕走，重則被以「妨礙公務」罪名，逮捕判刑。如果我在場，我雖然明知這是錯的，我肯定也會沉默以對。我的血性是有條件存在的，而奴性卻是無條件存在的。這絕不是我一個人的悲哀。

　　時代畢竟在進步。網路上的抗議之聲潮水般湧現，海外媒體對這一事件廣泛報導，可視為毛時代迴光返照的深圳「示眾」事件，應該可以落幕了。和諧社會，首先要求，社會將它的全部成員──人，當人看待。進而，將人，當公民看待。

　　如果說，治者對偉大屍體的展覽，歷漫漫三十年而民無可奈何的話，對活生生的人的示眾，短短一小時都不可容忍，不管以任何名目。

　　生活在海外，我對於身為中國人的榮耀，自不待言；同時，對於身為中國人的恥辱，也格外敏感。

　　比如，當看到自己的同胞，在國際性的大都市深圳，因輕微的罪錯而被公開示眾的鏡頭時。

殺人不過頭點地

1

　　下面是轉載自美國某網站的兩段文字。第一部分的作者為楊文峰，第二部分的作者不詳，但出處為《瞭望》新聞周刊。

一、深圳當局十萬元獎勵擊斃歹徒的警察，不可思議！

　　新聞報導，深圳一名警察開槍擊斃一名歹徒，當地政府舉辦儀式表揚他，並獎勵了十萬元現金。同一個報導說，東莞某地政府也獎勵了一名開槍擊斃歹徒的警察兩萬元。看到這樣的新聞，我先是不相信自己的眼睛，於是連續看幾遍；之後我不敢相信這樣的事情真發生了，但確實發生了；接下來我感到震驚和一陣又一陣的悲哀。我只是想弱弱的問一聲：這樣的新聞報導你看到沒有？你有什麼感覺？難道我的大陸同胞生得和世界人民真的不一樣？還是我已經不再是「中國人」？為什麼我感覺如此強烈，如此不適應？

　　兩則報導中歹徒都沒有槍，但持刀，可是並沒有傷到警察。當然，警察鳴槍示警了，歹徒不聽，而且還有反抗的行為。應該說，在這種情況下，能夠不開槍，能夠不使用一槍斃命只有警察單方面持有的手槍是最好的，哪怕為此負點傷，冒點險，也是應該的。因為人民養育警察就是為了讓你制服歹徒的，你平時應該多練習格鬥和制服歹徒的技能，你拿到人民的錢練習，應該是強制性的，否則，脫下你的警服，走人。如果說一名警察徒手制服了一個歹徒，或者使用不致命

的武器傷了歹徒從而讓歹徒無法繼續行兇，那麼我認為政府部門應該表揚這位警察，表揚他的勇敢、機智，鼓勵警察們平時更勤奮地練兵保民。

當然，開槍也不是完全不行的，有時，警察的力量處於弱勢，例如身體和人數遠遠弱於行兇的歹徒，或者那歹徒簡直是瘋狂了，要去傷害周圍的民眾，警察應該朝他們不致命的地方開槍，但也許打錯了，把他們打死了。這都是屬於警察同志的工作。只要在殺死歹徒後，進行嚴格的現場勘查和驗屍檢查（以確定當時是否必須開槍殺人），對開槍殺人的警察進行心理輔導，也就可以了。

但是，請你告訴我，這個世界上，有哪一個國家的政府會對這樣殺死歹徒的警察進行公開表揚，並獎勵十萬元？那個歹徒根本不是持槍對峙，你使用遠距離可以斃命的手槍，本身殺人後就應該接受嚴格調查。可你殺了人，竟然馬上獎勵了十萬元！獎勵他們勇敢地用手槍殺死了持刀的歹徒？還是讓我們看到，上海殺警察案不會重演？握有槍桿子的人民警察比只能握住刀把子的人民要「勇敢」得多？

人民警察，隨時拔出你們的手槍，殺吧。放心，你們是安全的，槍桿子只掌握在你們手裡！

二、國家公權如此殺人！

李銀河後來翻閱宗卷時發現，當她在學校閱讀開美國社會風氣的《金賽性學報告》的同時，在中國有人正因為所謂的「淫穢行為」而丟掉性命。她的研究裡曾摘錄這樣的案例：

被告人周×，男，五十九歲，日用化工廠車間看守員。1986年6月至1987年8月間，利用其看守某車間的便利條件，為何××等四位婦女賣

淫提供場所，並看門放哨。介紹嫖客達十七人，從中非法牟利六十元。檢察院以容留婦女賣淫罪起訴，法院以同罪對被告人周×判處死刑。

　　上世紀八十年代，有四對中年知識分子定期換偶，其中一位服刑人供述：「我心想，這頂多就是不道德，還不至於蹲監獄。終於我們經常在一起聚會的八個中年男女都犯了不可饒恕的流氓罪，有五個人被判了刑，那個助理工程師被槍斃了，他的老婆被判了死緩，我因流氓罪被判處有期徒刑十五年。」

<h2 style="text-align:center">2</h2>

殺人是萬惡中的大惡。

　　而國人，偏偏是喜歡看殺人的。至於被殺的人，是否罪大當誅，其實是一點也不必計較的。老百姓說，某人被槍斃了，只說是「敲了砂罐」。一顆頭顱的價值，不過抵得上一個砂罐而已。在我的小學到中學的同學中，聽說有兩人被槍斃了。雖然這些傳聞，我迄今還沒有能夠加以完全核實，但大抵不會是空穴來風。

　　六十年代末，一些倒楣的武漢城市居民，被強制舉家搬遷到了我的家鄉，將戶口落入農村。由於這批受害者，分散在全國的大城市，人數在數十萬到百萬之間，相對於上山下鄉的知識青年等群體來說，顯得微不足道，所以，他們的遭遇和聲音，迄今還很少見到被表達出來。他們是無聲無息地被一項殘酷無理的政策驅趕到鄉村裡的沉默的群體。

　　在我們荊門縣煙垢公社歇張大隊一小隊，有一戶彭姓武漢人，兄弟倆的名字我至今還記得。他們的妹妹是我的同學，我曾在一篇文章裡，寫過她拔掉瞎眼爺爺種在路邊的煙葉，「割資本主義尾巴」的故事。八十年代初以後，他們舉家搬回武漢。由於在大城市裡沒有正當職業，

兄弟倆參與了盜竊搶劫等犯罪活動。後來有消息從數百里外的武漢傳回村裡，說他們之中有一人，被「敲了砂罐」。

我在吳集中學讀高中時，學校新調來了一位有點流裡流氣的數學老師。姓李，一個講話腔調和我們鄉下完全不同，穿著打扮都洋氣一些的高個子同學，也隨他轉到了我們班上。原來，這是李老師的侄兒，名叫「李×雲」，中間那個字忘記了。我記得，有一次，我們全班同學帶著沖擔（一種類似扁擔，但兩頭安有鐵尖的擔具），到距離學校三裡外的學校農場，將稻草挑回食堂。沿著水渠，我倆各挑著一擔稻草，一邊走，一邊艱難地聊天，說是艱難，因為我個子不高，力氣不大，兩捆稻草著實不輕。四捆移動的稻草在互相對話，那種情景，我至今想起來都覺得好笑。

1980年，我考上大學後，因病休學，蒙好心人、沙洋汽車站站長魯志鵬伯伯的幫助，我借居在汽車站的會議室裡養病。無聊的時候，我就站在窗口，看乘客擠車，看小偷乘亂偷錢包，看派出所的便衣（其中就有借調到派出所工作的我的一位親戚），蹲在旁邊，用斗笠遮擋，等候當場抓獲。有一天，我一眼就看見了分別已經幾年的這位高個子同學。原來，他正要搭車回家。

聽到我一聲喊，他立刻奔過來，臉上露出同學相逢的喜悅。這個成績極其糟糕的同學，對於我能考上名牌大學卻不得不休學，真是既敬佩又嘆息。他在我的房間裡，足足呆了幾個小時，聊了他離開高中（他未能畢業）後的一些經歷，比如，在什麼工地幹活等等。最奇妙的是，他還對我吹了一通他和女人的「實質性」的經歷和體驗。對於從未接觸過異性、僅僅十八歲的我來說，他的經歷簡直是「下流」加精彩。我記得，他告訴我的是，他的第一個女人，是一個已婚婦女。

　　直到夕陽西下，最後一班客車發車，他才依依不捨地離開。可惜，當時的貧窮真是難以形容。我甚至沒有買一支五分錢的冰棍來招待他。

　　後來我聽說，在我深惡痛絕的首次「嚴打」中，他也因為「流氓行為」，被「敲了砂罐」。

　　那個將人的腦袋當砂罐的嗜血的制度，我對你豎起中指！

<h2 style="text-align:center">3</h2>

　　在我不算短暫的新聞從業生涯中，有幾件事情，一直「哽」在我的心裡。它們都跟槍擊有關。

　　大約在1987年左右，我供職的報紙，刊發了一則新聞，大意是說，攀枝花市的四名警察，在曠野之地，抓獲了兩名嫌犯。嫌犯拒捕逃逸，被當場擊斃。報導的標題和內容，都是讚揚警察英勇果斷，為民除害。

　　看了這則新聞，我的內心很不平靜，非常憤慨。

　　嫌犯是當地的農民，所犯也不是什麼殺人放火的大罪。四名武裝警察，在曠野之地，對付兩名赤手空拳的嫌犯，用得著使用致命武器嗎？就算他們逃逸，終究可以將他們抓獲歸案。可是，這些警察，採取了「就地處決」的方式。

　　1996年9月，我供職報紙的下屬子報《華西都市報》，刊登了這樣一則社會新聞，大意如下：有關部門接報，一名犯罪嫌疑人，在某茶館現身，身上可能藏有一顆手榴彈。於是，一隊武警，便裝尾隨這名嫌犯出城。黃昏時分，嫌犯來到曠野裡，躲在一棵大樹後，這隊武警於是對他一起開火，嫌犯身中七十多槍。事後在附近發現了一顆手榴彈。

　　如果報導屬實，那麼，這隊武警，是否曾經試圖讓這名嫌犯繳械投降？是否像在美國電影裡那樣，在安全距離之外，用擴音器對他喊話，要他將手高舉過頭頂，慢慢地，從他藏身的樹後走出來？

　　嫌犯身中七十多槍，他的身體，恐怕已經變成了滿是窟窿的篩子。

　　萬一線報有誤，那人並不是犯罪分子，身上也並沒有手榴彈？

　　看了這則新聞，我心裡同樣憤慨。我書生氣十足地寫了一封信，從我辦公室所在的十二樓，坐電梯上到華西都市報所在的十七樓，將這封抨擊這種殘暴執法的信，當面交給了該報要聞部的負責人。

　　這位負責人面露難色和不解之色，好像在問：你一個副刊編輯，管我們社會新聞作甚？讀了我的信，他說：「你在美國呆了兩年，觀念已經有點變了。可這是中國，中國有中國的國情啊！」

　　我知道，在中國，最簡單的辦法，也許不是最公平的辦法，但一定是最省事，最少麻煩的辦法，比如，省略審理、監禁的一應程序，將犯罪嫌疑人，一槍斃命。

　　只要對空鳴槍一發示警，就可能讓嫌犯束手就擒，卻生生要用七十多發子彈，將他的身體打得遍體窟窿。那是何其動聽的一陣劈劈啪啪啊！

4

　　而最令我悲哀難言的，卻是發生在美國的一件慘劇。

　　2009年2月，在曾經發生過韓國學生校園屠殺慘案的美國弗吉尼亞理工學院，一位來自上海的博士生，將剛剛入學不久的一位名叫楊欣的女生，當眾殺死，並割下了她的腦袋。

　　對於如此令人髮指的獸行，對於這樣慘絕人寰的悲劇，使用中文的網民們，卻並沒有一邊倒地譴責行兇者。相反，網上流傳的，是殺人

者如何天才，如何優秀的種種帖子，而被害者，卻被搜索成了一個濫交的、毫無羞恥的壞女人，並有人極其下流、下作地給她起了一個「插座」的綽號。對加害者稱譽，對受害者施辱，這是什麼樣的民族，什麼樣的文化，什麼樣的心理，什麼樣的道義？

魯迅先生曾在《狂人日記》裡說，我看了半夜，在書裡，只看到了「吃人」二字。

我是主張廢除死刑的。雖然，目前在中國還沒有可能，但今後，終究會走到這一步。畢竟，用法律的名義殺人，絕不是什麼文明的事情。

在無法廢除死刑的今天，我們，作為讀書人、寫作者，一定要高聲呼喊：慎殺、少殺，不得不殺的時候，才無奈殺之。只有當一個國家，不管它多麼強大，在面臨剝奪一個公民的生命權的司法選擇時，也懷有戒懼之心，將殺人看作是一件天大的、艱難的事情，生活在這個國家的所有人，才會獲得真正的安全感，並進而獲得人之為人的：尊嚴。

一個用法律殺死一個人，輕易得如同掐死一個臭蟲，或踏死一隻螞蟻的國家，人神共憤，必遭天譴。嗜殺者播灑在人民血液中的「殺」的毒素，有一天會突然爆發。

歷史的長河中，這樣的例子難道還少嗎？

2008年11月19日初稿
2009年4月2日星期四，夏威夷無聞居

私刑的傳統

　　報載，2002年3月10日，在陝西省周至縣距縣城不足二公里的涼水泉村內，一名向來被視為地方惡霸的村民李小棟，被數百村民活活打死。事發後上百村民集體至該縣公安局投案自首。該報導列舉了李小棟的種種惡行、劣跡，咋然一看，覺得這傢伙真是死有餘辜。

　　然而，且慢！這數百村民，究竟憑什麼剝奪李小棟的生存權，用棍棒加拳腳宣判他的死刑，並立即執行？在這起「為民除害」的「民間司法」行為中，當事的數百村民，既充任了「被告」的公訴人，也兼任起審判法官之職，更承擔了執行人的角色。群情激憤、怒不可遏的民眾一身而三任，沒有辯護人也不容辯護的李小棟，除了在光天化日之下被活活打死之外，還會有什麼其他的選擇？

　　「民間司法」一詞，我未曾見過，大概是我在此獨創。所謂「民間司法」，說得簡單點，就是「私刑」。「私刑」的傳統，在吾國可算是源遠流長。在「舊社會」，已婚女子「偷人」，不過是愛情或情欲使然，懲罰竟是關在竹籠裡，綁上巨石「沉潭」；小時候讀一本描寫抗日戰爭的小說，書名好像叫《烈火金剛》什麼的，其中就有私刑的詳細描寫：某家有一個二兒子，跟鬼子和漢奸貼得緊，當爸爸的就和大兒子商量，半夜時分，將繩子套在二兒子的脖子上。在二兒子的聲聲哀告下，乃父與乃兄各在一端用力拉，一會兒，二兒子就一命嗚呼了。書中這段可怕的正面描寫，在我幼小的心靈裡，埋下了因生命常常被親人剝奪而恐懼的種子。

即使到了改革開放的時代，正面地、至少是非譴責性地報導私刑的例子，還不時可以見諸報端。我永遠記得，1983年，在中國第一次開展整治社會治安的「嚴打」運動時，某省報曾刊登過這樣一則新聞：〈為戒子，母親斷兒指〉，說的是該省一位母親，為了懲戒經常小偷小摸的兒子，毅然揮刀砍斷了他用來當「鉗工」（偷東西）的食指和中指。八十年代末期，在我供職的省報上，也有這樣的新聞：成都附近某縣的一對七旬老夫婦，見兒子橫行鄉里，遂起為民除害之念，趁兒子熟睡時，用鋤頭將兒子鋤死在蚊帳內。後來，這兩位「大義滅親」的老人，僅被判處兩三年的徒刑，且是緩刑。

還有一件私刑事件曾見諸報端，令我多年來憤憤不平：八十年代末期某年，四川大巴山某地，有一個基層幹部，做惡多端，某天趕集時，被遭他欺負的一家兄弟三人逼在河灘上。這人向岸上、橋上圍觀的數千人下跪求救、求情，竟無一人出面予以攔阻、勸解。眼睜睜地，這個村幹部被兄弟三人用亂石砸死在河攤上。

長期以來，在中國的司法審判慣例中，「民憤」似乎是決定量刑的一大重要因素。小時候讀判刑的布告，常常可以見到這樣的句子：「實不殺不足以平民憤。」在這裡，主觀的民憤，白紙黑字地構成了衡量客觀罪行的標準之一。毫無疑問，這是人治的法律，而非法治的法律。在一個真正法治的國家裡，一個人，如果罪不當誅，即使民憤皆曰可殺，誰敢殺之？反之，如果一個人罪在不赦，即使民情皆曰可囿，誰敢赦之？最近，美國一名德州女子，在浴缸裡溺死了自己的五個子女，認為她該殺的人實在不少，但陪審團裁定她精神方面存在問題，且對社會已不構成危害，最後判處她終生監禁，就是司法不應受到輿情影響的實例。

　　當然，民憤是民心的表現形式之一。但民憤一旦失控，怒火中燒的民眾，頃刻之間就會變成暴民。而由暴民所施予的懲罰，很難說有任何正義、公正的因素了。當數百雙拳腳向一個生命個體襲去時，這種憤怒的力量就構成了一種「動能」，它帶有慣性，更帶有盲從性。國人舍「公民」而取「暴民」，一旦形成風氣、釀成氣候、小則害人，大則危國，「肉食者」宜慎謀之。

　　屈死的李小棟，雖然我也討厭你的惡行，但活活將你打死，卻是最大的惡行。如果我在現場，我會張開文人無縛雞之力的雙手，勸阻甚至阻擋那如雨的拳腳和棍棒，而不惜被打得半死、甚至一同被打死嗎？恐怕我也會怯懦地躲在一邊，無助地、悲憤地，看一群人，剝奪一個人的性命，在光天化日之下，在朗朗乾坤之中。

　　以上的文字，寫於2002年3月17日。一年多以後，2003年5月前後，我在美國的中文報紙上，讀到這樣一則消息：湖北省公路警察總隊規定，對於持械搶劫的車匪路霸可當場打死。讀到這則消息，我相當懷疑，因為海外華文媒體中，無中生有誣衊中國的報導並不鮮見。公路警察總隊，其性質是執法部門，怎麼有權力頒布人命關天的法規呢？如果持械搶劫可當場將嫌疑人打死，那麼，司法中就沒有「防衛過當」這一條了。鼓勵公民挺身而出，制止犯罪，這無可厚非，但不分青紅皂白，對持械搶劫者當場打死，這樣的社會，就完全不是法治社會，而是私刑社會了。在任何情形下，公民都絕無司法權，逾越了這一點，就是反文明、反人道、反法治的野蠻和殘忍。

　　想不到的是，當年6月中旬，我回到老家湖北鄉村探親，見到許多公路邊的牆上，果然用石灰刷著這樣的大幅標語：「車匪路霸持械搶劫可當場擊斃，群眾打死有獎！」在長途汽車的駕駛座前方，也貼著類似

的標語：「警方提醒乘客：車匪路霸持械搶劫可當場擊斃，群眾打死有獎！」這條標語中，前者鼓勵公安人員濫用槍械，對無辜者構成巨大的誤傷威脅；後者鼓動群眾「以暴制暴」。設想一下，車上有幾個幼童，見到滿車乘客，將一兩個、兩三個持械的搶劫嫌犯，打得腦漿四濺、血流滿地，這樣血腥的刺激，即使不會使他們成為瘋子，也會在他們心裡，種下隱藏的暴戾的種子。更令我憤慨的是，打死人居然有獎，獎金從何而來？將「殺人」與經濟效益掛起鈎來，天底下還有比這更野蠻的行為嗎？

前不久，中國的憲法裡，終於補進了一條：「政府尊重和保護人權。」這其中，理所當然包括犯罪嫌疑人不可被剝奪的獲得公平審判權、充分的辯護權，更不用說，犯罪嫌疑人的生命權。一條「當場擊斃，打死有獎」的標語，使我仿佛回到了中世紀。

讓我們對那些見義勇為制止犯罪的公民，表達由衷的敬意。社會的正氣，有賴他們才得以重建；但是，如果犯罪嫌疑人已經停止作案，或是已被制伏，無法繼續作案，他們還在義憤甚至獎金的驅動下，將犯罪嫌疑人當場打死，那麼，他們應受的法律制裁，絕不應該因為他們「為民除害」而稍有減輕。

令我悲哀難言的是，當我將這條標語告訴國內甚至美國文化圈子裡的朋友時，許多人竟然這樣回答我：「這沒有什麼不對啊？那些車匪路霸確實可惡，打死了活該！」

2004年4月5日

因為你是中國人

最近，中國媒體報導，《口岸愛滋病防治管理辦法》，經2007年5月30日國家質量監督檢驗檢疫總局局務會議審議通過，於12月1日實施。《辦法》規定，在境外居住一年以上的中國公民，入境時應到口岸設立的檢測點進行愛滋病檢測或領取檢測申請表，一個月之內到口岸檢測點或縣級以上醫院進行檢測；到中國居住的外國公民，也要憑中國縣級以上醫院出具的含愛滋病檢測結果的檢測報告，到公安局辦理居留手續。

不常進行國際旅行的人，可能看不出這則《辦法》有什麼值得議論之處。但對於居住在外國，而仍然手持中華人民共和國護照的人（也就是說，中國公民）來說，上世紀九十年代初施行過若干年，自己的國家對自己的公民格外「關心」的那一幕，又在現實生活中復活。國家一個行政管理部門的一次工作會議，就可以決定每年入境中國的數百萬、上千萬中國人「難逃一針」的待遇，並由此，從那一管被抽取的鮮血裡，為國家創造出數億元的收入。

1996年8月12日，在經過了初闖美國的兩年奮鬥後，我帶著當初出國時的三個大箱子，帶著既沒有減少也沒有增加的日常用品，抵達香港。在港工作的一位同學，送我坐火車，由香港抵達深圳，回到祖國。在羅湖橋，他持香港通行證順利入境，卻等了又等，不見我出關，原來，我被邊防值勤人員一把拽住，命令我到旁邊的一間小屋子裡，抽血化驗，檢測愛滋病。看著那些白人、黑人，毫無阻礙地進入中國，四散而去，而我這個中國公民，卻在國門前被攔下，被強制抽取一管鮮血，我的感

觸非常複雜：憤怒、屈辱、被搶劫──抽那一管鮮血，我必須當場支付二百元人民幣。

　　離開祖國兩年後，這是我在中國的第一筆支出，沒有商榷的餘地。看著那些持外國護照的人，無須抽血，不必交錢，就可以進入自己的國家，我不可能心裡毫無感觸。我想，如果生活在海外，比生活在中國更容易感染愛滋病的話，那麼，那些外國公民，不是比短期出國的中國公民，更容易感染愛滋病嗎？進一步論證，中國的政府部門，憑什麼覺得，出國的中國公民，更容易感染愛滋病？他們又不需要到外國去賣血，像河南上蔡縣文樓村的村民那樣？

　　實際的情形恰恰相反：初出國門的中國人，在異國他鄉，忙於學習、謀生，很少聽說有人去那些「紅燈區」尋歡作樂。多年以來，我們腦子中的外國，特別是美國，被渲染成燈紅酒綠、紙醉金迷，墮落的資產階級，過著荒淫無恥的生活。其實，在海外生活的中國人，絕大多數都過著節儉、樸素、自律、甚至或多或少禁欲的生活，因為，他們不具有可以墮落、荒淫的物質條件和社會環境，當然，極個別的中國女性，在美國從事色情行業，這也不用諱言。

　　在深圳入境口岸，我繳納了二百元錢，被抽取了一管鮮血後，我回到祖國的懷抱。大約兩個多月後，在我漸忘此事時，我收到深圳衛生防疫站寄來的一個信封，打開一看，裡面是我的愛滋病檢測報告：陰性。假如不是陰性呢？假如我是一個生活不檢，回國買春的人呢？傻瓜都知道，今日中國，那些涉性的娛樂場所，甚至大多開在公安局的旁邊，而正是因為開在公安局旁邊，生意才格外紅火。

　　中國的愛滋病發病率，令人擔憂地向上竄升著。加強對愛滋病高危人群的管理、教育和監督，才是遏止、控制這一趨勢的正途。正視中國

存在著龐大的性工作者這一事實，並將它納入國家健康與疾病管理的重點防區，這並不意味著，國家承認娼妓業合法。在這裡，我們不妨向美國學習：每年的4月15日，是美國公民和居民申報上年度所得稅的最後期限。報稅季節來臨時，國稅局的官員，都會到電視臺和移民社區進行演講，鼓勵非法移民報稅。官員說：非法移民提供給國稅局的任何個人資料，絕對不會落到移民局手裡。即使移民局從國稅局獲取了非法移民的資料，也毫無用處，因為，任何非法獲取的資料，都不具有法律效力。這就是說，同為美國政府的兩個部門，國稅局和移民局，並不共享資料，更不會聯手打擊非法移民。他們各司其職，互相制約，而非協作，以確保執法的公平性。

中國的衛生檢疫部門，應該向所有與顧客有身體接觸的行業從業人員（包括醫護人員），核發愛滋病檢測安全卡，持卡服務。但是，在卡上要注明：此卡只證明持卡人，在卡上所標示的檢測日期，愛滋病檢測結果為陰性。言外之意就是說，它並不能證明持卡人所從事的服務是合法工作。沒有誰能說這是針對某幾類人某些行業的歧視行為，因為，連醫生護士都要接受檢測，誰能說不公平？

可惜的是，幾年前惡評如潮，弄得海外中國人怨聲載道的一項被廢棄的行政規定，現在，又要鹹魚翻身了。回國入境時被抽一針自然難免，抽取那一管鮮血的費用，大概不止二百元人民幣了吧？在對「海歸」千呼萬喚、中國被描繪成創業天堂的今日，千千萬萬回到祖國的中國公民，接受這毫無道理的見面禮，心中怕是要五味雜陳吧？除非中國政府，對全民進行強制性、免費的愛滋病檢測，否則，就難以排除這樣一種顯而易見的人群歧視兼創收嫌疑：海外中國人，是愛滋病高危人

群，這一點，與國內的地下娼妓業從業人員一樣。所不同的是，後者沒有入境口岸可以擋住、收錢、抽血。

　　身為中國人，自有其驕傲。但深感恥辱的時候，卻也不少，而且，加諸這種恥辱感的，常常是自己的祖國。五十年代初奉召回國，參加新中國建設的那一批「海歸」，後來，未受祖國牢獄之災、反右之禍、文革之難的，十不遺一、就是前車之鑑；海外僑胞的財產，被強奪、被侵占、被沒收的，難覓例外，其歷史後遺症，迄今尚未完全化解。下面的一個故事，則和身為中國人的人格尊嚴有關。

　　一位我在美國認識的朋友，1997年回國不久，打算帶妻子去美國玩一趟，為妻子辦理護照，並領取了出境卡（1989年之後，中國公安部門，在國際法公認的護照與簽證乃國際旅行僅需的兩種合法證明之外，以行政規定的方式，增加了第三道關口：出境卡，訂在護照內頁），出境卡上標明：出境地：美國；出境期：短期。後來，由於申請美國簽證未果，他打算帶妻子到泰國游玩一趟，了卻妻子的出國夢。

　　在省城公安局出入境管理處簽證大廳裡，牆上的公告欄，鑲嵌著堂皇的《中華人民共和國出入境管理法》，文後標著立法者：全國人民代表大會常務委員會及施行日期。其中一條，明確規定：申請護照後變更出境目的地的，憑目的地國家或地區的有效入境簽證，前往公安局換發出境卡，無須提供其他證明材料。

　　這位朋友坐飛機趕到昆明，為自己、兒子和妻子申請了三張到泰國的旅遊簽證。他心裡美滋滋地想，手裡還留著一點美元，可以帶妻兒去泰國好好玩玩了。參加旅行團，被拉著走馬觀花，哪有一家人自由度假來得輕鬆愉快？

　　朋友來到公安局出入境管理處簽證大廳，向警官要求更換出境卡。警官將六歲的兒子的護照，和三十四歲半的妻子的護照，拿起看了幾分鐘，回答說：「這本護照上的出境卡，可以更換；這一本，不可以更換。」

　　前者，是兒子；後者，是妻子。

　　朋友大惑不解，指著牆上出入境管理法的那條規定，要求警官作出解釋。朋友是書生氣十足的人，加上在美國生活過幾年，法治意識和公民權利意識有所覺醒。

　　那位年約三十多歲的警官，壓低聲音，對朋友說：「本來，我不應該告訴你實情的：最近，鑑於許多中國女性，到泰國從事有辱國格的活動，我們公安部內部規定：三十五歲以下的中國婦女，不准持因私護照赴泰旅遊，一律參團前往，團進團出。」

　　朋友感到怒氣難遏，屈辱感直衝腦門。他爭辯說：「我們是一家三口，前去旅遊。難道我的妻子，會當著我和兒子的面，去泰國從事有辱國格的行為嗎？」見警官不為所動，他口氣軟了一點，以期望通融的語氣說：「你看看護照上的出生日期，她再過五個月，就滿三十五歲了。」

　　說完這句話，他立刻感到了後悔，因為，這種近似懇求的語調，透露出了他骨子裡的奴性。

　　警官相當和藹。他說：「再等等吧，半年後，滿了三十五歲再來，不為難你。」當然，那時，入境有效期為三個月的泰國旅遊簽證，早已過期。

　　中國公安部，認定中國婦女到泰國賣淫（「有辱國格行為」是其體面語）的年齡上限為三十五歲。也就是說，超過三十五歲的中國婦女，

到泰國去，賣都沒有人要，所以，允准前往。因此，公安部，作為中華人民共和國的一個行政執法部門，以一項並不見諸媒體的內部規定，甚至只是一通電話，就推翻，或者說，顛覆（請注意，中國的歷代統治者，都很喜歡用這個字眼，將自己討厭的思想異端者和放膽狂言者，不外乎詩人或文人，送入監獄）了中國最高立法機構——全國人民代表大會常務委員會審核批准的，具有中國出入境管理事務最高約束力的一部法律的其中至少一項條款。

中國婦女出國賣淫，以三十五歲為最高年限，有醫學的、生理學的、社會學的統計數字作依據嗎？朋友想寫信給中國婦女聯合會，問問該會有什麼想法。我勸他不要意氣用事，徒費筆墨和郵票。現在，事過十多年，這條名為維護中國國格，實為侮辱中國婦女的「內部規定」，應該早已取消了吧？但它留給中國女性身為中國人的恥辱感，並沒有淡忘。

就算一萬個三十五歲以下的中國婦女，持因私護照前往泰國旅遊，都是為了賣淫，但第一萬零一個女性旅遊者，卻純粹是為了旅遊，這個女性的合法出境權利就理應得到保護，因為她在法律保護的涵蓋範圍之內。而法律是什麼？法律是一視同仁、沒有例外、且一以貫之，難以變易的行為準則，在準則之內的行為，無任何力量可以懲罰，美國的大法官不行、總統不行，中國的國家主席，也不行。形象點說，就是任何一部單項法律，其大，都等於天，而憲法，則大於天。無須深奧的法律知識，我們都知道，法律，可以推翻、取代（supersede）法規，而法規，卻不可以反過來取代法律。這個道理，就像一加一等於二一樣，無須闡述和證明。

寫下這篇文章的標題，我的內心其實是很無奈的。它的標題應該是：「因為我是中國人」。我期望，在深圳的羅湖口岸、上海浦東機

場、北京國際機場這樣的入境口岸，開設有專供中國公民入境的特別通道，讓他們比外國公民，更快地通關。他們早一分鐘回到祖國，就對祖國的愛多一分。我甚至期望，那些海關官員，都像空姐那樣漂亮，有著燦爛的、溫馨的笑臉，讓久別中國的公民，一踏上祖國的土地，就有游子萬里歸家的親切，而不是一臉的官員嘴臉，外加一根令人生畏的、吸血的針頭。如果與我同行的外國人，疑惑地問我：「你為什麼可以走那條快速通道？」我就大聲地用英語告訴他：「因為我是中國人，而這裡是中國。我理所當然擁有比你多的特權。」

可惜，我不再有這樣的機會了。不久，我就要放棄中國公民的身份。我想，在我手持美國護照，第一次入境美國的時候，走在美國公民特別通道上，抬頭看海關上懸掛的，歡迎美國公民海外歸來的標語：Welcome Home（歡迎回家），我的淚水，會不會悄悄流下臉頰？

2007年12月11日

又見包公

　　安徽是包拯故里，中國民間千百年來如盼甘霖、如仰神靈的「包青天」，就出生在那片淮河流過的大地上。在京劇舞臺上，我們所熟知的包公，上不畏君，下不欺民，在吏治混亂如麻的封建時代，以自己剛正秉公的執法品格，作出了許多天地為之驚（如鍘駙馬）、鬼神為之泣（如斬親侄）的悲壯之舉。用現代司法文明的標準來衡量，包拯的許多舉措，自然不足師法，但他那份憫民疾苦的善良，卻是為官之道的首義。如果一個人，吃著國家的「俸祿」，對民間的冤情卻睜隻眼閉只眼，裝著沒看見，那才真叫「屍位素餐」。可嘆的是，這樣的官，即使到了與時俱進的今日，官場上也還不算少見。以我們近幾年的經驗，看到電視上剪彩、題字、發言、顧盼生雄的袞袞諸公，焉知他們不是藏著護照、隨時準備「溜之乎也」的貪污腐敗分子呢？

　　安徽也是中國當代農村改革的發祥地。在中國歷史悠久的自耕農失去土地，成為準「勞動營」的人民公社社員後，中國農民一夜之間，變成了既不擁有土地、也不擁有自主支配農產品權利的純粹勞動力。赤貧與饑餓，迫使十幾戶安徽農民，自發地、秘密地簽下「生死書」，偷偷地將土地私自承包，自主耕耘。他們互相承諾：如果有人因此而坐牢、殺頭，幸存者有義務將遇難者的子女撫養成人。

　　據報導，由十七個農民簽名的這份「生死書」，已被中國歷史博物館收藏。石破天驚的這一舉措，確實是中國當代史上既悲且壯的一頁：悲的是，作為這個國家憲法意義上的主人公的農民，僅僅為了吃飽飯而變換一下土地的耕作與經營方式，竟會冒著巨大的危險——不僅是牢獄

之災，更可能是殺身之禍；壯的是，這些農民，並沒有在巨大的死亡威脅前屈服，他們的舉動，為全國近九億農民，換來了身為農民的最起碼的權利──對土地的自主經營權。這種權利，說得直白一點，就是一個「佃農」應有的權利。

時光如水。二十多年後，「2003年4月7日，安徽肥東縣五十歲的農民陸珍權，應老闆陸元平的邀請，去全椒縣古河鎮做煙花爆竹。4月17日，陸珍權所在的煙花廠被當地派出所查封，陸珍權被刑拘並批捕。9月24日，全椒縣人民法院以非法製造爆炸物罪一審判處陸珍權有期徒刑十一年。」（《人民日報》海外版2004年1月15日）

這條消息，我是先在美國的華文報紙上讀到，然後，又在這份面向海外僑胞、堪稱具全球影響的黨報上得到證實的。讀完後，我跌坐在沙發上，半天不想說一句話。來美國之前，我也曾當過十多年的記者，對於新聞，有著近乎職業性的關注。但刊登在報紙不起眼的右下角的這則短新聞，卻如同一記響亮的耳光，打在我這個常常以身為中國人、尤其是中國鄉村人為榮的「海外遊子」的臉上，打得我呆在那裡，如同白痴。我心裡一直在翻騰這樣兩個數字：九天打工、十一年鐵牢，「法」的鐵拳，落在這個農民的頭上，竟有泰山壓頂之重。

衡量一個國家的法治程度與人權狀況，可以有無數的標準，但其中有一個標準，卻是不可忽略的：法治健全、人權完整的國家，在司法過程中，一定是「執法從嚴、量刑從寬」的。「執法從嚴」，就是說，無論多輕微的觸法，都必須加以追究。但在具體處罰時，卻要秉持「從寬」的原則。中華民族的最大聖賢孔子，早在兩千年前就曾感嘆過：「苛政猛於虎。」千百年來，中國的統治者，歷朝歷代，都是以嚴刑峻法來對付人民的，與之並行不悖的，則是「刑不上大夫」的傳統。拜時

代進步之賜，現在，隨著一個又一個的高官大吏被「雙規」、被刑拘、被逮捕、被審判、被處決，「大夫」這樣的特權階層，已不可免於刑責了。但陸珍權這樣的「草民」呢？當事人明顯誤觸法網，且未造成任何社會危害，為什麼要將他當作恐怖分子重判？他受人所雇，在公開的（顯系非法）工廠裡，製造的畢竟只是煙花爆竹，而不是炸彈，為什麼要將他判處如此駭人聽聞的重刑？

中國的農民，因長期的漠視與忽略，加之歷史的因襲和包袱，存在著普遍的人口素質較低的現象，這其中就包括了千千萬萬法律意識淡薄、甚至對法律無知的「法盲」。應該說，造成這種特殊的中國國情，雖然不能全部歸咎於統治者的決策，然而，統治者決策的一誤再誤，卻也是難辭其咎的。不久以前，我在《人民日報》海外版上，讀到一則消息，報導國務院舉行專門的工作會議，研究和部署農村教育問題。報導用不無驕傲的語氣說，這是建國以來，國務院第一次召開專門的工作會議，討論農村教育問題。記者的本意，當然是凸現國家對農村的重視與關懷。不過，反過來一想，建國半個多世紀以來，國務院召開的各種工作會議，何止千萬，獨獨從來沒有召開過農村教育會議，遲至2004年才有此舉，這不是「破天荒」是什麼？陸珍權或許並不知道，他的雇主開設的爆竹作坊是非法經營的，他更不知道，自己受雇打幾天工，掙點辛苦錢，不僅要受牢獄之災，而且，是長達十一年的刑期。這種苛刑、如此峻法，比中東某些阿拉伯國家，民眾偷點東西會被砍手、女人偷條漢子會遭亂石砸死，顯然要仁慈一些，但也仁慈不了多少。說得好聽一點，這是典型的「以法欺民」；說得不好聽一點，簡直就是草菅人命了。

我必須強調，私自製造煙花爆竹，確實對社會構成嚴重的潛在危害。近年來，因爆竹廠爆炸，導致重大生命與財產損失的惡性事故時有

發生。這種悲劇，就和小煤礦頻頻發生死亡慘劇一樣，如果不從根本和源頭上加以杜絕，今後還會不斷發生。地方政府、各級職能部門，善盡監督和引導之責，是確保這類悲劇不再發生的關鍵。但是，就陸珍權的個案而言，他並沒有故意危害社會的動機，更沒有造成危害社會的後果，稀裡糊塗被別人請去打了幾天工，就換來漫漫十一年的徒刑。我不敢對安徽省全椒縣人民法院表達我的憤怒，以免換來「藐視法庭」的罪名。我只想問一句：轟動全國、在媒體、網路和海內外引起強烈反響的哈爾濱「寶馬」撞人案，肇事者不管是故意殺人也好，過失殺人也好，或者，是最終定案的交通肇事也好，導致一個中國公民（不幸的是，她的身份也是農民）喪生，這一後果不可謂不嚴重。而當事人所受的刑罰，不過是短短兩年的徒刑（且緩刑三年），外加二萬元的賠償金而已。發生時間相差僅數月的這兩個案件，其罪責的輕重和量刑的輕重，在法律這個天平上，竟然是如此的錯置與顛倒，難道這兩個地方的法院，所依據的不是同一部法律嗎？

慶幸的是，陸珍權遇到了「貴人」、一個像包公一樣打抱不平的人。他就是安徽省人大代表管叔琪。後來，陸珍權被滁州中級人民法院二審改判有期徒刑三年、緩刑三年。報導說，「管叔琪瞭解案情後，遂幫陸珍權聘請律師、整理材料，向省人大內司委和滁州市人大反映情況，同時找省高級法院領導反映。在省人大常委會審議省高院審判監督報告時，管叔琪提出對該案進行審判監督的意見。2003年11月28日，滁州市中院二審作出上述改判。12月16日，陸珍權回到朝思暮想的家。」（據新華社合肥1月14日電，記者王正忠、儲葉來，人民日報海外版1月15日報導）。

　　報導沒有詳細透露管叔琪的其他個人背景，所以，從他幫陸珍權聘請律師、不斷反映冤情、對該案提出審判監督等措施來看，他是一個富有同情心、正義感、且有一定社會影響力的好人。國家的進步、社會的發展、法治的健全、人權的保障，都需要這樣的好人。但是，僅僅指望遇到這樣古道心腸的好人，卻無法從根本上保障公民觸犯法律後，接受公平審判、公正量刑的基本權利。設想一下，如果陸珍權沒有遇見管叔琪這個省人大代表，或者，管叔琪抱著事不關己、閑事少管的態度，根本不理陸珍權的伸冤請求，這個倒楣的農民，怕是要六十一歲後才能步出牢門了。

　　我相信，總有一天，中國的司法系統，會由隨機抽選的公民陪審員判決制度，取代弊端叢生的專業法官判決制度，那時候，法官聽命於政法委書記、政法委書記聽命於黨委書記的咄咄怪事，大概就要壽終正寢了。那時候，我們就可以驕傲地說，中國的法律，真正成了一種「一以貫之、天下皆然」的公平制度，再也不是一根橡皮筋，執政的人想繃多緊就繃多緊、執法的人想拉多長就拉多長了。

2004年4月16日，美國舊金山無聞居

自由表達是網絡的靈魂
——聖誕日斷想

1

此刻，美國夏威夷時間，12月25日凌晨6時，窗外雨聲和風聲響成一片。中國，已進入12月26日。那是中國一個政治鐵腕人物的生日。在他統治中國的二十七年裡，人民沒有絲毫表達思想的自由。最低限度的表達，比如，一份油印小報上的一篇文章，甚至，街頭的幾條標語，導致的後果，可以嚴重到：槍斃。

如果老人家活到今天，互聯網上，每天不知該有多少人會被槍斃，或者，根本就沒有互聯網，就像我們那個兄弟之邦一樣。許許多多的「逃北者」（為了吃飽肚子而逃到中國的難民），被抓回去的後果是被槍斃。在一個人民吃不飽飯的國家，「偉大的領導者」仍然無比偉大。

允許自由表達，鼓勵思想交流甚至交鋒，是互聯網的靈魂。

互聯網改變世界。有了互聯網，世界才真正成為地球村。

2

幾天前，我寫了一篇散文〈我見青山多嫵媚〉，文章中涉及到家鄉的一家林業加工企業：寶源木業。

家鄉的市政府，正在推動現代林業試點市的建設。在電視上，我看到，主持新聞發布會的，正是我在荊門最好的朋友之一。他有兩個身

份：宣傳官員和詩人。我和他打交道，都是因為他的後者身份。在這個級別不算高的官員和我這個平頭百姓之間，友情甚至可以追溯到近三十年前一個寒冷的冬夜，我摸進他的學生宿舍借宿一晚。

如果我是一個乖巧的人，我大可以寫一篇：〈寶源遍地栽綠「寶」，農民滾滾添財「源」〉之類的文章。作為一個科班出身的，專業的前新聞工作者，我做這點事不費吹灰之力。

我的朋友，這位外宣官員，滿可以將這樣的一篇稿子，打印後，用他的官方渠道，遞交給家鄉的市長和書記。我下次回去，或許還可以榮幸地，至少混一頓官宴的款待。

我的另一個朋友，以飽學國學為我所敬的李先生，是這個論壇的版主。他關於該林業企業的帖子標題中，將其視為荊門「新生的兒子」，其態度或者說「輿論導向」應該是相當明確的了。

如果我是一個聰明的人，我大可以寫一篇：〈寶源開業十年後，荊門遍地九龍穀〉這樣的文章。同樣，我做這樣的文章，不費吹灰之力。

我為什麼要說出，哪怕是含蓄地說出，和他們不同的意見？

因為，我信仰自由表達。如果沒有觀念碰撞、思想交流、信息流通，互聯網就是死網。

3

說了和兩位朋友不盡相同的話，我們仍然是朋友。

有一個人，揪住我文章中最後的兩句話不放：

「古代聖賢的話言猶在耳。

在土地、莊稼和林木之上，人民手足無措。」

他說，他不屬於「人民」，我也不屬於，我為什麼要用這個詞？

在中國，我還沒有見過，自稱不屬於「人民」的人。難道他住在中南海，或是荊門的市委大院裡，到他家去要通過警衛？

人民是什麼？已故的詩人臧克家在三十年代就寫過一首詩〈人民是什麼？〉

> 人民是什麼？
> 是一面旗幟嗎？
> 用的時候打開，
> 不用的時候捲起來！

在中國古代的典籍裡，「人」與「民」常常並列，但語義仍有分別。如《孟子‧滕文公篇第三》：「後稷教民稼穡，樹藝五穀，五穀熟而民人育。人之有道也，飽食暖衣，逸居而無教，則近於禽獸。」在這裡，「民」指的是王道教化所及的全體百姓，而「人」，是構成「民」這個整體的個體。「民人」就是今天的「人民」。

只有到了現代，以「階級鬥爭」為主要表現形式，以「剩餘價值」學說為核心價值取向，以「仇恨教育」和「社會暴力」為基本特徵的，具有原教旨色彩的共產主義理念，在中國，經過出生於今天的那個政治鐵腕人物的狂熱鼓吹，而達到登峰造極的程度，「人民」這一概念才被政治化：本來含義為一國之內，所有自然人的「人民」，被人為地壓縮內涵：只有忠於和擁護現行的一切制度和價值觀的，才是人民，否則，就是敵人。

所以，在毛時代，我們常常可以聽到售貨員（那時的售貨員相當於今天的公務員，甚至更牛氣！）和顧客這樣爭吵：

顧客：「你這樣的服務態度，是怎麼為人民服務的？」

售貨員：「老子服務的是人民，不是你！」

我為什麼不可以，在原初的意義上，使用「人民」這個詞？

4

我已無話可說，只好沉默。

2008年12月25日星期四，6時40分寫畢。

誰不恐懼？

朋友冉兄在自己的博客上，貼出了一篇文章〈恐懼並不可恥〉。這樣一個勇敢的文人，在我看來，他被「捉進官去」，以「莫須有」之罪名，關幾年，只是遲早的事情（但願這不祥的預言永不兌現）。畢竟，「煽顛」之荊冠，套在一個以文字為生，對時政多所批評的書生頭上，費不了多少力氣。

連他都承認，自己也是怯懦之人。

誰無恐懼，誰不怯懦？

自從我們記事以來，恐懼就在我們的心裡，深深地埋下了種子。它一天天地發芽，長大，成為籠罩我們一生的巨大陰影。

遠的不去說它。就說說1980年以來的那些事情吧。這可是改革開放肇始，國門漸開的年頭。

大家也許忘記了「蛤蟆鏡」、「喇叭褲」。那個時代的時尚，被視為「奇裝異服」。1983年春節後，我路過故鄉沙洋小鎮，回北京的大學。在漢江堤上，親眼看見幾個戴紅袖標的人，將時髦青年的喇叭褲，用剪刀鉸到膝蓋以上；將女青年的「大波浪」披肩髮，鉸到齊脖頸。

晚上，在武漢，我借宿在同學宿舍。這位同學所在的大學，正好與湖北日報共一個院子。我寫了一篇短文，批評這種野蠻干涉個人穿衣自由的行為。拿著稿子，我到了編輯部，找到值班的負責人，一位五十多歲的老先生（當時我二十一歲，看任何四十歲以上的人都很老），表揚我說：「年輕人，能獨立觀察社會現象，這很好。但稿子不能採用。因為這是運動。」

什麼運動？不准跳交誼舞的運動，不准唱鄧麗君的運動。那次短命的運動，有一個正式的名車：「肅清精神污染。」

而我們的精神，被專制、強橫、霸道的制度，污染了多少年？

也就是在那一年的八月，一場突如其來的「嚴打」風暴，一夜之間，席捲全國。這場風暴對法治精神的摧毀和破壞，迄今還沒有多少人有清醒的認識，文學藝術作品也很少觸及。我不明白，法律為什麼可以被行政命令取代？為什麼，那數以萬計的涉嫌輕微犯罪的人，會僅僅因為撞到了「風頭」上，就活該倒楣，輕罪重判，殺戒濫開？

最近，網上流傳著一封倡議書，名為《08憲章》，附有數百個簽名。在上面，我發現了蜀中老詩人流沙河先生的名字。說真的，我除了敬佩，只有慚愧。因為，我不會在那份倡議書上簽名，根於恐懼，出於怯懦。

2003年，一個湖北大學生，在廣州被警察活活打死。他的名字現在也應該是敏感字。我相信，廣州欠他一座雕像，惡的制度，欠他一條生命。

2008年，也是在廣州，一個打工的青年，出於貪心，從自動取款機上，盜取了十七萬元人民幣。他後來被一審判處無期徒刑。如果不是網絡上的抗議之聲，導致後來他被改判五年徒刑，他怕是要為區區十七萬元，終生為這個國家，服無償的勞役。我不是專業的法律工作者，我只是將一個中國青年的終生自由，放在天平的一方；將十七萬元人民幣，放在天平的另一方。我深知，十七萬元，只是許多中國富豪一兩天的零用錢，或者，幾頓華宴的費用。它卻要一個年僅二十出頭的中國青年，拿一輩子來換。

2008年，上海，一人獨殺六人。舉國轟動，「殺人者死」這一信條，遭到了前所未有的挑戰和顛覆。其實，魏晉時傅玄的樂府詩〈秦女

休行〉，早就寫過類似的故事。「殺人當伏法，義不苟活隳舊章」。利刃一出，天下為之一驚。我不知道，這是悲哀的恐懼，還是恐懼的悲哀。

天下沒有不散的宴席，世上也沒有不易的政權。這個「易」，既有「白刀子進去，紅刀子出來」的革命，也有如今這場類似「公車上書」般的溫和倡言。與其人易，何如自易？一個民族和解、歷史功過分明、與世界潮流同步的中國，難道不是中華民族之福？民主，自由與人權，這些普世價值，難道真是洪水猛獸嗎？

寄身海外，仍不能免於恐懼！在恐懼中期待，在期待中恐懼。

2008年12月15日，夏威夷無聞居

無話可說

1

在兩天裡，讀到三則新聞，像連吃三隻死耗子一樣，心裡堵得慌，也噁心得慌。我不敢說，我的內心是憤怒而厭憎的，但是，確實，我只有憤怒和厭憎。

其一、上海台商一家三口滅門慘案。兩個犯案人，年齡都只有二十歲左右，也就是說，他們是在改革開放已經開始數年的八十年代初出生並接受教育的青年人，正值人生的黃金時代。走上邪路，入室搶劫遇到反抗，奪門而逃應該算是天良未泯了，何至於連殺三人，連四歲的女童也不放過？在這兩個年輕人的眼裡，宋先生一家三口的命，難道與雞鴨無異？

能幹的上海警方，在江蘇警方配合下，案發二十四小時就將兇嫌逮捕歸案，海外驚嘆。我當然也不免驚嘆，但是，憑著自己十多年中國媒體的從業經驗，我知道：大凡涉及外國、涉及港臺客人的案件，總是破案神速的，我們不是經常在報紙上讀到諸如某外賓財物被盜，幾小時內物歸原主、且分文未失的報導嗎？如果案件不是發生在如今堪稱中國第一市的上海，而是某個偏僻小邑，天高「皇帝」遠的地方，破案就未見得這樣神速了。

比如，最近發生在四川成都市金堂縣的一個事涉普通中國人，而非外賓、港臺同胞的案件，就很能說明問題。說金堂是荒僻地方，自然是無稽之談。該縣位於富饒傲人的川西平原中心，緊鄰成都，距成都不過

三十分鐘車程，著名詩人流沙河的故鄉就在那裡。今年6月4日，該縣一名村婦李桂芳，涉嫌盜竊，被該縣城郊派出所拘留。審查期間，該嫌疑人對辦案人、兩名副所長王新、盧曉輝反映，說自己三歲的女兒獨自在家，無人照應，請兩位人民警官幫助她聯繫其姐照顧。兩位副所長敷衍塞責，將如此重大的一件「小事」，交給一名警校實習生辦理。實習生打了幾個電話，沒找到嫌疑人的姐姐，也就將它置諸腦後，誰也沒有告訴一聲。

這位想必也是農村出生的警校實習生，難道不知道，即使在今日農村，擁有電話的家庭仍然是極為稀少的？難道電話已經成為今日農村的主要通訊工具了嗎？

十七天之後，有村民報告，說這名被拘者的屋內有異味傳出。在自古號稱「天府之國」的成都近郊，在據報導我國的經濟增長率今年仍可望達到7%的今天，一個三歲的農村女童（她很可能成長為未來的女市長、女藝術家、女醫學家。生在偉大的國家，躬逢偉大的時代，她的前途具有無限的可能性），在金堂縣人民政府的下屬行政執法部門──公安局拘留了其母親後，活活餓死在自己家裡！

請原諒我，不厭其煩地在此抄錄下有關人員的處理結果：

「成都市公安局決定對金堂縣公安局城郊派出所副所長王新、副所長盧曉輝以涉嫌瀆職罪執行刑事拘留；對該派出所所長劉繼國、副所長王際勇、民警黃小兵、王華麟停止執行職務；免去清白江區公安分局團結村派出所所長王國富所長職務，給予行政記大過處份；教導員丘小琳，停止執行職務；對團結村派出所市警校實習學生穆羽作開除學籍處理；金堂縣公安局政委吳仕見引咎辭職，待調查結束後，依照有關規定處理（以上摘自美國世界日報2003年6月26日中國新聞版。該報系轉載中

國新聞社25日成都電）。

或許有人會說，這只是單一的、偶發性的玩忽職守事件，絕大多數警察都是人民的公僕。對此，我不會、不該，更不敢持有異議。

2

回過頭來談論那個三歲的女童。毫無疑問，在中國的報紙上，揭露美國的黑暗面的文章、報導，我們都耳熟能詳，且深信不疑。但美國強制性的社會監護制度，卻無疑有它好的一面：任何家庭，如果虐待自己的子女，或是被證明無力撫養子女，都會被「社工」（social worker）安排領養，親生父母如果要領回自己的骨肉，非要打一兩場官司不可。這種制度，將每個孩子看作是美利堅民族的國家財富，不管他是什麼種族和信仰，來自什麼國家。

這名金堂縣女童，原本可以得救的：警方將她母親拘押後，毫無疑問應該對這名小孩的托養，作出妥善的安排，或交給民政部門，或請求親友照料。這一群穿官衣，輕民命的混蛋，根本就沒有想到，自己有責任親自去嫌疑人的家裡看看，只是打了幾個電話，就忘了個一乾二淨。

從另一個方面來說，也同樣讓人氣憤不平：當地的基層黨組織、基層行政機構，比如，黨支部、比如，村委會，究竟在幹些什麼？就我所知，金堂縣是沃野平疇、人煙稠密之地，村莊一個挨著一個，絕非高山峻嶺，一家獨居。家裡的女主人被拘留了，難道沒有人知道，這家還有一個三歲小童，無吃無喝嗎？難道無人聽到孩子的啼哭、叫喊？在這裡，我不忍心對於喪失愛女的這位農婦，也加以指責：她原本可以在拘留所裡，大聲抗議、甚至絕食——直到辦案人員將自己女兒的托管情況，明確告訴她為止。但是，或許是愚昧，更多的可能是歸於怯懦和奴

性，終於使得她不敢開口，否則，這一悲劇也本可避免。想一想，連孫志剛這樣的大學生，被收容後僅僅因為高聲抗議，就慘遭毆斃，一個或許從未被「送官究辦」的、毫無見識的村婦，被關進拘留所後，嚇得失去了正常的反應能力，這是完全可以理解的。

　　在這裡，我不願，但必須將我的一段痛苦記憶寫出來。在我的村子裡，正對著我家、相距只有十米的，是另一戶人家。他家有一個四肢癱瘓的人，在我小時候，他已經四十多歲了，從來沒有見過陽光，所以，白的像鬼。偶爾，他的家人會將他搬到門口，坐在一張小桌上，讓他朝街上張望。那種時刻，對他來說，就是過節。有時候，我們還會和他下軍棋。他的智力有限，根本不是我們的對手，但是，無論他輸得多慘，他都笑得令人起雞皮疙瘩──那是終生不見陽光的人才會有的那種笑聲。後來，他死了。負責照料他的侄子，將家搬到了離村子幾里遠的一個荒僻地方居住。他就死在了那裡。多年以前，我從四川回去，聽我們家的老太太（我叔曾祖父的妻子，由我家贍養）說，在他家沒有從我們家對面搬走前，村民經常聽到這個癱子，在裡屋哭喊，說「我餓啊，我餓啊！」我家老太太多次趁他家沒有人時（農村人短暫出門幹農活，一般並不鎖門，最多將門虛掩），邁著小腳，趕緊端一碗吃的東西過去，倒給那個癱子。時間久了，被他的家裡人發現，遭了這家媳婦的一頓臭罵，老太太也就再也不敢了。

　　這個故事是我心裡的痛。當地有沒有村幹部？當然有；有沒有黨組織？當然有；鄉鎮有沒有民政幹部？當然有。民政部門的福利與救濟檔案裡，有沒有我家對面那家的那個癱子？我不敢保證（這家人曾經是倒楣的富農成份）。我敢保證的是，除了他的侄子一家幾十年的照料（在貧窮的農村，養一個癱子在家，居然還能娶上媳婦，這是我至今感到驚

訝的地方）、像我家老太太那樣的善心村民偶爾的、自發的同情外，這個癱子，與他出生的這個國家，沒有構成任何形式的聯繫和關係。他甚至連名字都沒有，除了「癱子」這個稱呼外。他活著，是一堆無法動彈的肉，死了，是一堆腐爛成泥的肉。

前幾年，我又一次回家探親，母親在閑聊時告訴我：附近一個村裡，有個婆婆，才五十多歲，頭天還見她有說有笑，半夜就死了，第二天就埋了。村民中有人議論，說她可能是被自己的兒子和媳婦半夜害死的。當時，距離這事不過二十多天。我書生氣地對母親說：「那個村是幾村幾組，死者叫什麼名字？我到市裡，可以給市公安局打個電話，看他們是否願意去看看。」母親一聽，臉嚇得變色，趕緊制止我說：「你不要給我惹事，招仇。那個村的幹部都不管，你在四川，管得過來嗎？」說來說去，落在一句話上：對生命的輕賤。它不僅成為民族文化傳統中最大的糟粕之一、也構成了現代官僚體制的組成部份。

我清楚地記得，十多年前，我從四川回老家探親，在荊門市搭上長途客車，見到兩名農民打扮的青年男子，用麻袋抬著一個沉甸甸、鋼桶一樣的東西上車。我一看麻袋口，原來是從荊門市煉油廠灌的天然氣，準備運回家裡。我仗著自己的記者身份，對這兄弟倆說：「這是危險品，不能搬到客車上來吧？」兄弟倆瞪了我一眼，其中一人說：「司機都讓我們上車，你管什麼閑事！」我轉而對司機說：「你們這樣將危險品和旅客混運，違反安全規定啊！」司機斜了我一眼，不屑地說：「我們這裡都是這樣的，你怕死就下車，自己坐小車嘛！」那時真窮，買好的車票又不能退，我和新婚的妻子，就這樣和全車旅客一起，守著這個隨時可能因震蕩而爆炸、燃燒的「炸彈」，朝我的故鄉駛去。半路上，當這兄弟倆終於將那個「炸彈」抬下車時，我和全車人都松了一口氣。

在我的身上，也有這樣的奴性和惰性。在退回去不過二十多年前，僅僅說錯一句話，就可能倒楣一輩子的社會環境裡長大，人們對於不公平的接受和忍耐能力，也是我們民族文化傳統中的糟粕之一。如果全車的乘客發出怒吼，那兄弟倆斷然不敢將天然氣罐搬上客車；如果我當時立刻下車，找到汽車站的負責人，出示自己「黨報」記者的記者證，向他抗議，甚至，向市政府書面反映情況，或許，情形會大為不同。

美國人喜歡說一個詞：fight back，就是「回擊」、「還手」之意。這是令我佩服、尊敬的一種民族精神。遇到任何不公平的對待，不管它來自哪裡，都要fight back。李姓農婦，如果你用自己合情合理的方式，陳情不靈，就抗議；抗議不靈，就抗爭，你的女兒一定可以得救。

3

在這裡，我不得不涉及到第三則新聞。據南方都市報報導，1974年6月24日，廣西玉林地區農民謝洪武，因涉嫌私藏反動傳單，被民兵關進玉林市監所。據說，他曾拿刀子，打算搶民兵的槍。後來，有關部門認為他瘋了，便沒有對他進行審判。就這樣，一個既無明確案由、又無犯罪事實，更無犯罪證據，從未受到審判的中國公民，被廣西拘留了二十八年零六個月。按照《刑事訴訟法》的規定，犯罪嫌疑人的拘留期不得超過三十天，也就是說，他的被拘留，是刑法規定的最長拘留期的三百四十二倍。

這二十八年來，中國發生了翻天覆地的變化。今日的中國，與1974年的中國相比，已經有天壤之別了。中國正在變得越來越好，越來越進步，越來越富裕，越來越繁榮，人權紀錄也越來越良好。但是，這些都與謝洪武無關。在他莫明其妙度過了自己的青壯年時光、在2002年10

月三十日被釋放出「獄」（加引號是因為，他根本連監獄的門都沒有邁進，就失去了自由達二十八年之久）時，已經既不能言，又不能走，年齡已達六十二歲。在那個拘留所，二十八年來天知道有多少人事更迭、「鐵打的營盤流水的兵」，只要有任何一個所長、副所長、教導員、肯稍微費點精力，過問一下這個以所為「家」的「鐵杆囚徒」，翻翻他的案卷，就會發現，除了一張泛黃的刑拘證，空無一物。

　　一個沒有任何案卷材料的嫌犯，這個自稱以法治國的國家，憑什麼將他拘押二十八年零六個月之久，在平白無故毀了他的一生的同時，白白耗費了國家如此龐大的司法資源？據報導，謝洪武已委托律師，請求國家賠償七十七萬元。這是令我高興的事情。所謂國家賠償，在我的理解，就是國家在行使自己的公權力時，犯了嚴重的錯誤，給自己的公民造成了無法彌補的損害，因此給予一定金額的財產補償。在「普天之下，莫非王土；率土之濱，莫非王臣」的這個封建遺產豐厚的國度，設立國家賠償制度，這不能不說是邁向現代化的重大進步。這表明，一個自然人犯了錯誤，要受到法律的追究；一個國家，一個政體、一種制度，如果犯了嚴重的錯誤，也有承擔責任的勇氣和道義。為此，我要向謝洪武說，你做得對，你甚至可以索取七百七十萬的國家賠償。你不是請求，是索賠。一個基層警察，去抓一個嫌疑人，毫無疑問，他是作為這個國家的基本代表去執法的。他頭上的國徽就是明證。他的任何公務行為，都是「國家行為」的組成部份。這樣的人犯了大錯，判徒刑兩三年、摘官帽兩三人，並不能從根本上杜絕那種駭人聽聞的瀆職行為。

　　我還想說，我的國家，你不僅是社會生活的最高組織者，更是全社會的最大「雇主」和「老闆」。你千萬不要雇用那些會讓你賠償大筆金錢的混蛋、草包、有權欲無心肝的人，當你的行政幹部，尤其是執法人

員。這樣的昏官庸吏一多，這樣的索賠案件一多、勇於控告自己的「父母官」、敢於運用法律武器，向自己的國家索賠的、具有現代公民意識和覺悟的人滿街滿巷，遍於國中，那時，要怎樣的財政部長，才能確保國庫不宣告「破產」？那時的中國，官員公幹，必盡心竭力；警察執法，必如履薄冰。那時的中國，律師的名氣當直追歌星，法官的地位應高於書記。四川金堂縣的農婦李桂芳，你不僅有權，而且應該索取國家賠償。

這樣的事件，使得包括我自己作品在內的那些沽名釣譽、吟風月、玩機巧的淺薄文字，變得輕如鴻毛、一錢不值。因為，這才是生命中不能承受之重。它不具有昆德拉小說中的那種抒情性的憂傷，更多的，它是卡夫卡小說中的那種鐵色的、冷面的荒誕。小學三年級時，我讀到了第一本關於革命者的書籍《方志敏的一生》。雖然我並不是一個革命者，我所謂的十幾年「革命」工作經歷，不過是養家糊口而已。我至今記得他的話：我在人心裡摸索，摸到的是死亡般的冰冷（大意）。在這個惡疫肆虐，全國萬眾一心抗擊「非典」、民族精神空前煥發、國家凝聚力大大加強、海外一片贊譽之聲的六月，在人文鼎盛、物阜民勤的「天府之國」腹心，一個三歲的女童，在警察抓走了自己的母親後，竟然活活餓死在自己家裡！方志敏先生，如果你仍然健在，你在這些人的心裡，會摸到什麼？是滾燙的血、還是死亡般的冰冷？你的死、千千萬萬和你一樣的優秀中國人的死，才使得這些人，穿上了有臂章的警服，戴上了有國徽的警帽。是什麼東西，使得他們變得如此冷漠，把一條幼小的生命，看得輕如草芥、微如螻蟻？因為想說的太多，終於，無話可說，也不敢再說。

2003年6月26日於美國舊金山，急就。

自由價更高

在國內的許多舊日朋友，如今都過起錦衣玉食的生活來了。

他們對生活在美國的我，漸漸有了些同情。「洛陽才子他鄉老」，說的是我嗎？這個「他鄉」，在萬里波濤之外。

生活在美國，仍然是一種privilege（特權），而不是right（權利）。這就像我在加州車輛管理局（DMV）免費發行的《駕駛手冊》上讀到的開篇之語：開車是一項特權，而不是一項權利。

產生這樣的感嘆，源於我前幾天，在自己的博客上，貼出了一篇短文〈中國的事情〉。因為文中出現了中國前最高領導人的姓名，結果，發出後，電腦上的回覆是：「你的帖子含有敏感字符，須經過審查」之類的字樣。好在過了一天，帖子終於出現在我的博客上了。

我知道，我的朋友中，有犀利思想，敢作不平之鳴的，大抵不會有好果子吃。浙江的舊日詩友，不是又要作六年的囚窗之望嗎？

我從骨子裡堅信，任何人，絕不應該因為公開說過的話、發表過的文字，而受到任何形式的處罰。我也同樣堅信，一個人，無論多麼厲害，無論如何也不會對一個有七千多萬成員的政治團體構成任何威脅。

此刻的我，正在自己的書房裡，一邊收看中央電視臺第四頻道關於「十七大」的報導，一邊寫此短文。一年前，我訂購了美國大型電視信號公司DISHNETWORK推廣的中國電視「長城平臺」套餐。在我的屋頂上，安裝著一台衛星信號接收器，通過它，我可以收看如下的電視頻道：鳳凰衛視一台、二台（從中我知道了〈魯豫有約〉，有點喜歡這個女子和她的節目）、中央電視臺四台（新聞）、九台（英語）、戲劇頻

道、電影頻道、湖南衛視、南方電視臺、東方電視臺（上海）、江蘇衛視、福建海峽衛視、黃河電視臺（山西）等十七個中國電視頻道，每月月費不到三十美元。

前來免費安裝接收器的，是一個黑人小夥。我和他聊天，問他去過中國嗎？他說，沒有，怕坐飛機。他和中國有任何關係嗎？有的。他所在的這家美國公司，將包含著很多中國官方意識形態的電視節目套餐，作為一種純粹的商品，在美國的華人客戶中進行推銷和推廣，將它變成賺錢的東西。我這個居住在美國的中國人每月繳納的月費，一部分進了這個黑人的工資單中，他用來養活了他的家人。這就是他和中國的全部聯繫吧？

前段日子，幾名警察光臨我的院子，找租住後面的房客瞭解某一情況。他們在院子裡用英語聊天，而我的電視機裡，傳出「在我黨的英明領導下，中國人民越來越堅定了走中國特色社會主義道路的決心」這類套語。我突然有一種時空錯位的感覺。

我以前服務的公司，曾長期承擔人民日報海外版在舊金山地區的印刷業務。眾所周知，奉行資本主義制度的美國，是世界上最堅定反共的國家。反對共產主義理念和制度，是美國的最根本價值觀。凡是到訪過美國的人，都必須填寫一份入境申請表，在「你是否是納粹分子，或曾在二次世界大戰期間，在納粹占領地區的政府供職」這個問題之後，接下來的另一個問題便是：「你是否是共產黨員？」

儘管美國的官方，將這兩個問題，很不恰當地放在了一起，但這並不妨礙這樣一個事實：中國共產黨中央委員會機關報人民日報的海外版，可以在美國公開、合法出版發行。巧的是，負責美國西部人民日報海外版訂閱發行的公司經理，還是我的個人朋友。我們從中國來到美

國，無論你携帶任何出版物，都不會有海關人員檢查，但是，如果你携帶有中國盜版的美國電影碟片，處罰卻可能是相當嚴厲的；而我們從美國返回中國，海關人員問你：帶的行李中有書報雜誌嗎？如果你的回答是肯定的，毫無疑問，接下來的就是開箱檢查，沒收和處罰。

我完全不明白，這樣強大的一個政權，這樣所向無敵的一個政黨，這樣一個連載人飛船都造得出來的強國，為何會害怕、畏懼來自境外的幾本書、幾份雜誌？浩瀚的中文文字中，為什麼偏偏會有一些字眼，屬於敏感字？我的朋友龔明德兄，曾對《新華字典》挑錯，很見功力。我建議他，為何不編一本《中國敏感字字典》，坊間一定暢銷。

一個民主和自由的國度，國家機器應該有無能為力之感；反之，一個不那麼民主和自由的國度，國家機器和國家意志無所不能。

今年夏天的時候，我熟悉的成都晚報出了一件關設政治的事件。我當天就在美國的中文網站上，看到了有關報導和圖片，並立刻打電話，轉告給了在中國另一城市的當事人的前妻。我相信，絕大多數成都人，都並不知道這樣一個事件。

美國的偉大，在於她並不擔心意識形態和思想會危害她的安全和統治。在我就讀的大學裡，就活躍著一個名為「國際共產主義者聯盟」的左派學生團體。有一次，我居然在他們的中文出版物上，讀到了評論我朋友的老爸、某軍中老作家的文章！我收藏著英文版的《資本論》和《共產黨宣言》，在我就讀的大學哲學系辦公室牆上，掛著影響人類的十六位哲學家的頭像，馬克思先生位居其中。

海納百川，是我對中國治者胸懷的期待；

言者何辜，是我對中國言論自由的渴望。

2007年10月15日

在舊金山看奧運聖火傳遞

　　奧運聖火於2008年4月9日下午1時15分左右，在我曾經居住達八年之久的舊金山開始傳遞。現在，我住在舊金山以東、隔海相望只有二十分鐘車程的另一個小城，但我還是可以說，奧運聖火，是在我的城市傳遞的。

　　我不是一個愛湊熱鬧的人，決然不會親臨現場。但我畢竟也是一個關心這件事的人，所以，我準時打開了本地英語電視臺，有兩家電視臺現場傳播。

　　在預先公布的聖火接力路線濱海大道上，擠滿了支持者和抗議者。紅色的五星旗、紅白相間的星條旗，還有那令人不安的黃色的旗幟，到處飄揚。警察戒備森嚴，藍天白雲下，大海波瀾不興，但許多人都有隱隱的擔心：觀點尖銳對立的兩撥人，多的一方，達數萬人，少的一方，也有數千。他們如果越過隔離警戒線，會不會扭打在一起，難解難分？

　　中國游泳選手林莉從美國奧委會執行長手裡接過火炬後，跑進了四十八號碼頭，消失無蹤。二十多分鐘後，令人意想不到的事情發生了：火炬手出現在市中心的Van Ness大道上，不僅沒有按照預定路線進行，而且，火炬手並改為了兩人一組，傳遞路線也大大縮短，最後，連萬眾期待的閉幕式，也悄悄取消。一輛大型巴士，在警車護衛下，突然向舊金山機場駛去。數以萬計的觀眾，苦等了大半天，結果，連火炬的影子也沒有見著。

　　本地的中文媒體，頭版頭條的大標題，高雅點的是：〈暗渡陳倉〉；通俗些的，乾脆就是〈聲東擊西〉；甚至〈貓捉老鼠〉。

閉幕式在舊金山國際機場匆忙舉行。一上臺，超級帥哥、市長紐森就向觀眾深表歉意。他說：I care about people's safety（我以民眾的安全為本）。他還說，在民眾的「失望」與「安全」之間，他選擇了安全。他沒有說，或者，他想不到的是，許許多多的中國大陸民眾，甚至，來自中國大陸的民眾，覺得他丟了舊金山的臉面。

這樣的事情，在中國的任何城市，都不大可能發生。發生一場鬥毆，三五個人、七八個人彼此打得頭破血流，與一個世界名城的煌煌光彩和顏面相比，根本不算什麼。美國的警察訓練有素，武裝到牙齒，難道會害怕有人鬧事嗎？

在紐森的主導下，奧運聖火安全、平安、順利地完成了在舊金山的傳遞。沒有任何人因此而受到傷害。支持者的聲音完全得到了表達，抗議者的喊叫也可以聽到。除了「躲著走」這一不甚美妙的感覺外，可算圓滿、成功。

不知怎地，我想起了遠在吉林省的老作家、吾本家長輩鄂華先生1995年創作的報告文學〈輝發河水天上來〉。吉林省樺甸市1995年秋季遭遇洪水，在一座大壩上，擠滿了兩萬多名抗洪者，是全市的職工和幹部。在洪水越來越高，大壩隨時都可能崩潰的情形下，由「特殊材料製成」的共產黨人「人在大壩在」、「誓與大壩共存亡」的信念（我們從小就是這樣被教育與灌輸的），與不作無謂犧牲，堅決撤退、放棄大壩的兩種看法、思想、價值觀，發生了激烈衝突。慶幸的是，看似不那麼革命的後一種看法占了上風，理智戰勝了愚昧。在壩上抗洪者迅速撤退後僅僅半小時，大壩便被捲入了洪流。

從專政，到執政；從黨之天下，到民之天下；從一種聲音，到萬種聲音，還有漫長的路要走。學會規避、學會讓步、學會妥協，這是走向

民主的必由之路。

舊金山的市長，憑他的數千警力，完全可以掃平奧運聖火傳遞中可能發生的任何騷亂和衝突。但他寧肯選擇「惹不起、躲得起」的策略，不求光彩，但求平安，不傷及、不禍及任何觀眾，讓對峙的雙方和平收場。這是美國的智慧和胸襟。這是了不起的韜略。

這是以人為本。

殘忍教育

最近幾天，從朋友處，借來了一部電視連續劇《勛章》（編劇：林和平；導演：陳家林）。影碟的外包裝上，是這樣介紹這部作品的：

> 主人公馬實才是個樸素的農民，跟著師父跑江湖說書，就在他和師父的女兒玉秀結婚的當天，日本兵闖來了，殺死師父，搶走玉秀，他也被抓了壯丁。
>
> 幾經輾轉，馬實才改名趙長林，參加了八路軍，歷經抗日戰爭、解放戰爭、抗美援朝戰爭，在動蕩的戰爭歲月裡，他成長為一個英勇無畏的戰士，和他的戰友們出生入死，立下無數戰功，曾幾次和玉秀相逢，卻又不得不分開。
>
> 後來，因為重傷，使他一度失去記憶。在他痊愈之時，突然看到他的戰友和玉秀正在舉行婚禮。面對這些，他選擇了默默離開，沒有軍人證明，沒有軍功章，他成了一個普通農民。幾十年後，當組織找到他時，他唯一的要求竟是「入黨」

獨居異邦，下班後，空蕩蕩的公寓裡，來訪的只有窗臺的白鴿。晚上它們就借宿在我闊大的陽臺上，留下幾攤便溺。記得剛從中國來美時，見到隨處可見的鴿子，我的腦子裡，條件反射般出現的，是一隻冒著香氣的高壓鍋，鍋裡的燉乳鴿美味無比。現在，十多年後，我只有一句詩給它們：幸有鴿來我不孤。

在這樣的日子裡，慵懶地躺在沙發上，看這些國內的爛片，聽一聽漢語，對於身為漢語教師的我來說，卻完全是一種享受。劇情其實對我並不重要，重要的是那些山景、村莊、小河，故國的如此江山。

可是，下面的這場戲，卻讓我呆在了那裡：

朝鮮戰場上，一場死戰。志願軍某連一百二十名戰士，只剩下三人。另兩人倒下後，趙長林見到一名美軍士兵，跌入了一個深坑。這個已經受傷、沒有武器的美軍士兵，蜷縮在坑底。趙長林大吼一聲，手舉大刀，跳入坑內。受傷的美軍士兵，驚恐萬狀地求饒。趙長林將大刀高舉過頭頂，揮刀砍下。

鏡頭切開。山崗上，收屍的中國民工。

對話：「那邊有具屍體，連頭都沒有了。」

顯然，這是趙長林的「傑作」。

看到這裡，令我想到了1976年出品的一部影片《南海長城》的結尾：某海島。當潛入的敵特試圖跳海逃走時，我方漁船上的軍民人等，駕船追趕。一名戰士舉槍要射游水的敵特。一位老漁民攔住了他，取過一柄魚叉，「嗖」地一聲，朝敵特擲去，正中後背，血頓時漫湧出來，融入海水。敵特也像一條死魚一樣，翻轉過身體。漁船上，爆發出勝利的歡呼。

三十多年過去了，兩部影視劇的情節竟然如此相似乃爾。

殘忍，是血液與文化裡的東西。

從當街屠狗，到光天殺人。

2009年7月1日，夏威夷無聞居

China的英語發音：拆拿！

　　清早起來，看了一段視頻，是關於安徽省阜寧市梅林鎮強拆的。當地鎮政府，單方面制定的補償標準是土地每平方米三十多元到四十多元，房屋補償面積是每平方米二百二十元到四百多元，而該地區新建商品房的售價，已達每平方米四千多到五千多元。鎮政府將威力巨大的挖掘機開到拆遷戶的房子前，完全不必考慮，這家老老小小，今晚睡在哪裡。一個在外地打工的青年農民，得到老家拆遷的消息，急忙趕來，房子已成廢墟。

　　你能說，這不是搶劫嗎？而且，是暴力搶劫！

　　今日中國的一切，都跟土地有關。可以簡而言之，無論是土地革命時期，還是後來的三年內戰（所謂的解放戰爭），爭奪的都是土地。土改的殺戮和血腥，是為了兵源；人民公社的狂熱，則是為了收回土地，從此，中國農民，僅僅當了幾年的自耕農，就成為了國家的佃戶。

　　如果說，在政治上，一個「鬥」字（「殺」也包含其中）是其主要執政信念，那麼，一個「拆」字，恐怕就是其主要建設綱領了。祖宗留下來的好玩意兒，中華民族的文化香火之所繼，差不多快被拆乾淨了。九十年代初，我在成都當記者，就眼睜睜地看著他們，拆掉了錦江上、四川大學前的明代古橋九眼橋。若干教授聯名上書，頂個屁用！

　　前不久，我收到了同村好友、少年夥伴的來信。他是我的鐵杆粉絲，讀了我的思想隨筆集《洗白》後，用下面的一段話表達了他的讀後感。

> 另外你對30年前的事情說成個人問題我不那麼認為，那時建設新中國
> 人們的熱情和幹勁是空前的，人人為我，我為人人，幹群平等社會平
> 等；對30年後的事你又都看成是體制問題好像與人無關，不太客觀，
> 社會嚴重不公貪污腐化，人人都有一種怨氣包括受益者。

　　無獨有偶，我的一位親戚，當年曾擔任生產隊的婦女隊長，非常懷念趁夜晚幫別的生產隊割穀卻不讓該生產隊知道的人民公社時親歷的好事，而對時下的許多社會現象卻看不慣。

　　來自我的親友的這兩個例子，說明了他們因為沒有第三種社會形態作為參照，他們只能縱向比較，「覺昨是而今非」，完全看不到，前三十年和後三十年之間的本質聯繫，在於那個親愛的八旬老娘，以前，手裡只有槍，現在，不僅有槍，還有紅印章和大挖斗。

　　地方政府明火執仗與民爭利，使民無居所，號哭於廢墟瓦礫之上。

是什麼讓人變成野獸？

作為一個前新聞從業人員，新聞事件一般來說，不會讓我流淚。不是因為我鐵石心腸，而是因為，這叫做「職業素養」——過多的情感介入會妨礙報導的客觀公正。當然，我曾多年從事的那個行業，很難說有什麼公正性，直到網絡媒體出現。

昨天，我在凱迪社區，看到了兩個視頻，都是女孩子瘋狂抽打女孩子的，其中一起事件，發生在西安外語學院。幾個十六、七歲的女大學生，用抽耳光、煙頭燙手的手段，處罰和自己同一宿舍的另一個來自青海的十六歲少女，起因不過是其中一人，覺得被打者看自己的眼神有問題，所以該打。

今天早晨，當我在凱迪社區，看到一家三兄弟被暴徒活活打死的現場視頻時，我流淚了。當視頻上，幾個壯實的男子，高舉起手中的大石塊，向躺在地上打滾、哀求的村民狠狠砸去時，我除了憤怒，更多的是悲哀，為中國，為中國人。

中國外交部某副部長，曾經公開說：中國的人權狀況，比美國好五倍！看了國務院新聞辦公室每年公布的《美國人權狀況白皮書》，我覺得，中國的人權狀況，比美國好五倍的說法，未免太保守了。

在自由為最高價值的美國，有些東西恰恰是最不自由的，這其中就包括：打人的自由。任何人，只要敢動他人一根指頭，警察立馬就會給他銬上手銬，塞進警車，請他到局子裡過夜。這一被捕的紀錄，會影響到他一生。被打的人提起的訴訟，又會讓打人者賠償天文數字的金錢。任何人想要施暴，都不免要想想後果。

在美國，非但打人會導致嚴重後果，就是罵人，也有法律麻煩。

而在中國，可以肯定地說，老百姓心目中的暴力，都是官家在幾十年的統治中，一點一點熏陶、示範出來的。既然官家可以用推土機和滅火器，對付困守祖屋的拒絕拆遷者，對於自焚這樣的極端抗議都視而不見，無動於衷，那麼，老百姓抓住個小偷，就往死裡打，也完全順理成章，自然而然。君不見，2010年1月12日那起貴州警察張磊槍殺兩村民案，官家賠了七十萬後，如今再也沒有下文了麼？

幾個年輕人，往一幅死人的肖像上潑了點油漆，扔了幾個雞蛋，表達厭憎之情，導致的法律後果竟然是無期徒刑。這還多虧了社會的進步，設若那個死人未死，槍斃是逃不掉的，臨死前不被割喉，差不多就算皇恩浩蕩了。而前不久，一個堂堂縣公安局長（河南尉氏縣），抓精神病人當殺人犯邀功，受到的處理不過是撤職，調離公安系統。

上有所好，下必效焉。消除中國百姓心中的殺氣，打砸之氣，要當局先正其身。此外，對於以財產為目的的犯罪，我主張不必重刑，而是以防範與制度制約為主。但對於人身傷害，要用重刑。如果打人一耳光，被精神索賠數萬乃至數十萬，讓打人者傾家蕩產，中國人就不會那麼喜歡打人耳光了。

喜歡打耳光，和喜歡下跪，是同一德性的兩面：暴性與奴性。我敢說，這段視頻中用石頭砸人的幾個畜牲，一旦被抓進派出所，暴打之下，叫他們下跪，就得乖乖下跪。

在現今的中國，法治，是遠比民主、自由更為緊迫的訴求。當然，沒有民主和自由作為社會的普遍價值，不取消體現國家暴力、與法的普遍公平原則相對立的「專政」二字，國家永遠都會在暴力治國的慣性下，充任民眾的行為導師。

2010年5月30日，夏威夷無聞居

知識分子民粹化，並不可取
——鄧玉嬌案的一點斷想

　　本來，不打算寫這樣沉鬱憋悶的文字了。今天，在「伊甸文苑」，看了某網友轉貼的一組照片，是一些熱心網友跋涉山路，專程去探訪鄧玉嬌外公外婆的照片，心中實難平靜。鄧玉嬌小妹，家在鄂西的偏僻大山裡，我的家，在鄂中，江漢平原腹心邊緣。就耕作條件和交通情形而言，我的老家，遠優於鄧小妹家鄉。但我們的住房，那種土坯、青瓦的結構，竟然毫無二致。就是室內破舊的床鋪，也一模一樣。特別令我感動的，是兩具老人早早為自己備下的棺木。

　　1991年之前，我家穀倉頂上，也有著這樣的一具棺木，是為我家的老太太（由我家贍養，但與我們並無血緣關係的一位老人）準備的。6月2日凌晨，我的堂叔被惡鄰毆斃後，他的家人前來，將這具棺木「借」走。這個悲慘的故事，已在我的散文〈堂叔〉中寫過。

　　我與中國社會最底層的那個群體——農民，有著最深的血肉牽連。在我十多年的散文寫作中，最恆久的主題就是：農民。從我2004年出版的散文集《一個農民兒子的村莊實錄》，與即將出版的散文集《故土蒼茫》的書名中，就可以看出，那是我生命中最重的一個群體。

　　按理說，我是最應該拍案而起，援筆為文，痛罵仗勢欺人、逼良為俠（此處借用野夫的文章標題）的狗官，為鄧小妹的無辜與無罪，大聲疾呼。「為生民立命」，此其時也！

　　然而，我知道，我並不在場。我的言說，和網上別的網友一樣，所依據的，都是那些似是而非的帖子。當我給出「防衛過當」（其實，我連下這一斷語的權利也沒有）的猜測時，我的內心其實是痛苦和矛盾的，情與理，更不用說法，糾纏在一起。「情」，想讓我說：鄧小妹，你殺得好，從此，天下狗官，見到娛樂城，都要繞著走！「理」，卻是另一個聲音：一把刀子，扎進了一個人的喉管，這件事情，無論發生在任何一個國度和社會制度下，都會受到司法調查，十三億中國人中，哪怕有十二億在高喊：「放了她！」鄧小妹都還必須在警察的「關照」下，接受司法調查，完成必須的司法程序。

　　因為中國，終究不是中世紀，不是叢林。它畢竟還是一個現代國家。在鄧玉嬌身上，賦予政治寓意和象徵性，對她並不一定公平。

　　知識分子犬儒化，當狗，乖巧的哈吧狗、炫目的金絲犬，為專制，為體制所豢養和收買，為我所不齒。

　　知識分子民粹化，當狼，嗷嗷叫的狼，躲在海外，將中國社會一切的不公、不義、不平，皆歸中南海，同樣為我所不認可。

　　知識分子的價值，在於對情緒失控的社會，發出理性的聲音。眾聲喧嘩中，有冷靜的聲音。

　　在中共統治中國最初的至少三十年裡，發生了那麼多的慘事、禍事、蠢事，原因之一是知識分子的集體失語（最嚴重的例子是割喉）。而二十年前那個血腥而恐怖的黑夜，部分原因也在於，理性的聲音過於微弱，或不被聽取。

　　我們要建立的，是一個弱女子不必在坤包裡藏有小刀的國家。為了這一點，我期待鄧玉嬌案，審理時慎密而嚴密，在法律的層面上滴水不漏，無論罪，還是無罪。

　　一把小刀，一件個案，無法解決中國社會目前所面臨的千萬種問題。當我們賦予鄧玉嬌案如此多的時代寓意時，我們就不自覺地走到「替天行道」的老路上去了。

2009年5月31日，夏威夷無聞居

珍愛生命，請謹慎駕駛！

1

寒冬時節，在我的家鄉湖北荊門市，發生了一場原本不該發生的悲劇：一位優秀的、剛剛開始享受生活和人生的女孩子何蕾，在駕車返回武漢的路上，見到路上一對老人出了車禍，於是，停車施救。誰料，救人者，卻被隨後飛駛而來的一輛卡車撞倒在地，不治而亡。

叫他的父母怎麼想得過？一個美麗的生命，就這樣，瞬間香銷玉隕。

在當地媒體的讚揚中，在眾多網友表達敬意的留帖中，我也聽到了少量譴責肇事者野蠻駕車的聲音。

這個聲音還不夠強大。它要強大到深入人心的程度。

前不久，我回了一趟老家。走在車如猛虎的街頭，我突然萌發了一個念頭或者說創意：我高舉一塊告示牌，上面大書這樣一行字：「請減速、停車，讓我過馬路。我有先行權！」。然後，我走在有明顯標誌的過街橫道上，讓躲在附近的電視臺的攝像機，拍攝下各種車輛對我的行動的反應。

我不知道中國的交通法規是如何規定的。但我知道，在美國，行人過街時，比車輛擁有絕對的先行權。具體來說就是，在十字街頭，只要有行人踏上了過街橫道，即將穿過該橫道的車輛，必須完全停下來，等這個行人走上對面的人行道，才可以通行。

行人走在人行橫道上，汽車在停車等候。行人，你不要著急，請慢慢走。有時候，遇到推著助步器的殘障人士，等候的汽車會排成一長

串。但沒有人會撳喇叭催促，更不會有人搶道而行。

　　為什麼要等待？因為，汽車和行人搶道是違法行為，被警察抓住要罰款，而且，也是沒有教養的表現。有人會對你比出中指姆，表示極端的蔑視。

　　美國可以造出載人飛船，我們中國也可以造出。為什麼美國人可以停車等候行人過街，我們中國人卻做不到？因為我們人多嗎？

2

　　到過美國的人，第一個印象往往是：美國人真笨，一點也不靈活。

　　在美國的街上，三條，或者四條車道，形成三、四條車流。有時候，其中一條車道車流快一點，其他較慢車道上的車，卻老老實實地仍舊走那條慢道，很少有人會換到那條快的車道上去。

　　而在中國，則恰恰相反。以我最近這次回國，在北京和成都的觀察，可以毫不誇張地說：每一輛汽車每一秒鐘都在試圖換到另外一條車道上去，僅僅因為走那條車道，可以比自己的這條車道，快那麼一丁點，有時甚至只快出一兩輛車的車身那麼長的距離。

　　說得形象一點，每一輛車都在拼命往前鑽。不停地換車道，使得車道完全沒有意義。街道就像一個拉長了的禾場，所有的車都在像一群瘋牛，爭先恐後朝前擁去。

　　明明各行其道，速度要快得多，交通效益明顯。這樣淺顯的道理，人人都懂，卻沒有人願意遵守。因為，你遵守，你等於是傻瓜和白痴。你甚至會寸步難行。

　　所以，在中國開車，就要既比車技，更比膽量。兩車眼看就要掛、擦、甚至撞的瞬間，膽量略小的一方，先剎車，讓膽量大的一方，擠到

自己的前面去,自己罵一句:「搶到前面托生!」。

提高國人的現代文明素質,這是一項異常艱巨的任務。這是遠比任何政治教育和灌輸都要重要得多的教育,因為,它直接關係到生命,不僅關係到生命的安全,更關係到生命的價值、品質和尊嚴。

一個保守、謹慎開車的人,比一個魯莽、野蠻開車的人,更為文明和有教養。因為,這樣的人,當他手握方向盤、腳踩油門時,他眼中有人,心中也有人。

我的思緒回到文章前面提到的何蕾的悲劇上來。

當路遇別人車禍,停車施救時,應該停在盡可能靠近路邊的位置。越靠近路邊哪怕幾寸,安全係數都增大幾分。停好車,打開閃爍的緊急信號燈,最好,在車禍處來車方向一定距離處,放置一點警示物(車內應備有專門的警示樁),這樣,才去對馬路中間的車禍人員施救。停在路邊的汽車內,所有的人都應該下車,站在安全地方,因為,在交通繁忙的馬路上,路邊停著的汽車,被撞的概率是非常大的,尤其是在高速公路上。

3

最近,我在荆楚網上看到,湖北某地的交通管理部門,在變相出售駕駛執照。只要給關係人交錢,關係人就會給你一張紙條。路考時,將紙條悄悄給考官過目,就可以保證百分之百通過考試。據說,全國許多地方,都有人跑到這裡來「考」駕照。

最近,我在一位文友的博客上,看到這樣幾句話:他身居某大城市,他的駕照,卻是從自己家鄉的小城,以「簡便方式」獲得的。

身居美國太久了,以至於我讀到這樣的「中國特色」的內容時,

我的反應是「驚駭」。未經考試卻能拿到駕照，這等於變相培養馬路殺手。一個人的駕照，應該和一個醫生的行醫執照一樣，具有同樣的性質，因為，它人命關天。

我曾經指導我的美國學生，在課堂上閱讀袁隆平先生的故事。那篇文章說，袁隆平的駕駛執照，是湖南省交通管理部門榮譽頒發的，上面還寫著：「袁隆平院士尊駕」字眼。

美國學生對此議論紛紛：袁隆平先生培育雜交水稻，對人類作出了貢獻。但他開車，卻很可能是一個蹩腳的司機啊！怎麼可以贈送駕照，作為一種敬意？

我沒有辦法說清楚，這是中國國情。幸好那篇文章中寫道，袁隆平開車，僅限於從住家，到他的試驗田，從來不開上大街。

但我知道，袁院士並不是住在鄉下，而是長沙城內。從他的家到試驗田，他不可能不經過大街。

我，作為一個非常尊敬袁院士的晚輩，想敦促老人家交回這本駕照，然後，親自報名參加筆試、路試。這樣一個令全人類尊敬的科學家，作守法的榜樣，該多麼有意義。

4

其實，我要說的是：呵護生命，從今天開始，從我開始，從開車時，保守、謹慎開車開始。這樣，何蕾這樣的悲劇就會大大減少。中國，何蕾這樣的天使般的女孩，不是太多了，而是太少了。

願她安息，願她的父母節哀，願每個人都能夠：「高高興興出門，平平安安回家。」

2010年1月14日，夏威夷無聞居

從撞人慘景，看中國人心態

今天早晨，我從舊金山中文電視臺轉播的中央電視臺新聞節目中，看到了一則悲慘的實況錄像：一名七十一歲的騎車老人，在北京的一條大街上，在紅燈時試圖搶道穿越馬路，被急駛而來的汽車撞得飛出老遠，當場喪命。設在路口的交通攝像機，拍下了這一悲慘的時刻。在中央電視臺播出後，相信全球至少有上億的觀眾，目睹了這一幕。

一起交通事故，本無多少可議之處。但中央電視臺的解說辭，卻引起了我的思索。播音員說：據交通部門判斷，這起事故是由行人違章穿越馬路引起的，並提醒觀眾，穿越馬路時，一定要遵守交通規則。

按照中國的交通法規，這名明顯違章的老人，顯然是「咎由自取」了。從畫面上，我們看到，這是一條有至少四條車道的大街，在白線區，已經有一名騎車人，正在等候綠燈。只見這位老者，騎車從後面過來，從等候者身邊穿過，繼續向前騎行。而除了他正在穿越的第一個車道外，另外的幾個車道，已經有汽車駛過。

慘禍就在這時發生。

但是，事情並不這樣簡單。那個開車將橫穿馬路的老者撞飛的駕車人，難道真的沒有任何責任，連道義的責任也沒有嗎？

作為一個在美國有近十年安全駕駛經驗的駕車人，我可以負責地說，如果這名肇事的駕駛人，在發現前面的人行道口，已經有一名騎車者正在等候，另外還有一名騎車人正在駛來時，他應該減速通過，並做好防範騎車人突然橫穿馬路的剎車準備。因為他行走的是第一車道，是與行人發生碰撞機率最大的車道。而人心的複雜，使許多人都會有「一

念之差」。作為駕車人，他必須牢牢記著：雖然此刻是綠燈，我可以前行，但行人卻可能突然橫穿馬路。

從畫面上看，那個肇事的駕車人，完全忽略了騎車者突然橫穿馬路的可能性，而將自己的通行特權發揮到了極至。他飛速駛過，將老人撞向天空，飛向死亡。

稍有駕駛經驗的人都會明白，即使自己的車停在十字路口的紅燈前，而綠燈已經亮起時，都要儘量等候一兩秒鐘，確信交叉路口的全部汽車，都已在紅燈前停下，才駛過交叉口。我們常常可以看到，就為了爭那一秒鐘，有的汽車闖黃燈、紅燈，結果，交叉路口，汽車撞在一起。

想起小時候，在街頭看到的交通標語：「寧停三分，不搶一秒。」這是我記憶中，毛澤東時代罕見的「以人為本」的標語。

想起小時候，偷偷讀到的〈增廣賢文〉：「害人之心不可有，防人之心不可無。」對於一個駕車人來說，防人之心，主要就是防止行人突然橫穿馬路的戒心啊！

而中國影響最大的電視臺，在播出這條意在提醒觀眾注重交通規則的新聞的時候，卻對於駕車人這樣明顯的、無視行人潛在穿越馬路危險的飛速駕車行為，沒有一句譴責的話，實在令人遺憾。至少，電視臺應該同樣提醒駕車人：當有行人可能穿越馬路時，一定要減速通過。

幾年前，我曾寫過一篇短文〈弱者的特權〉。我認為——在美國，事實上也是這樣：行人在任何情況下，都比汽車擁有「特權」，因為，與汽車相比，人不堪一擊。而在中國，情形恰恰相反：汽車宛如一種制度，或者一具鎧甲。你擁有了汽車，你就不再是個體的人，而物化、異化成了一股堅硬的、帶有巨大慣性和衝擊力的力量。它前行的時候，是不考慮路上可能出現的橫穿馬路者的。這就是為什麼置身中國的任何都

市，你都覺得自己仿佛進入了鋼鐵的叢林：你開車，你就是虎；你走路，你就是兔。「虎兔相逢大夢歸」，《紅樓夢》中不吉祥的詩句，就是宿命。

「在任何情況下，汽車撞人，駕車人都有責任。」道理很簡單：一個奔跑的人，無論他跑得多麼快，也無法將一輛停著的汽車撞壞；而一輛行駛的汽車，無論它行駛得多麼慢，都可能將一名壯漢撞傷。

說到底，癥結在於，中國社會對於個體生命的漠視和輕賤，已經潛移默化在我們的血液中，構成了集體無意識，具有了慣性和衝擊力。

對生命視若無睹

　　南方衛視的《警界線》節目，我很喜歡看。節目分為兩部分，第一部分是真實案例，第二部分是「見招拆招」，教觀眾如何防偷、防騙、防搶。遠離祖國，遠離中國社會，這是我瞭解社會現狀的真實窗戶，雖然，那些防這防那的招數，在美國並無用處。

　　昨天的節目，講了一個離奇的車禍：一天，一位司機前來公安局報案，稱在公路上發現了一具屍體，並特別強調說，公路上有一道剎車痕。警方經過曲折的調查、取證，卻發現，報案司機，其實就是肇事者。他夜間在公路上行駛，見馬路上橫臥著一個男子，但已無法及時剎車，不幸將該男子腦袋壓碎。他發現，附近正好有一道剎車痕，於是，將屍體放在剎車痕上，企圖誤導警方：留下剎車痕的那輛車，是肇事車輛。

　　但警方也不是那麼容易被糊弄的。他們發現，男子腦袋所在的地方，也有剎車痕。這就是說，剎車痕先於男子的腦袋留在馬路上。後來，案情真相大白：某天，三十多歲的該名男子，到鄰村一戶人家喝酒，喝到午夜時分，酩酊大醉，跟跟蹌蹌地摸回家去，在穿越一條公路時，酒力發作，倒在公路上，呼呼睡去。

　　這時，一輛汽車駛來，司機及時發現，前面路上躺著一個黑乎乎的東西，還在動彈。他於是緊急剎車，在距離那個酒醉男子不遠的地方，成功避讓過去，留下一道黑黑的剎車痕跡。

　　作為一個駕車人，作為一個父母所生、父母所養的人，他有多種選擇：一、撥打110電話報警，並在警察或救護人員趕來之前，守護在現場，將酒醉者拖到路邊安全地帶；二、直接將酒醉者抱到自己的車上，

送到附近有住戶、燈光的地方，委托當地民眾聯繫其家屬、或委托當地村幹部聯繫，對酒醉者給予適當照顧和看護；如果擔心助人為樂而惹上麻煩，不妨攔下過路車輛，請其他駕車人和自己一起，對酒醉者實施救助。三，如果自己並無手機報警，而正好又有急事，起碼應該將酒醉者拖離漆黑的公路，將他放在一個安全的、便於被看見的地方。

將自己汽車的緊急信號燈打開，然後，對酒醉者施以援手，只需要短短的幾分鐘。

然而，這位及時剎車、避免將酒醉者壓死的司機，將他留在公路上，任其被後來的司機壓死。一個人，午夜時分躺在漆黑的公路上，他被壓死，這是毫無疑問的事情；壓死他的車，會不會車毀人亡，就要看肇事者的命大命小了。

南方衛視的欄目主持人，在評論此案時，只是說，奉勸交通肇事者，不要自作聰明，心存僥幸。其實，在我看來，那個本來可以救酒醉者一命的司機，才是最該受到譴責的。可主持人，對此無一字抨擊。

中國有古語：「救人一命，勝造七級浮屠。」對於危及自己的生命安全而救人，西方國家並不鼓勵。但在對自己毫無危害的情況下，將一個酒醉橫臥公路的人，拖到公路之外，應該不是什麼太難的事情，一個弱女子都可以做到，何況酒醉者，很可能還殘存著意識，說不定還會給予配合。

是什麼，導致那個駕車人，避讓而過，駕車而去，眼看一場慘禍即將發生卻慶幸倒楣的不是自己？

我想，幾十年來，對個體生命漠視、輕視乃至作賤的種種運動、宣傳，已經深入國人的骨髓。我們對於生命的無端喪失，早已麻木、淡

漠、視而無睹了。幾年前，在國內熱播的電視連續劇《中國式離婚》也傳到了海外。在其中一集，我們看到了這樣一場戲：

婦產科診室。年輕的女士，腆著肚子，向女醫生提出引產請求。她回家，發現自己的男友，和一位妓女在床上。為了報復，她決定引產。

女醫生：「你懷孕已經七個多月了，胎兒引下來，是活的！」

年輕孕婦決絕地回答：「我要引產！」

第二個鏡頭切出。孕婦的腹部，已經不再凸起。

一部上億觀眾看過、引起社會廣泛關注的家庭倫理電視劇，經過了編劇、導演、編輯、審片，多少雙眼睛的審查，多少部頭腦的過濾，才得以被傳上衛星，進入地球這一邊的華人家庭？沒有誰覺得，這短短的、不足一分鐘的戲，留給美國華人觀眾的印象，是自己的祖國「屠殺活嬰」。

我們從小就被教育：要愛這個，要愛那個，不是黨，就是主義，卻從來沒有人教育我們：首先，要愛你的家人；進而，你的鄰人；進而，你的同胞；進而，作為整體的人類，和作為個體的：人。曾幾何時，我們鼓勵十三歲的四川男孩賴寧，去捨身撲滅山火。和山上的幾棵國家的樹木相比，這個四川農民兒子的未成年的生命，只是一條小命。

行文至此，電視裡正好傳來一則新聞：山西一煤礦發生瓦斯爆炸，已有一百多名礦工遇難，還有一些礦工下落不明。新聞只有短短的幾句，在別的小邦，值得國家下半旗致哀的重大生命損失，在我的國家，簡化為一則短訊。

在海外，流行一種形象的說法，說我們在極權制度下成長，是喝「狼奶」長大的。所以，這幾年，《狼圖騰》這本書如此熱賣。「狼學」正在成為一門顯學。

　　既然我們相信，並推廣母乳餵養，我們就要理直氣壯地喊出：我們是喝人奶長大的，我們要有人味。

　　表現之一就是：在午夜漆黑的公路上，遇到前面路上橫臥的酒鬼，停下車來，至少將他拖到公路之外。

　　因為，他也是喝人奶長大的，是人的兒子，是人的父親，是人的男人，是和你我一樣的：人。

2007年12月6日

為尉氏縣公安局長的創舉叫好

據新京報報導：5月17日，河南省公安廳發布通稿稱，該省尉氏縣公安局局長鄭偉因在命案偵破中，「弄虛作假、謊報戰績」，被免去局長兼黨委書記職務，調離公安機關，其餘責任人也遭到處理。

原來，這位局長大人，為了提高命案偵破率，乾脆在街上，抓精神病人充殺人犯。

讀罷新聞，不禁為鄭局的創舉叫好！這真是一個善莫大焉、皆大歡喜的做法。茲略舉數項好處，餘不多述。

一曰降低偵破成本，使國庫更為充盈。只需要到街上，拉幾個瘋瘋癲癲、言語不清的精神病人就可以結案了。

二曰提高精神病人待遇。精神病人在街上晃蕩，免不了妨礙治安。用他們頂罪，而又罪不至死（中國刑法的仁慈舉世公認），這些不幸者這輩子就算捧上鐵飯碗，衣食無憂了，強過在街頭垃圾桶裡和蒼蠅爭食。

三曰安撫死者家屬，減少上訪、上告，促進和諧社會建設。

第四項好處，就是鄭局的頂戴。這樣「命案必破」，「鄭局」升為「鄭廳」，指日可待。

而他受到的處罰，竟然不是刑事指控，而是免職調離，不再穿那身警服。那麼，他的官階、國家公務員身份，怕是要原封不動，異地為官、另一行業為官的可能性非常大。

既然他獨創性地打精神病人的主意，何不將他調到精神病院去當院長？那些瘋子，腦子雖然有毛病，其肝、腎等器官，卻可能好得很。既

然可以拿他們頂殺人大罪，摘取半肝一腎又有什麼關係？反正，他們是
豬狗，不是人。

中原大地河南，我中華民族龍興之地，自古王氣所出，王道所歸。
近數十年來，以我的閱讀經驗，最令人髮指之惡行，多出河南。「中原
王氣黯然收」啊！如果執法者自身墮落如此，還有法可救麼？

2010年5月18日

嚴刑峻法，未可匡天下
──關於許霆案的幾段留帖

1

許霆無罪！只有過錯！

第一、設立在街頭的ATM機器，必須假定它在任何情形下都運作正常，否則，就不會也不該立在街頭。

第二、作為銀行顧客，許霆有使用ATM機器取款的自由。當他第一次發現ATM取款機，取千元，只扣除一元時，從道德的角度講，他可以向銀行報告，但並沒有強制性的法律義務這樣做，基於第一條假定。

第三、作為銀行顧客，他有每次只取一元的不可剝奪的權利。他每次只取一元，那九百九十九元，本質上是不當得利，而不是盜竊，因為他並沒有對ATM動過任何手腳。

他被判無期，是「竊鉤者誅」的當代惡例。人們既然可以利用法律的漏洞，合法地規避法律的懲罰，為什麼不可以利用ATM機器的漏洞，「不當得利」？取款一百多次而銀行居然毫不知情，這是什麼銀行？天知道這樣的銀行，吞吃了儲戶的多少存款！

2

一、很難證明許霆明明知道自己的銀行卡上只有一百七十元。他完全可以認為自己的銀行卡上有一百七十萬元。一個保安就不可以有一百七十萬元嗎？所以，他第一次取一千元，並不是按錯鍵。

二、沒有任何法律規定，許霆不可以多次取款，每次一千元，因為他是完全合法在操作ATM。ATM，作為銀行設立的合法、專業的金融設備，也認可、配合、完成了他和銀行之間的這種合法交易。

三、他第二天就辭職，是他的基本人權。他離開廣州，也是基本人權。

法律的公平精神，並不體現在所有的罪錯行為，都受到懲罰，而是恰恰相反：在某些情形下，明顯的罪錯卻無法受到懲罰。這樣的法律，才是法的法律，而不是人的法律。法律有無能為力之處，公權力、政府機構有一籌莫展、乾瞪眼的時候，這樣，生活在其下的公民，才能真正獲得「免於恐懼的自由」。

在此案中，銀行的瀆職、金融管理部門的不作為，都應該受到追究。至於許霆，銀行應該向他道歉，他酌情歸還銀行的部份現金。銀行的ATM沒有向他提供他應得的服務，而且，造成了他內心巨大的痛苦和折磨，因為他遭受到金錢的誘惑，人性中貪婪的弱點瞬間被誘發出來。

3

如果一個客戶，出於人性中普遍的貪心，在ATM上，取了銀行十七萬元，就該判無期徒刑，那麼，另一個客戶，到銀行的櫃檯上取款，只取一百元，銀行工作人員出於粗心，給了他一千七百，他出於貪心，假

裝不知道，拿回家了。請問，是否該以十七萬判無期（以許霆的年齡，假定他將在監獄度過五十年）的比例，判處這位顧客徒刑呢？進這樣的銀行，誰敢不戰戰兢兢？

　　一個人，僅僅「不當得利」而取十七萬元，被判無期，與十多年前，三個青年人在天安門幹潑漆傻事，其中一人被判無期的例子，並無本質不同。所有的非暴力犯罪，都應該從輕處罰，因為非暴力犯罪，是很容易預防和改正的罪行。如果許霆是電腦高手，在ATM上，作了手腳，修改了其程序，然後，一夜暴取，遠逃他鄉，判幾年徒刑尚可理解。他純然一念之差，犯下過錯，就使他萬劫不復，這公平嗎？

　　在一個人的一生，與區區十七萬人民幣之間，我永遠相信，一個人的一生，遠遠高於十七萬！

　　在拐賣婦女、兒童這種人施之於人的案件常常只判三、五年的情形下，人施之於物的案件，如許霆案，卻被判無期，這是什麼法律！何況它是極端偶然的情形下的特例，一萬台ATM中，也不會出現一台這樣白痴的機器！

4

　　我說許霆無罪，並不指他真正無罪，而是指法律無法判定他有罪。這才是令人欣慰的事情，由此，也促使金融機構，乃至國家機關，更加作為，在工作中避免出錯。我相信，庭審辯護的過程，實際上是為「可能性」辯護的過程。

　　這個案子只所以引起爭議，是因為它本來應該具有推進中國司法「程序正義」的重要價值，也具有開啟民智的積極作用。我們不妨將它和不久前發生的廣州醫生被擊斃案件聯繫在一起進行思考。在槍擊案

中，令我驚異並深感悲哀的是，居然有許多網民，為警察開槍喝彩。他們忘記了，在他們的一生中，他們（公民、自然人）槍擊執法者的機率或可能性，是極其低微，甚至近於零的，而執法者槍擊他們（公民、自然人）的機會，只要在兩者對峙、發生衝突時（其輕微程度甚至只是爭吵）的機率或可能性，卻相對較大。我們作為民眾，作為潛在的被執法對象，發出自己的抗議和吶喊，實際上是為了減少和阻礙這種可能性，而不是相反，從而獲得安全感。

同樣的道理，作為平民百姓，沒有人給我們行賄，我們也沒有什麼工程，可以批給承包商。我們有的，只是辛辛苦苦掙點錢，並夢想中個大獎。姓許的那個保安，某一天去ATM取錢，發現ATM成了普希金童話詩裡的金魚，可以奇蹟般地拿錢。他只是一個法律意識淡薄的保安。人性中對財富的渴望，超過了對占有不義之財的不安。於是，他這樣做了。

既然他是儲戶，他取他銀行卡裡的一百七十元，是完全合法的。可是，他碰到了一台神奇的ATM，導致他必須要N次，才能取走他的全部存款。而他所獲得的這十七萬元，其中就包含了一百七十元他的存款。怎麼能說他是盜竊？他被判無期，實際上，懲罰的是他的「不道德」。

一個宜於人居的社會，一定是一個法律有所不能的社會。

最近，中國召開了政法工作會議。2007年12月26日人民日報海外版頭版頭條新聞標題：〈確保大局穩定是政法戰線首要任務〉。我不理解，還有什麼比司法公正更高的任務。而合法地規避法律懲罰，是司法公正的應有之義。

5

　　我希望：一、許霆被改判無罪。以此昭示：我們的「社會主義法治」，也是有漏洞可鑽的。社會生活猶如機器，齒輪與齒輪之間，必有縫隙，機器方可「河蟹」運轉。二、有企業、單位，有勇氣公開雇用許霆。在此事件中，他的個人品行缺失已為天下所知。讓我們的社會，容人改過。

　　嚴刑峻法，未可匡天下。在聯合國已開始推動廢除死刑的國際環境下，以一念之差而貪取區區十七萬元（在京滬兩地，不足以購十平米衛生間），而因人一生，使其終身作勞工而不付薪酬，實為不仁，實為苛政，實不可默然受之。須知，人人皆有一念之差而成許霆之機。我乃布衣，君亦百姓。為許霆一呼，即為自己一呼也。

「無恥啊！無恥！」

1

前不久很火的影片《建國大業》，有一場戲，是詩人聞一多最後的演講：

> 李公朴先生四天前在昆明被國民黨特務殺害了。他犯了什麼罪？竟遭到如此的手段？他只不過是用筆寫寫文章，用嘴說說話。他所說的，他所寫的，恰恰是沒有丟掉良心的中國人的話。無恥啊！無恥！這是反動派的無恥，恰是李先生的光榮！李先生付出了一條生命，我們要討回一個代價。正義是殺不完的，因為真理永遠存在！

聞一多先生演講後回家，在路上遇刺身亡。

2

在電影中看到這一段，我總覺得，它和前不久發生在貴州安順的警察槍殺村民案，有某種關聯。

這兩個二十一世紀中國貧困山區的村民，自然不能和上個世紀四十年代的著名詩人、教授聞一多先生相提並論。聞一多留學美國，其詩歌影響深遠，在中國現代文學歷史上占有一席之地。而那兩個郭家兄弟，只不過是山野村夫而已。

　　何況，改朝換代已經一個甲子，人民不僅早就當家作了主人，而且，人民的媽媽——祖國母親，已經闊得如同中了樂透大獎。1968年，出於經濟與政治的雙重考量，誅殺林昭後向其母收取的五分錢子彈費，如今已完全不需要郭家兄弟遺下的老父老母負擔。仁慈並不限於這一點。被擊斃次日，總額七十萬元的巨款，就已擺在了死者遺屬的面前。

　　如果一個農民，要麼死於煤礦，獲賠兩三萬人民幣，要麼死於國家暴力機器的槍口，一條命獲賠三十五萬，我相信，只有傻瓜才會選擇前者。但前提是：必須背著「襲警」的黑鍋。

3

　　稍稍對中國農村有所瞭解的人，都會知道，中國的鄉村，人際關係仍然保留著宗法社會的某些傳統。人們聚族而居，婚喪嫁娶，你來我往。基層警察，常常不過是穿著警服的鄉親、熟人。警察到村民家中吃喝，是極其平常的事情。

　　連奪二命，連眼都不眨的張磊，不是在2004年4月4日夜晚，到某個現已當了村幹部的村民家中喝酒，喝醉後闖入村民岑金能家打砸、肇事，並將一個公文包遺落嗎？岑家要求按當地習俗，由張磊提一壺酒、一隻雞，上門賠禮道歉，遭到拒絕。警方出六十元贖回公務包的動議，因此也遭拒絕。

　　在此，我要向不屈於惡警的淫威，不斷申訴、反映張磊夜砸民宅的村民岑金能表達我由衷的敬意。

　　他們是窮得有骨氣的中國農民。中國農民怕事，不惹事，但事情來了，也未必就一味躲事。他們可以被槍擊頭顱，但不會無緣無故下跪。

4

光天化日之下，出了這樣的驚天大案，當地的安順官場，似乎波瀾不驚。

於是，我們看到了一幕又一幕的表演：地方政府搶先定性；公安局副局長白般抵賴；法醫說恐怕是因為「走火」……一個僻遠小邑的一群官差，將十多億人當成了白痴，將「執政為民」的美麗口號，實證成了黃口白牙的謊言。

余生也晚，未知天命，在天朝謀生、求學、就職，凡三十六載，始遠走異邦。其間所親歷、所目睹，所見證，所閱讀之無恥，雖汗牛充棟，然皆不及此一事件為大。難道，一件偶發的、最多不過具有刑事訴訟價值的悲劇性事件，即使公眾（不是公民，因為，中國目前尚無公民）無意於將它上升到政治的層面加以解讀，而官家，卻死死認定，這一事件，涉及到專政體制的永恆正確，而不惜犧牲法治與公義，嚴防死守，絕不後退半步？

其間的邏輯就是：我已經賠了你每戶三十五萬元巨款，難道還不足以買你們兩個草民的項上人頭嗎？你們家一輩子，見到過這麼大的一堆錢嗎？

沒有要你們跪下，磕頭謝恩，這已不止是「皇恩浩蕩」了！

2010年1月21日

因貴州警槍殺村民事戒親友書

皇皇天朝，朗朗乾坤，多有大禍，降自天庭。吾家祖輩，均為順民。完糧納稅，敲門不驚。兄弟子侄，多在鄉村。務農為本，事端不生。社會丕變，官貴民輕。最怕惹事，有司施刑。孫姓志剛，拳毆斃命。難以列舉，觸目驚心。

近日貴州，又染血腥。一警盛怒，兄弟斃命。槍擊頭顱，宛如行刑。曝屍街頭，泣血椎心。民曰無辜，官稱襲警。輿論大嘩，昊天可欺？何罪當誅？如此滅門！

因戒親友：遇官小心！見有警察，側身而避。如遭盤問，唯唯謹謹。村鄰糾紛，我先退忍。不可拉扯，以免紛爭。一旦事大，警察光臨。不等喝令，手抱頭頂。如斥「跪下」，不妨半蹲。以示守法，以表遵命。不可口辯，不可身近。槍彈在手，國徽在頂。如欲強爭，最蠢屁民！跪雖大辱，畢竟活命。切切此囑，謹記在心。強國盛世，德澤百姓。幸甚至哉，以此戒親。

2010年1月18日，夏威夷無聞居

格殺勿論的時代已然降臨？

在這篇文章的後面，有一段視頻鏈接，2010年1月27日，出現在凱迪社區的「貓眼看人」版塊。

視頻的主角，是一位三十多歲的男子，衣衫襤褸，在一個小村裡，舉著磚塊、木棒，向村民發動「進攻」。後來，他又爬上一戶人家的屋頂，走來走去，仍然舉著磚塊。警察包圍了他，向他喊話。可是，這名顯然患有精神疾病的男子，毫不理睬。在當地警方看來，來自外地，村裡誰也不認識的這名男子，對全村公共安全構成了嚴重威脅。於是，在場警察請示了局長，局長指示：「必要時可以採取斷然措施」。

對於這句話，我的學生難以理解。我於是解釋說：就是開槍。中文和英文一樣，存在著隱語。比如，英語裡說，a four-letter word，那就是罵人的Fuck！用在此處，恰如其分。

公安局請來了神槍手。這位神槍手靠在樹後，舉槍瞄準屋頂的瘋子，一槍斃命。為了彰顯他的神威，視頻上還用字幕，打出了他的姓名和單位。

接下來，我們看到被擊斃的瘋子，雙手從背後，被手拷緊緊拷著。屍體上還有手拷，只能說明兩種情形：瘋子中槍後，尚未死亡。為了防止他反抗，給他戴上手拷，但卻沒有將他送到醫院搶救；或者，瘋子罪大惡極，雖然已被擊斃，但不戴手拷，不足以平民憤。

接下來的鏡頭就更令人瞠目結舌了：公安局長對著鏡頭說：「這一槍，打出了人民警察的威風！」

　　再接下來的鏡頭，就不止是瞠目結舌，而是令人無地自容了：一大群村民，打著橫幅，拿著錦旗，趕往公安局，感謝為民除害的人民警察。

　　好像開槍打死的，不是一個年僅三十多歲的，活生生的人，自己的同胞，而是一條四處亂咬，傷人無數的瘋狗。

　　在中央電視臺的法治頻道，我曾看過一個節目：一個來自四川的年輕人，到溫州找自己的女友，女友卻愛上了另一個青年。有一天，兩人見面，這個四川小夥子一怒之下，拔刀將那名青年刺了數刀，然後，逃上了屋頂，準備跳樓自殺。當地公安局一位副局長，爬到屋頂，和嫌疑人耐心溝通，曉之以理，動之以情，經過漫長的努力，終於使嫌犯束手就擒。當天空大雨傾盆而下時，副局長將雨傘讓給嫌疑人。當兩人越來越靠近時，副局長說：「如果我伸手過去抓住你，你就是被抓獲；如果是你伸手給我，你就是自首！」這樣富有人情味的話，終於挽救了一條年僅二十多歲的生命。雖然，被他刺中的那位年輕人最終死亡，但這位犯罪嫌疑人卻可能在法庭上免於一死，還有贖罪與改過自新的機會。

　　兩相對照，我對溫州警方的舉措感到欣慰，同時，對這段視頻中河南某縣警方的處置，以及事後的厚顏無恥，尤其感到悲哀與憤怒。

　　對於那位說出「這一槍打出了人民警察的威風」的混蛋局長，我要問你：難道格殺勿論的時代已然降臨？

2010年1月28日

http://club.kdnet.net/newbbs/dispbbs.asp？boardid=1&id=3236533

請你體面地逮捕我

　　看了謝朝平渭南看守所三十天蒙難記的自述，心裡很不是滋味。寫出三門峽水庫移民苦難悲哀之書《大遷徙》的這位作家，在北京的租住地，出現了這樣的一幕：

　　　　我身著T恤短褲在電腦前整理資料。下午5時，敲門聲響起，操著京腔的人說他們是搞人口普查的。妻子李瓊打開門，七、八個大漢立即蜂擁而入。問清我的身份後，一領頭的屬聲道：「把他銬起來！」一身穿白T恤和黑T恤的人撲過來，使勁朝後擰我的手。左手一陣劇痛，虛汗直冒，我奮力掙扎著。擰傷我左手的『白T恤』只好朝前銬住了我的雙手。……

　　我雖然不看CCTV的新聞節目，其12頻道的法治節目，如《第一線》、《天網》我卻很喜歡看。在那些節目中，人民警察是那樣地敬業、愛民，令我景仰。可是，在CCTV節目之外，我們更容易看到的，是上面這個場景中出現的跨省緝拿人犯的警察。

　　謝朝平何許人也？一個作家、一介文人而已。他寫的一本《大遷徙》，因為揭穿了當年三門峽移民中的資金挪用、移民困苦等問題，而踩了某些渭南當權者的痛腳，以至他們不惜花費巨資，派出警力，千里奔襲，到京城將這個作家銬到渭南。

　　我無意於就這些警察抓人的司法程序是否合法發表議論。在那樣一個國家，在那樣一種制度下，「專政」這個邪惡的、完全違背「人生

而平等」這一普世價值的詞，仍然構成國家政體的關鍵詞。在那裡發生的任何不可思議的事情，都不是不可思議的。我想說的是，那些渭南警察，難道不知道他們奉命前來抓捕的，不是殺人越貨的江洋大盜，只是一個為民請命的、手無縛雞之力的文人？有必要「攢」開房門，一擁而上，反扭胳膊，手銬加身嗎？你們就不能稍微體面一點地、「恭請」謝朝平先生跟你們到渭南去逍遙幾天？難道，你們不能像鳩山先生對李玉和那樣，請他去「赴宴」？

其實，不要說是名氣並非如日中天的謝朝平先生，當年名滿學界的美學家高爾泰教授，在看守所「休養」百日，其被捕的情景與謝朝平先生之被捕，如出一轍。當時，他和太太去菜場買菜，回到住宅區，還未上樓，一輛白色箱型車突然停在他倆身邊，跳下幾名未知身份的彪形大漢，不由分說，就將瘦弱的高爾泰先生拖上了汽車，一切都形同綁架。

在〈獄中百日記〉中，高爾泰先生特別提到了其中一名獄警，對他很尊敬，給予了他人道的對待。

中華文明的血脈傳承，中華民族的正氣、骨氣、豪氣和文氣，要靠那些文字記載與播布。身為警察，當你奉命去抓捕一個中國作家、詩人、哲學家、思想家的時候，請你心存善念，不要把他們和那些偷雞摸狗、搶劫強奸的歹徒混為一談，同樣對待。

請你體面地逮捕他們，給他們以起碼的人格尊嚴。歷史無數次地證明，還將繼續證明：因言獲罪，其罪非罪，在很多時候，甚至可以說是未來中國的金玉良言。

在「人民警察」和「權貴走狗」之間，並沒有橫亙著一道天塹。人在做，天在看。

2010年9月25日，夏威夷

我屬於什麼「階級」？
——再答網友直言無忌

直言無忌是我家鄉的一位網友，其身份不詳（但據他說，年方三十出頭）。2008年夏，我曾就「中國之有毛澤東，是歷史之偶然，還是歷史之必然」這一議題，和他進行過討論。我認為偶然因素大於必然因素。我對這位網友的回覆，收入思想隨筆集《洗白》中。前不久，獲得該網友的電子郵箱，我將這本書的電子版傳給他。他讀後，再度致信給我，和我進一步討論。

對於願意進行思想探索的人來說，不論他所持何論、其參照的價值觀系統為何，我都是不敢輕慢的，畢竟，一個年輕人，願意思索與國家民族前途命運相關的重大議題，總比只迷戀「鬥地主」要強得多。這種在我家鄉乃至全中國風行的賭博牌戲，帶有如此深刻的毛時代的烙印，就這樣，成為我今天作覆此君的引子。

直言無忌的信中，最令我驚駭與不解，且相當憂心的，是他的措辭和歸類。他將我之公開批毛、惡毛，歸因於我隸屬的「階級」。顯然，在對我的作品進行過一些研究後，他得知，我出生在一個「地主」家庭。其實，直言無忌君的措辭，算是相當客氣甚至恭敬的。經歷過毛時代的人，「地主階級的孝子賢孫」、「為被推翻的剝削階級鳴冤叫屈」，都是可以隨口說出的罪名，加諸於我，一點也不冤枉。

在此，講述我曾祖父如何替真正的「地主」管理家產，在政權丕變前夕，因為毫無政治頭腦而買了東家的土地，成為迎接土改的地主，

已經毫無意義;如果講一家數口,為了省下口糧而在冬季出外乞討,也
令人難以置信。讓我說不出話來的,是一個年僅三十多歲,壓根兒對毛
時代沒有任何切身記憶和體驗的年輕中國人,在中國執政者已經廢除了
「階級成分」三十多年後的今日,依然毫不猶豫地將我對極權制度與暴
君統治的厭惡,歸因於我的「階級」。

　　一個國家,一個社會,勞動有分工,家庭有貧富,這是再自然不過
的事情。執政者,在獲得政權後,運用和平的方式,在尊重沿襲數千年
的人類文明的偉大成果——私有制度的前提下,對社會財富背後所蘊藏
的生產力因素(不是社會財富本身),進行合理搭配和組合,以減少貧
富差距,完成工業化過程。這在許多國家都有成功的先例。就以臺灣為
例,國民黨退守臺灣後,對地主的土地實行了完全和平的贖買政策,農
民在獲得耕地,成為自耕農,奠定社會穩定的基礎的同時,地主獲得了
資本,成功向工商業、實業、金融業等領域轉進、拓展,由此為六十年
代的經濟騰飛奠定了物質基礎和社會基礎。

　　將別人的家產,不管是祖傳也好,辛苦積攢也還,善於經營勤勞
致富也好,剝削也好,不分青紅皂白,強奪而去,並且,將這些財產的
擁有人,強制歸入「敵人」之列,且株連其子孫後代,這既不公,更為
不義。一國之國民,財有貧富,但同為國家、民族之一分子,擁有同樣
的生存權、發展權,憑什麼僅僅因為有些田產,就要被捆,被鬥,被槍
斃?難道不這樣做,貧窮的農民就無法得到耕地?新政權就要餓肚子?

　　無他。只不過是利用人性中原本就有的「惡」,人為地、故意地將
整個中國社會,用「階級成分」切割開來,以犧牲一小部分人的尊嚴、
生命、財產為代價,賦予絕大部分人以虛空的優越性、自豪感,從而,
更容易統治和奴役而已。如果你是一個工廠的工人,你一月的薪水只有

三十七元五角，但當你看到，在你的車間裡，工廠原來的管理者甚至擁有者，被工人們吆喝來吆喝去；如果你是一個「人民公社」的社員，你必須天不亮就出工，太陽落山後才收工，你去搞建設（服徭役）卻拿不到任何報酬，你會心甘情願，因為，在你的周圍，還有少數「地富反壞右」，和他們相比，你是這個國家的主人，你是那樣地驕傲，以至於直言無忌君這樣一個對毛時代毫無記憶的青年，也如此真誠地相信。

直言無忌君曾透露，他是家鄉的「小商」。那麼，我想問他的是：你屬於什麼階級？

信奉「階級」之分的人，一定信奉下列東西：革命、剝奪財產、殺。

前不久，在臭名昭著的極左分子的網站「烏有之鄉」上，看到一篇文章，聲稱要剝奪今日有產者的財產，對私營企業，國家強制公有化；對高收費的醫院，實行軍管，強迫它們為勞苦人民免費看病……今天，在湖北荊楚網的東湖時評版塊，又看到頗有「左」名的網友「一枝梨花」，聲稱今日之中國，比晚清不如；網上漢奸言論盛行，要大殺漢奸……

其實，只要槍桿子在手，六十年後再來一次輪回，也不是什麼難事。就以城市住宅而論，完全可以一夜之間，進行全國住宅房地產強制清查，實名登記造冊，規定：任何家庭，只能在其戶口所在地，擁有一套住房。其餘任何地方的任何住房，全部由國家收購。至於價格嘛，那就由「我」說了算。在要房子和要腦袋之間，看你選擇哪一種。如果社會穩定面臨崩盤，我就用這一招。

我還可以發行新貨幣，就像朝鮮2009年下半年所做的那樣。確定一個比例，讓新舊貨幣不等額兌換，並限定兌換的最高額度。讓社會財富重新歸零，一切重新開始。如果維穩失敗，我就拿富豪中沒有紅色家世

的那一群開刀。比如，趙本山。我甚至可以誣指他的所有小品，都是醜化農民兄弟的。

我相信直言無忌君對這些做法，是不大會反對的；一枝梨花這類「左徒」，更會歡欣鼓舞。只可惜，今日中國的執政者，其政治智慧，應該強於毛那一代鐵腕強人吧？毛對於中華民族的手足相殘、文化破壞、道德淪喪、在世人、國人血液中，種入暴戾與殘忍的種子，可謂罪莫大焉，罄竹難書。

不肅清毛之遺毒，中國社會，還將陷入以暴易暴、以槍對槍的萬劫不復之中。在一個沒有選票的國度，絕不缺少的一定是子彈。這是鐵律，舉世皆然。

直言無忌君：年方三十出頭，又有互聯網之利，不開眼看世界，縱橫看中國，從人類文明的進程角度觀照中國悲慘的、荒誕的、野蠻的現當代史，卻沉浸在什麼「辨證法」、「一分為二」這類東西中，真堪一嘆，為君一惜。

誰殺死了這個荳蔻少女？

　　2010年初，一個不到十六歲的少女，從偏遠的貴州，來到上海遠郊的一個小鎮打工。一個多月後，她就被人扔進河裡，活活淹死。

　　從表面上看，這只不過是一起普通的刑事案件，沒必要「上綱上線」，大發議論。但是，基於我對中國農村與農民的長期觀察和思考，我深切地感到，事情或許並不那麼簡單。貧窮、愚昧與野蠻，這困繞著中國農村的三大惡魔，自始至終糾纏在一起，「解不開，理還亂」。如果不從根本上治理中國農村的貧困，要想全面提高中華民族的整體素質，不過是痴人說夢而已。

　　還是讓我來簡單複述一下這個悲劇吧。在近日中央電視臺法治頻道「天網」欄目播出的這個案件，大致是這樣的：2009年10月22日午夜30分左右，在鎮上某餐館打工的一名貴州女孩，到距離居住地四百米外的街邊燒烤攤買燒烤，隨後失蹤。兩天後，她的屍體在附近的河裡找到。

　　上海浦東警方經過嚴密偵察，在獲取附近路口監視器錄像資料後，順藤摸瓜，很快就將一名來自江西的木匠捉拿歸案。他當天午夜將這名不足十六歲的荳蔻少女掐昏，丟入河中淹死，所搶走的財物，不過是三十三元錢，和一部手機。

　　是他，野蠻、殘忍地剝奪了一名尚未成年的花季少女的生命。

　　這個謀財害命的畜生，除了應該受到法律的嚴懲外，還該受到天譴。

　　但我們的這個城鄉二元分化、差異巨大的社會結構，以及建構、維繫這一超穩結構的社會體制，是不是也難辭其咎呢？

　　細節往往最能體現問題的癥結所在。那麼，就讓我們來討論一下，這一刑事案件背後所潛藏著的社會悲劇的種種必然吧。

　　這個初涉人世的貴州小姑娘，事發一個多月前，剛剛來到上海郊區某小鎮，投靠自己的表姐劉艷。兩人合租在城鄉結合部的一個村莊裡，一條小河從村邊流過。這個小姑娘哪裡會想到，這條小河，就是她的索命之水？

　　當天晚上，夜已深了。小姑娘卻說肚子餓了，要到鎮上去買吃的東西。鎮子也並不遠，四百米外，就有燒烤攤。表姐勸阻了一下，小姑娘執意要去，表姐就放她走了。

　　想一想，午夜時分，城鄉結合部，似有若無的昏暗路燈下，一個不足十六歲的鄉下女孩子，獨自行走，竟然是為了幾串燒烤！

　　有人告訴她，她有極大的危險，被人拉進汽車、被強暴、被輪奸嗎？是什麼教育，使她對自己的人身安全，如此信心百倍？

　　和她同住的表姐，畢竟是牽掛她的。午夜12點30分左右，她給表妹打電話，表妹說：「我快回來了。你來接我吧！」表姐穿上鞋，到村口的橋邊等表妹，等了幾分鐘，仍不見表妹的身影。12點34分，當她再打電話給表妹時，電話卻怎麼也打不通了。

　　只要不是弱智，只要稍有社會經驗，特別是城市生活經驗，都會立刻警覺到：表妹肯定出事了！立刻打電話報警，尋求警方幫助。

　　可是，這位表姐，一晚上，只顧給不見蹤影的表妹打電話，卻絲毫沒有想到報警。第二天，她出門到處尋照表妹，耐心等待表妹突然跑回來；第三天，她還是如此。在她的想像中，表妹說不定是在網上遇到了壞人，被人騙出去尋歡作樂了，過幾天就會被送回來的。她卻不具有邏輯推理的能力：表妹是從幾千里外的貴州老家前來投奔自己的，姐妹

倆都在同一家餐館當服務員，她跟別人出去玩，會不和自己打招呼嗎？再說，當天夜裡最後一通電話，說明表妹就在幾分鐘步行的路程範圍之內，此後杳無蹤影，如此怪異之事，不是出了事，會是什麼？

我來自鄉村的兩位小妹，你們怎麼這樣愚蠢？是什麼東西讓你們如此愚蠢？

如果中國的社會結構沒有病，這個不足十六歲的少女，理應在中學裡讀書。從電視屏幕上看，雖然遇害者的照片進行了模糊處理，還是可以看出來，這是一個長得很清秀的女孩子。設若她有機會讀高中，上大學，說不定會出落成一朵人人愛慕的校花。可是，從貴州遠赴上海，在餐館端盤子，一個多月就命喪黃泉，而招致奪命之災的，是她背著的一個黃色小包，包裡的區區三十多元錢和一隻手機。

而那個三十多歲的木匠，在被捕後供認：當他尾隨受害人，突然將她拖入公路邊的綠化帶時，女孩子高喊救命。這時，他動手扼受害者的脖子，兩三分鐘後，他以為被招昏的女孩已經死了，就順手將她拋進了河裡，導致女孩淹死。

被害者的防範意識和自救意識都是嚴重不足的。午夜時分，荒郊野外，突遇搶劫。除了本能地喊「救命」，她能想到要麻痹搶匪，順從搶匪，尋找機會脫身嗎？

這個案件中的警方，體現了令人起敬的職業精神。本來，將少女之死，定性為溺水死亡，就可以結案，省卻許多麻煩。他們卻不怕麻煩，說服死者母親，對屍體解剖，尋找真兇，最終將兇手繩之以法。

認錯之難，難於上青天？

　　今晨起來，身在東瀛，遠隔大海，我忍不住要對盤踞昔日紫禁城的無知小丑，大發怒聲。我雖然已入美籍，但故宮裡的寶物，乃中華先祖千百年之智慧結晶和中華民族之文明見證，凡天下炎黃子孫，人皆有份，且無可剝奪。

　　話說這金碧輝煌之巍巍殿堂，數日前遭一小賊光臨，竊走藏品若干。北京公安神勇破案，盂賊被擒。案破了，也就罷了，誰知，堂堂故宮博物院，竟向北京市公安局，敬贈錦旗，以表寸心。

　　看到這則新聞，我「怒從心頭起，惡向膽邊生」，恨不得立馬見到出這餿主意的蠢貨，啐他一口。故宮乃何等樣地？國之神器之所儲，先皇先帝之所居。中國傲於世界者，古代文化也。故宮當社稷江山之重，即使紅朝傾覆，毛屍受鞭，故宮亦應片瓦無損，永存中華。以舉國之尊，向一個不助惡時定然履職的公安局（連公安部副部長、部長助理、廣東公安廳廳長都是因犯，即為明證），致贈錦旗，且其堂堂副院長，對公安局聳肩諂笑（見圖），端地笑煞我，且為天下士人不齒也。

　　國之廟堂，取悅小小捕快，這已是末世之征。待我見到錦旗，上書「撼祖國強盛，衛京都泰安」時，更是無語久之，只差淚下如雨了。就在數日前，給美國學生學習北京臺北兩故宮文物交流之事，嗟嘆我中華民族，百年來外族入侵，手足相殘，致使國之重鼎，隔海相望。身為中文教師，且二十餘年，從事媒體編輯之職，閱文何止千萬，何曾見過「撼」乃通假於「捍」？民一日不稱強盛（因強拆而自焚者，不絕於媒體），則國之強盛何在？西北僻遠之鄉，民尚存衣食之憂，爾等竟然要

「撼」而搖之，欲傾中華，陷民水火乎？

　　錦旗上的字，錯了就是錯了，覆水難收，見光即死。認個錯，道個歉，回去好好補習中國語言文化，免得日後將故宮裡的鎮國神器，都換作了破瓦爛銅。他們卻偏不，鴨死嘴硬，強詞奪理，硬要說「撼」字用得厚重。這不是欺天下無人，視中華十數億子孫如盲聾乎？

　　可嘆文明外邦，政權交替，新政承舊，少有殺戮；吾國紅朝既立，痛誅前朝，伏屍萬里，血可漂櫓。暴虐天下，生民餓斃於途，累數千萬之巨，迄今無一人以一言，求民之諒，撫民之痛。中國人，何以認個錯，難於上青天耶？

　　網上風傳這位丟盡故宮顏面的副院長簡歷，茲照錄如下：

　　紀天斌，漢族，1959年生，山西省懷仁縣人，中共黨員，1981年入黨。大學本科畢業。1975年－1978年在山西省懷仁縣任教師；1978年－1988年在空軍後勤部某部先後任班長、排長、政治部幹事、副指導員、指導員。1988年轉業後至1998年在國家人事部考核獎懲司任副主任科員、主任科員、副處長。1998年1月調故宮博物院任人事處處長、院黨委紀委委員。2002年4月經國家文物局任命為故宮博物院副院長，負責安全、保衛、基建、行政後勤等工作，分管保衛處、開放管理處、防火安全委員會、基本建設辦公室、行政服務中心。

　　讀罷一嘆。我久不罵人，今日且遙對西岸，跺腳而罵：原來袞袞諸公，盡是酒囊飯袋。身為海外中文教師，讀此奇聞，睹此醜劇，真真羞煞我也。

2011年5月14日於日本沖繩

言說，及免於恐懼的自由【跋】

程寶林

1

我生活在一個幾乎任何夢想都可能成真的國度。幾十年前，美國民權運動的領袖馬丁・路德・金博士的著名演講《我有一個夢想》，在今天的美國，已經成為現實。在我目前謀生的夏威夷出生的奧巴馬，成為美國歷史上第一位非裔總統。這個僅僅比我大一歲的中年人，成為我思想上的兄長，雖然，在當初的競選中，我寫過一篇短文〈美國民主黨選舉的歧途〉，在文章中，我「任命」希拉莉為總統，「封」給奧巴馬的官銜只是國務卿。當選舉結果出爐，奧巴馬組閣，與我的「任命」恰恰相反。看到這則新聞時我啞然失笑，內心相當愉快。

我也有一個美夢，關於中國。

與這個美夢相關聯的，則是伴隨我很多年的一個可怕的夢。我多次夢見這樣的情景：在一個寬闊無邊的禾場或者操場上，清晨的大霧裡，黑壓壓地聚集起數不清的人頭，每個人的面目都不甚分明。他們既不是軍隊，也不是警察，卻穿著一模一樣的黑色或深藍色的衣服。那種平民的衣服看上去更像制服。這裡好像在舉行一場大型集會，但參加者睡眼惺忪，許多人都在打著哈欠，伸著懶腰。

忽然，人群裡一陣喧嘩和躁動。黑色的人體，像水一樣分開。一小隊武裝者，既不是軍人，也不是警察，進入人群裡，漫不經心地、隨意

地抓出一些人來，很專業地、極熟練地將他們五花大綁起來，押上禾場或操場中央的舞臺。

主持會議的人，打開高音喇叭，對下面一望無際的黑壓壓的腦袋之海，宣布：「這些人犯了瀰天大罪。我們要將他們就地處決。但是，我們要講民主，不搞獨裁。現在，由你們決定，是否處死他們。請主張處死的人，向廣場的左邊走，主張不處死，明天在這裡繼續審判的人，向廣場的右邊走。」

人群開始騷動、流動。絕大多數人，都朝左邊湧去，人流就像小溪，匯聚成奔湧的浪頭，無法阻擋。每一滴水，都在推動一浪高過一浪的人潮。

我也在人群裡，徒勞地伸開我瘦弱的雙臂，阻攔那些朝左邊湧去的人潮。我知道，那些都是渴望回到溫暖的床上，睡一個舒服的回籠覺的人。他們選擇走向左邊，是為了睡那個甜美無比的回籠覺，而且，明天，不必一大清早就被吆喝到這裡，審判那些誰都不認識，更談不上有什麼交情的倒楣的人。

我定居美國已經十年。十年前的我，寫不出這些文字，對這些文字中所關注的議題，也不會太感興趣。畢竟，我在單位裡的處境，我與上司和同事的關係，我的職稱、住房和薪水，與我的切身利益更為密切相關。自我上小學的1970年以來，我所經歷，所目睹，所見證的那麼多事情，沉澱在我的記憶深處，需要等到我「乘槎浮海」（孔子語）十年後，才慢慢來到我的筆下，以這樣一本書的形式，呈現給世人。

我將這本書，獻給中國，我的同齡作家和詩人中，那些勇敢的言說者，那些不屑於「競走權門」的獨立知識分子。

和他們相比，我不僅思想膚淺，而且，行為怯懦。

2

2009年2月底，我遠隔重洋，捲入了一場中國文化界的論爭，即「李輝VS.文懷沙」之戰。我站在保護文懷沙隱私，維護生命個體尊嚴的立場，連發七議，在網絡上，遭到了炮火連天的猛轟。在我的博客上，我對於辱罵性的留言，一概不刪。遠在湖北荊門老家的弟妹們看到後，語之父母，父母很為我擔心。母親口述，命妹妹寫電子信給我，規勸我的話中，有這樣一句：

「不要得罪中國人！」

讀到這句話，我的心裡猛然一驚。我說不出這句話的全部內涵，但我能夠感受到，這不是尋常的一句話。它是一個跟思想文化無關的中國母親，對海外兒子深深的不安和牽掛。

記得還是2003年海灣戰爭剛爆發時，我打電話給母親，母親也是這樣擔心，她說：電視上都說，世界各國的人，都趕到伊拉克，去保衛伊拉克去了。雖然，母親能安享晚年，跟她的長子移居美國不無關係，但她不可能從根本上理解，我為什麼放棄四川成都一份體面而穩定的工作，拖家帶口到美國去，從一無所有開始，重新奮鬥。

為了言說，及免於恐懼的自由。

得罪中國人的，不是我。最近，堂堂的北京大學法學教授，司法鑑定中心主任孫東東，「負責任地」說：上訪者中，99%都有精神病，而將偏執的精神病人強制關入精神病院，是於國有利之事。

得罪中國人的，是這樣的人。

流行的網絡語言，「東西」已變成了「東東」。如果說：什麼東東！意思就是說：什麼東西！

　　我在八十年代末的中國，漸漸獲得了一點思想上的覺醒；1994年初闖美國，眼界和視野才略為開闊。對於尊嚴懷有渴望，對於自由懷有信仰，使我不由自主地，將自己的筆，探入了思想隨筆的領域。

　　這本書，就是我在自己的海灘上，曬出的第一粒思想之鹽。

　　在我看來，一個知識分子，應該擁有以下幾種生活：日常生活、情感生活、藝術生活，和思想生活。對別人來說，它們或許交織在一起，難以區分，但對我來說，它們互相區別，此消彼長。

　　對我不贊同、不認可、不理解、不容忍的事物，說出我的看法，這需要勇氣，哪怕我遠在美國，自由的生活，寂寞如同禪院。

　　我所有的這類文字，都是在一個我堅信不疑的語境下寫出的。這個語境就是：中國正在取得前所未有的進步。中國的現代化，包括思想與價值觀的現代化，正帶著越聚越大的動能，向與普世價值融合的方向前進。沒有什麼力量可以阻擋這種融合和歸一。

　　在我遠離的那片土地上，那些不憚言說的人，總是讓我深感慚愧：身居「人間天堂」夏威夷，在中國和美國兩片大陸之間，一個孤獨的島民就這樣，期期艾艾地說出我內心的言辭。

2009年4月9日，夏威夷無聞居

釀文學 76　PG0665

　中國的異端
　　　　　——程寶林思想隨筆選

作　　　者	程寶林
責任編輯	孫偉迪
圖文排版	邱瀞誼
封面設計	陳佩蓉

出版策劃	釀出版
製作發行	秀威資訊科技股份有限公司
	114 台北市內湖區瑞光路76巷65號1樓
	電話：+886-2-2796-3638　傳真：+886-2-2796-1377
	服務信箱：service@showwe.com.tw
	http://www.showwe.com.tw
郵政劃撥	19563868　戶名：秀威資訊科技股份有限公司
展售門市	國家書店【松江門市】
	104 台北市中山區松江路209號1樓
	電話：+886-2-2518-0207　傳真：+886-2-2518-0778
網路訂購	秀威網路書店：http://www.bodbooks.com.tw
	國家網路書店：http://www.govbooks.com.tw
法律顧問	毛國樑　律師
總 經 銷	聯合發行股份有限公司
	231新北市新店區寶橋路235巷6弄6號4F
	電話：+886-2-2917-8022　傳真：+886-2-2915-6275

出版日期	2012年4月　BOD一版
定　　　價	400元

國家圖書館出版品預行編目

中國的異端：程寶林思想隨筆選 / 程寶林著. --
一版. -- 臺北市：釀出版, 2012.04
　　面；　公分
BOD版
ISBN　978-986-6095-99-3（平裝）

1. 時事評論　2. 言論集　3. 中國

574.107　　　　　　　　　　　　101001525

讀 者 回 函 卡

感謝您購買本書,為提升服務品質,請填妥以下資料,將讀者回函卡直接寄回或傳真本公司,收到您的寶貴意見後,我們會收藏記錄及檢討,謝謝!
如您需要了解本公司最新出版書目、購書優惠或企劃活動,歡迎您上網查詢或下載相關資料:http:// www.showwe.com.tw

您購買的書名: _____

出生日期: _____年_____月_____日

學歷:□高中 (含) 以下　　□大專　　□研究所 (含) 以上

職業:□製造業　□金融業　□資訊業　□軍警　□傳播業　□自由業
　　　□服務業　□公務員　□教職　　□學生　□家管　　□其它_____

購書地點:□網路書店　□實體書店　□書展　□郵購　□贈閱　□其他

您從何得知本書的消息?

　□網路書店　□實體書店　□網路搜尋　□電子報　□書訊　□雜誌

　□傳播媒體　□親友推薦　□網站推薦　□部落格　□其他_____

您對本書的評價:(請填代號　1.非常滿意　2.滿意　3.尚可　4.再改進)

　封面設計____　版面編排____　內容____　文/譯筆____　價格____

讀完書後您覺得:

　□很有收穫　□有收穫　□收穫不多　□沒收穫

對我們的建議: _____

_____

_____

_____

11466
台北市內湖區瑞光路 76 巷 65 號 1 樓
秀威資訊科技股份有限公司　　　收
BOD 數位出版事業部

....

（請沿線對折寄回，謝謝！）

姓　　名：_____　年齡：_____　性別：□女　□男

郵遞區號：□□□□□

地　　址：_____

聯絡電話：(日) _____　(夜) _____

E-mail：_____